Das große
TEUBNER
BACKBUCH

Das große TEUBNER BACKBUCH

Wissen, Information und Knowhow,
Warenkunde,
Backpraxis und Rezepte

Weltbild

Inhalt

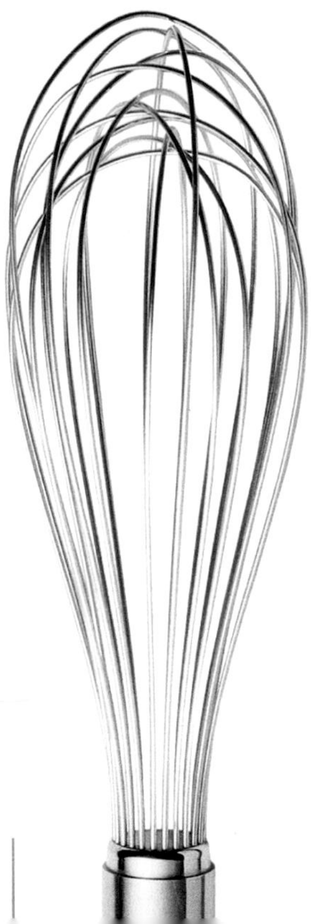

Warenkunde Backzutaten

Wichtige Grundinformationen zur Warenkunde von Getreide, Mehl, Fett und Eiern sowie Milchprodukten und Süßmitteln. Außerdem Interessantes über Nüsse, kandierte Früchte, Schokolade, Marzipan und den Umgang mit Geliermitteln. Backformen und Geräte werden im Überblick gezeigt.

Getreide
Das Grundprodukt

Weizen ist mit über 10.000 Sorten das formenreichste Getreide der Welt.

Dinkel ist eine robustere Unterart des Weizens. Es gab ihn schon im Mittelalter.

Roggen ist das zweitwichtigste Getreide in Europa. Er ist herzhaft-würzig.

Botanisch gesehen werden unter dem Begriff »Getreide« kultivierte und halbkultivierte Pflanzen zusammengefasst, die zur Familie der Süßgräser (Gramineae, Poaceae) gehören, deren Früchte Körner genannt werden und eine wichtige Rolle in der Ernährung von Mensch und Tier spielen. Getreide ist das wichtigste Erzeugnis der Weltagrarwirtschaft. Es wird auf der ganzen Welt zur Herstellung von Brot, Gebäck und Teigwaren verarbeitet.

Botanik

Das Getreidekorn ist eine einsamige Frucht, die botanisch zu den Schließfrüchten gehört, da sie sich bei der Reife nicht von allein öffnet, um den Samen freizugeben. Da bei ihr nicht nur die drei Schichten der Fruchtschale (Epi-, Meso- und Endokarp) zu einer harten Schale verholzen – was als »Nuss« bezeichnet wird –, sondern diese auch noch mit der Samenschale so innig miteinander verwachsen, dass sie sich nicht mehr trennen lassen, trägt die Frucht – als Sonderform der Nuss den Namen »Karyopse«. Die Körner der verschiedenen Getreidearten ähneln sich im Aussehen und im Aufbau. Sie bestehen aus den Randschichten, dem Mehlkörper und dem Keimling. Die Körner von Gerste, Hafer, Reis und Hirse tragen an der Fruchtwand fest verwachsene Spelzen mit spitzen Fortsätzen, den Grannen, die sich auch beim Dreschen des Getreides nicht vom Korn lösen. Mais, Weizen und Roggen fallen dagegen ohne Spelzen an.

Die für die menschliche Ernährung so wichtige ballaststoffreiche, verdauungsfördernde Kleie besteht aus den Randschichten (Frucht- und Samenschale) und dem Mehlkörper. Dieser enthält Stärkekörner, die von einer dünnen Eiweißschicht umgeben sind. Der Keimling ist der Erstvorrat an lebensnotwendigen Stoffen für eine sich neu entwickelnde Pflanze, er enthält alle Substanzen, die nötig sind, um neues Leben aufzubauen. Diese einzigartige Nährstoffzusammenstellung ist auch für den Menschen interessant, bietet sie ihm doch alles, was eine »vollwertige« Nahrung ausmacht.

Der Mensch macht sich dieses optimale Reservoir zunutze, indem er entweder das ganze Korn zu Mehl vermahlt oder den Zeitpunkt der Keimung abwartet, um die Körner und die sich daraus entwickelnden Sprossen zu essen. Das aus dem reinen Mehlkörper gewonnene Mehl hat die besten Teig- und Backeigenschaften, doch fehlen ihm die Nährstoffe aus den ernährungsphysiologisch hochwertigen Randschichten und aus dem Keim.

Getreidearten

Seit Jahrtausenden zählt **Weizen** (Triticum) weltweit zu den bedeutendsten Getreidearten. Seine Heimat liegt in Eurasien. Durch Züchtung und Auslese der verschiedenen Wildarten sind Kulturformen entstanden, deren unterschiedliche Ei-

Mais ist in Nord- und Südamerika die wichtigste Körnerfrucht überhaupt.

Hafer ist genügsamer und lässt sich unter härteren Bedingungen anbauen als Weizen.

Gerste wird außer zu Mehl auch zu Malz, Grütze und Graupen verarbeitet.

genschaften in der Küche mannigfaltig genutzt werden. Für die Herstellung von Teigwaren wird vor allem der Hartweizen (Triticum durum), auch Durum-Weizen genannt, verwendet. Als Sommerweizen liebt er starke Wärme und kommt mit wenig Niederschlag aus, Bedingungen, die vor allem in Nordamerika und Kanada den Sommer über gegeben sind. Aus seinem kleberreichen Mehl stellt man einen formstabilen Teig her, der sich zum Formen ausgezeichnet eignet. Mit dem stärkereichen Weichweizen (Triticum aestivum) gemischt, erfüllt er auch alle Anforderungen, die beim Backen gestellt werden.

Dinkel (Triticum spelta) ist mit dem Weichweizen nah verwandt. Wie sein anderer Name »Spelz« schon sagt, fällt Dinkel im Gegensatz zum Weichweizen jedoch nicht nackt aus der Ähre, sondern bleibt von Spelzen umschlossen. Sein kleberreiches Mehl war noch lange Zeit Grundlage für schwäbische Mehlspeisen und Gebäcke. **Grünkern** ist der unreif geerntete – und deshalb grüne – Dinkel, der auf Darren getrocknet wird und dadurch sein herzhaft-würziges Aroma erhält.

Roggen (Secale cereale) ist das nach dem Weizen zweitwichtigste Getreide in Europa, es ist vor allem in Mittel- und Osteuropa weit verbreitet. Roggen ist ein herzhaft-würziges Gertreide, das daher viel zum Brotbacken genutzt wird. Sein Vollkornmehl enthält besonders viele Mineral- und Nährstoffe.

Buchweizen (Fagopyrum esculentum) ist ein Knöterichgewächs. Als enger Verwandter von Sauerampfer und Rhabarber bringt er rotbraune, dreikantige, 4 bis 6 mm lange Nüsse hervor, die an Bucheckern erinnern. Das daraus gewonnene Mehl wird in Südtirol gerne zu Fladen und Pizzoccheri verwendet. In den USA ist es zur Herstellung von Pfannkuchen besonders beliebt.

Unter dem Begriff **Hirse** werden mehrere tropische und subtropische Getreidearten zusammengefasst, die an Rispen kleine Körner hervorbringen. Für die Weltwirtschaft ist die Möhrenhirse (Sorgkum bicolor) von Bedeutung. Sie wird zu Flocken und Mehl verarbeitet.

Gerste (Hordeum vulgare) ist für die Backwarenherstellung von untergeordneter Bedeutung. Ihr Mehl wird in südlichen Ländern zu Fladenbrot verarbeitet, für Nudeln und ähnliche Erzeugnisse wird es meist mit Hartweizen gemischt verarbeitet, da es keinen Kleber enthält. Weltweit nimmt dagegen die Braugerste als Grundzutat für Bier eine herausragende Rolle ein.

Hafer (Avena sativa) ist zwar kein wichtiges Getreide für Gebäck, im Handel gibt es jedoch viele Vollkornbrote und -produkte, in denen Hafer enthalten ist.

Mais (Zea mays) ist das Grundnahrungsmittel für Millionen von Menschen, vor allem in Lateinamerika. Je nach Stärkegehalt der Körner werden verschiedene Maisvarietäten unterschieden. Aus Weich- oder Stärkemais, Zucker- und Wachsmais werden Maismehl, -stärke und -grieß gewonnen.

Weizenmehl Type 405. Gängigste Mehlart zur Herstellung von Teigwaren, Kuchen und Gebäck.

Weizenmehl Type 550. Höher ausgemahlenes Mehl als Type 405, was auch an der dunkleren Farbe erkennbar ist.

Weizendunst. Feinkörnig, die Teilchengröße liegt zwischen griffigem Mehl und Grieß. Er enthält keine Schalenteile.

Weizengrieß aus Hartweizen. Aufgrund seiner ausgezeichneten Kochfestigkeit ist er ideal für Teigwaren.

Weizen-Vollkornmehl. Geeignet zur Herstellung von Vollkorn-Backwaren aller Art.

Weizenkleie weist den höchsten Gehalt an Vitaminen und Mineralstoffen auf. Wird meist mit Mehl gemischt.

Roggenmehl, Type 1370. Hoch ausgemahlenes, nahezu vollwertiges Mehl. Eignet sich gut zum Brotbacken.

Maismehl. Mit kleberhaltigem Mehl gemischt, eignet es sich auch für Backwaren.

Reismehl. Wichtiges Erzeugnis In den asiatischen Ländern. Es ist Grundlage für die dort so beliebten Reisnudeln.

Hafermehl. Es wird auch zur Herstellung von Säuglingsnahrung und Fertigbreigerichten verwendet.

Dinkel-Vollkorn. Wertvolles, eiweißreiches Mehl. Daraus hergestellte Backwaren sind hocharomatisch.

Grünkernmehl. Hergestellt aus halbreif geerntetem Dinkelkorn. Für herzhafte Backwaren, Aufläufe und Bratlinge.

Mehltypen und Backtreibmittel

Mehltypen

Zwar kann man fast jedes Getreide, ob Weizen, Roggen, Hafer, Gerste, Hirse, Mais oder Reis, zu Mehl vermahlen. Doch verbacken lassen sich einige dieser Mehle nicht so ohne weiteres. Das hängt damit zusammen, das zwar alle Getreidekörner zum großen Teil aus Stärke bestehen, jedoch ansonsten erhebliche Unterschiede in der Zusammensetzung aufweisen, beispielsweise im Proteingehalt. Zum Backen sind die Eigenschaften vor allem eines dieser Eiweißstoffe wichtig, die des Klebers, auch Gluten genannt. Der Kleber ist dafür verantwortlich, dass sich im Teig eine Art Gerüst ausbildet – das im übrigen durch Salzzugabe zusätzlich stabilisiert werden kann –, in dem sich die durch Triebmittel erzeugten Gasbläschen festsetzen, dadurch eine Porung des Teiges bewirken und so eine lockere Krume ergeben.

Optimale Backeigenschaften weist der Kleber des Weizenmehls auf; er braucht jedoch eine gewisse Zeit, bevor er richtig arbeiten kann. Deswegen müssen Mürbteige vor der Verarbeitung ruhen und Hefeteige eine Weile kräftig durchgeknetet werden. Pur kann außer Weizen- auch Roggenmehl verbacken werden, dann allerdings mit Sauerteig als Triebmittel, doch für alle übrigen Getreide empfiehlt sich eine Beimischung von Weizenmehl, wenn der Teig schön aufgehen soll.

Der Geschmack des Mehls hängt jedoch nicht allein von der Getreidesorte ab, sondern auch vom Ausmahlungsgrad des Mehls. Dieser Grad ist bei handelsüblichen Mehlsorten an der Typenbezeichnung zu erkennen: je höher die Typenzahl, desto dunkler die Farbe und desto höher der Gehalt an Mineral-, Ballast- und Geschmacksstoffen. Während zum Backen von Brot und Vollwertgebäck zuweilen niedrig ausgemahlene Vollkornmehle verlangt werden (z.B. Weizen Type 1799, Roggen Type 1800) braucht man für Feingebäck überwiegend Weizenmehl Type 405. Deshalb ist, wenn in diesem Buch einfach »Mehl« bei den Rezeptzutaten aufgeführt wird, diese Type gemeint.

Mehl ist geruchsempfindlich und sollte daher von aromatischen Lebensmitteln getrennt, aber luftig und trocken aufbewahrt werden. Lagert man Mehl allerdings zu lange, kann es ranzig werden, das darin enthaltene Fett zersetzt sich. Generell lässt sich sagen, dass sich Mehle mit einer niedrigen Typenzahl länger halten, als solche mit hoher Typenzahl.

Treibmittel

Frische, zu Würfeln gepresste Hefe, Trockenbackhefe und Sauerteig sind die wichtigsten Treibmittel. Vor allem für das Brotbacken sind sie unverzichtbar. Zu Hefe und Hefeteig mehr auf Seite 36. Sauerteig entsteht von selbst ohne weitere Zusätze durch in der Luft und im Mehl vorhandene Essig- und Milchsäurebakterien. Sie verursachen eine Gärung, sobald dem Mehl warmes Wasser zugefügt wird. Nur mit Sauerteig kann man Roggenmehl pur verarbeiten. Sauerteig gibt es flüssig oder getrocknet zu kaufen, man kann ihn aber auch selbst ansetzen (Seite 40).

Sauerteig und Backhefe sind die klassischen Teiglockerungsmittel fürs Backen.

Eiweiß und Eigelb

Zum Backen unentbehrlich

Eier, seit jeher ein Symbol für Fruchtbarkeit, sind ein überaus hochwertiges Nahrungsmittel, enthalten sie doch vieles, was der Organismus zum Leben braucht: Proteine, Fett, Kohlenhydrate, Vitamine, Mineralstoffe und Spurenelemente. Vor allem das Hühnerei – und das ist in den Rezepten dieses Buches durchweg gemeint – ist für das Backen unverzichtbar. Ob zur Lockerung, Stabilisierung oder Bindung – kaum ein Rezept kommt ohne Eier aus. Was es zu einer so wichtigen Zutat macht, ist die leichte Trennbarkeit von Eigelb und Eiweiß sowie deren unterschiedliche Eigenschaften, die man sich beim Backen gezielt zunutze macht.

Das **Eiweiß** oder Eiklar besitzt ein gutes Schaumbildungsvermögen, erhöht den Lockerungsgrad von Massen und Teigen und vermag während des Backens die Lockerungsgase gut festzuhalten. Zudem enthält es Glanzstoffe, die zur Verschönerung des Backgutes beitragen.

Eigelb hingegen emulgiert aufgrund seines hohen Lecithingehaltes sehr gut, besonders bei fett- und zuckerreichen Massen oder Cremes – gerade sie wären ohne Eigelbbindung vielfach undenkbar. Zudem macht Eigelb Gebäck nährstoffreicher und mürber und trägt zur Verbesserung des Geschmacks bei. Der schönen Farbe wegen bestreicht man Backgut oft auch mit verquirltem Eigelb, bevor es in den Ofen kommt.

Der morphologische Aufbau eines Eies wird aus dem rechts abgebildeten Längsschnitt ersichtlich. An der Innenseite der porösen Kalkschale liegt zunächst eine doppelschichtige Schalenhaut an, die sich am stumpfen Ende teilt und so die Luftkammer bildet. Die Dotterkugel liegt innerhalb des Eiklars und ist durch zwei Stränge, die so genannten Hagelschnüre, im Innern des Eies an beiden Eipolen fixiert. An einer Seite der Dotterkugel liegt die Keimscheibe, die ihrerseits von der Dottermembran umschlossen wird. Vom Gesamtgewicht eines Eies machen das Eiklar etwa 57% aus, der Dotter 33% und die Schale 10%. Sein Kaloriengehalt liegt zwischen 75 und 90 kcal (315 bis 390 kJ).

Eier sind empfindliche Lebensmittel, da durch die poröse Schale Gerüche oder Bakterien ins Innere gelangen können. Die richtige Lagerung ist daher für die Qualität von entscheidender Bedeutung. Grundsätzlich sollte man Eier kühl (8 bis 10 °C) und bei hoher Luftfeuchtigkeit aufbewahren, am besten in einem Spezialfach im Kühlschrank, weit entfernt von stark riechenden Lebensmitteln. So gelagert, halten sich Eier in der Schale 3 bis 4 Wochen. Aufgeschla-

Schwimmtest: Sinkt ein Ei in einem Glas mit 10%iger Kochsalzlösung (10 g Salz auf 100 ml Wasser) zu Boden, ist es frisch.

Bei einem etwa 7 Tage alten Ei ist die Luftkammer schon größer, das Ei richtet sich mit dem stumpfen Ende nach oben auf.

Beim vollständig schwimmenden Ei ist die Luftkammer noch größer, es kann schon mehrere Monate alt sein.

Der Aufschlagtest ist eine weitere Möglichkeit, die Frische von Eiern zu überprüfen: Bei einem top-frischen Ei – wie hier zu sehen – ist der Dotter fest und schön kugelig gewölbt und von einem kompakten Eiklarring sowie einer äußeren, dünneren Eiklarschicht umgeben.

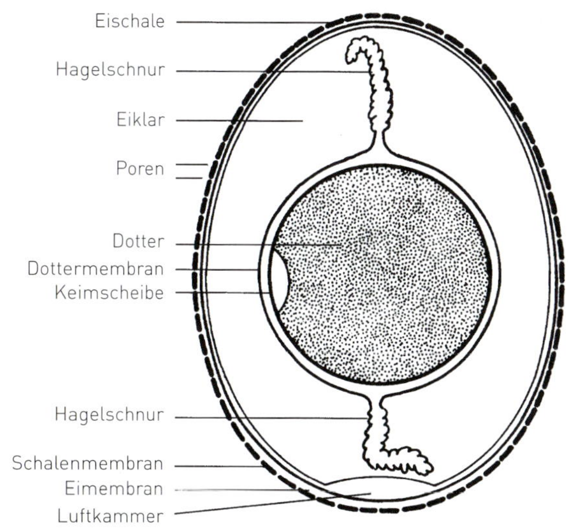

Der komplexe Aufbau eines Hühnereis im Querschnitt mit all seinen Bestandteilen.

gen sind ganze Eier 2 Tage haltbar, Eigelb, mit Wasser bedeckt, ebenfalls 2 Tage und Eiklar 14 Tage. Gefrorene Eimasse hält sich bis zu 4 Monate. Werden zum Backen, etwa für Baisers, sehr frische Eier benötigt, sollte man einen der beiden beschriebenen Tests durchführen, denn von außen sieht man einem Ei ja leider nicht an, wie frisch es wirklich ist.

Beim Schwimmtest (unten) bleibt das Ei unversehrt. Frische Eier verursachen beim Schütteln kein Geräusch. Generell gilt: Je älter das Ei, um so mehr Flüssigkeit verdunstet durch die poröse Schale. Dadurch wird die Luftkammer größer und das Ei leichter. Nach 2 bis 3 Wochen steht es beim Schwimmtest nahezu auf der Spitze, später schwimmt es ganz oben. Beim Aufschlagtest (oben) wird der Dotter mit zunehmendem Alter flacher, das Eiklar verliert an Spannung und fließt auseinander.

Eier werden in verschiedenen Größen und Gewichtsklassen gehandelt, die Klassifizierungen ändern sich gelegentlich. In den Rezepten wird von Eiern mit einem Durchschnittsgewicht von 60 g ausgegangen. Bei sehr kleinen oder sehr großen Eiern muss man eventuell eines mehr oder weniger rechnen als angegeben.

Eigelb und Eiweiß trennen: Das Ei an einer scharfen Kante aufschlagen und mit dem Daumen aufbrechen. Das Eiklar in die Schüssel laufen lassen.

Den Dotter mehrmals von einer Schalenhälfte in die andere gleiten lassen. Dabei darauf achten dass die Dottermembran nicht verletzt wird.

Zuletzt die Hagelschnüre mit den Fingern entfernen, den Dotter in eine separate Schüssel gleiten lassen und bis zur Verwendung kühl stellen.

Fette und Milchprodukte

Milchprodukte

Versteckt sich Gutes aus Milch oft in Füllungen und Cremes, so machen Butter & Co. den Teig zart, mürbe & elastisch. Eigentlich alle Milchprodukte von Sahne, Schichtkäse und Quark bis hin zu Joghurt und Käse lassen sich beim Backen verwenden. Und wenn nicht für Süßes, dann für Pikantes von Brandteigringen mit Frischkäsefüllung über Käsestangen aus Blätterteig bis hin zu Quiche und Pizza. Die traditionelle Milchproduktpalette bietet hierzulande alle Möglichkeiten, und darüber hinaus bereichern seit geraumer Zeit Spezialitäten aus Frankreich, etwa Crème fraîche und Crème double, oder aus Italien – man denke an Ricotta, Mascarpone und Mozzarella – die Auswahl in Kühl- und Käsetheke.

Sahne (mehr dazu auf Seite 42) findet steif geschlagen oft pur Verwendung, lockert aber auch zarte Cremes vor allem für Torten auf. **Joghurt** und **Quark,** in Österreich und Bayern auch Topfen genannt, sind beliebt für erfrischende Füllungen, oft in Kombination mit Früchten, denn sie bringen nicht nur weniger Fett mit als reine Sahne, sondern sind auch fester und sorgen für eine angenehm säuerliche Note. Zum Backen sollten Quark oder Joghurt nicht zu viel Molke enthalten, im Zweifelsfall lässt man beides in einem Mulltuch abtropfen. Denn sonst weichen sie eventuell den Teig durch oder die Füllcreme wird nicht richtig fest. Eng verwandt mit Quark ist **Schichtkäse,** der bei seiner Herstellung schichtweise in Formen gefüllt wird. Er schmeckt säuerlich-aromatisch, ist geschmeidiger und trockener als Quark. Auch wenn er ein wenig teurer ist als dieser, bleibt er doch etwa für Käsekuchen die beste Wahl.

Was den **Käse** für Pikantes betrifft, so lässt sich hier zwischen frischem und gereiftem Käse unterscheiden. Frischkäse, etwa der leicht gesalzene, sahnige Doppelrahmfrischkäse, oder auch Mozzarella bringen relativ wenig Eigengeschmack mit und eignen sich daher gut zum Kombinieren mit Pikantem. Gereifte Hartkäse dagegen, vom Gouda über Emmentaler bis hin zum Parmesan, sorgen nicht nur für eine goldbraune Kruste, sondern besitzen auch jede Menge Würze.

Butter und Fette

Das natürliche Bindeglied zwischen Milchprodukten und Fett ist **Butter,** die aus dem Rahm der Milch hergestellt wird. Sie ist gesäuert (Sauerrahmbutter), ungesäuert (Süßrahmbutter), gesalzen und ungesalzen im Handel. Ob man nun Sauer- oder Süßrahmbutter bevorzugt, bleibt ganz dem eigenen Geschmack überlassen; von der Verwendung her unterscheiden sie sich nicht. Bekommt man gesalzene Butter, sollte man damit einmal Mürbteig oder Hefeteig zubereiten und die im Rezept angegebene Salzmenge weglassen – diese Teigarten schmecken mit Salzbutter ganz besonders gut.

Butterschmalz, auch geklärte Butter genannt, ist das reine Butterfett, von allen Wasser- und Eiweißbestandteilen befreit. Dadurch lässt es sich höher erhitzen als Butter und eignet sich zum Braten. Andere tierische Fette, etwa Schweineschmalz, Rindertalg oder Nierenfett, spielen ihres ausgeprägten Eigengeschmacks wegen beim Backen heutzutage keine Rolle mehr; lediglich für traditionelle Rezepte wie Lebkuchen etwa wird noch Schmalz verlangt.

Im Zeitalter des Cholesterinbewusstseins werden dagegen mehr und mehr **Pflanzenöle und -fette** eingesetzt. Öle eignen sich vor allem für Hefeteige gut. In Mürb- oder Rührteigen kann man ohne weiteres die Butter durch die gleiche Menge Pflanzenmargarine ersetzen, sollte sich jedoch darüber im Klaren sein, dass der Teig damit ein anderes Aroma bekommt.

Zum Schluss noch eine Bemerkung zum Fetten von Formen: Dazu eignen sich Butter oder neutrale Pflanzenöle. Darauf verzichten kann man nur bei Teigen, deren Fettanteil sehr hoch ist, das ist bei vielen Mürbteigen der Fall.

Im Vordergrund: **Butter,** das traditionelle Fett zum Backen. Dahinter: In Portionsstücke eingeteiltes weißes **Kokosfett** verleiht Schokoladenglasuren einen schönen Glanz. Darüber: **Pflanzenfett,** hoch erhitzbar und daher ideal zum Braten und Frittieren.

Honig, Zucker und Sirup

Zucker in allen Größen und Farben.
Oben: Zuckerhut, weißer Würfelzucker und weißer Kandiszucker, in großen und kleineren Stücken. Darunter: brauner Würfelzucker, brauner Kandiszucker in verschiedenen Größen, zerstoßen auch als Krümelkandis im Handel.
Die Häufchen zeigen oben braunen Zucker, in der Mitte Demerara-Zucker (eine weiße, mit Melasse eingefärbte Zuckersorte) und weißen raffinierten Zucker. Aus diesem wird durch feines Mahlen Puderzucker.

Zucker

Bevor in Europa Zucker in größeren Mengen verfügbar war, verwendete man hier überwiegend natürliche Süßungsmittel: Honig und Sirup. Heute ist hingegen Zucker das Universalsüßungsmittel schlechthin – kaum zu glauben, dass diese Karriere erst vor etwa 200 Jahren begonnen haben soll. Damals stellte ein Berliner Apotheker fest, dass Saccharose aus Zuckerrohr chemisch völlig identisch ist mit der, die aus Zuckerrüben gewonnen werden kann. Züchtungen von Zuckerrüben mit hohem Saccharosegehalt ermöglichten dann eine industrielle Zuckergewinnung in großem Ausmaß. Bis zu diesem Zeitpunkt war man in Europa auf die Einfuhr von Zucker aus Zuckerrohr angewiesen, eine kostspielige Angelegenheit, da die Pflanze nur in tropischem Klima gedeiht. Kein Wunder, dass die Verwendung von Zucker ein Statussymbol war und Zuckerwerk-Aufbauten die fürstlichen Tafeln schmückten.

Das hat sich inzwischen grundlegend geändert; Zucker ist erschwinglich und wird in den verschiedensten Formen sowie in den Farben weiß und braun angeboten. Brauner Zucker, auch Rohzucker oder Farinzucker genannt, ist nicht vollständig von der bei der Herstellung entstehenden braunen Melasse gereinigt. Sie verleiht diesem Zucker einen kräftigeren Geschmack, als ihn der völlig gereinigte, weiße Zucker, die Raffinade, aufweist. Zum Süßen von gewürztem dunklem Gebäck schätzt man das Aroma des braunen Zuckers; für Feingebäck wird jedoch weißer Zucker eingesetzt. Weißer wie brauner Zucker kommen in unterschiedlicher Körnung in den Handel. Zum Backen wählt man am besten eine recht feinkörnige Sorte, denn je kleiner die Kristalle sind, desto leichter lösen sie sich auf und verbinden sich mit dem Teig. Doch ganz gleich, welchen Zucker man bevorzugt, man sollte alle Sorten kühl und trocken aufbewahren – Feuchtigkeit lässt Zucker verklumpen.

Sirup

Beim Raffinieren von Zucker gehen nahezu alle Nährstoffe verloren. Daher nutzt man für die Vollwertbäckerei den Saft zuckerhaltiger Pflanzen, der wie bei Vollrohrzucker getrocknet (als Zuckerrohrgranulat) oder als Sirup angeboten wird. Solche Süßungsmittel besitzen einen hohen Mineralstoff- und Vitamingehalt, der sich jedoch beim Erhitzen verringert, und ein unverwechselbares Aroma.

Eine der hierzulande gut bekannten Siruparten ist der zähflüssige, dunkle Zuckerrübensirup, dessen Geschmack aber nicht jedermanns Sache ist. Auf dieselbe Art und Weise wie der Rübensirup wird auch Dicksaft aus Birnen oder Äpfeln gewonnen, der über seine Süßkraft hinaus einen fruchtigen Geschmack aufweist. In letzter Zeit gewinnt auch hierzulande der aromatische nordamerikanische Ahornsirup an Beliebtheit, der relativ stark süßt. Er wird in verschiedenen Gradierungen angeboten; »AA« und »A« sind die hochwertigsten. Vollwertige Süßungsmittel können ohne weiteres zum Backen verwendet werden, doch sollte man sie bei feinerem Gebäck wegen ihres Eigengeschmacks vorsichtig dosieren und vielleicht eher zu mildem Honig greifen.

Honig

Die Süßkraft des Honigs ist höher als die des Zuckers, und sein ernährungsphysiologischer Wert ist größer, da seine Kohlenhydrate vom Körper besonders leicht aufgenommen werden können. Frischer Honig ist dickflüssig und transparent, wird im Lauf der Zeit aber fester.

Honig gibt es in den verschiedensten Sorten, je nachdem, welchen »Ausgangsstoff« die Bienen verarbeitet haben. Man kann grob zwischen Blüten- und Waldhonig – dieser ist weniger süß, dunkler und von kräftigerem Aroma – unterscheiden. Stammt der Honig überwiegend von einer bestimmten Pflanzenart, so spricht man von Sortenhonigen, die sich charakteristisch in Farbe und Geschmack unterscheiden. Welchen man nun zum Backen wählt, bleibt ganz dem eigenen Geschmack überlassen.

→ Tipp

Man kann auch mit Süßstoffen backen, allerdings nicht mit jeder Sorte. Der Süßstoff muss dazu, wie etwa Cyclamat, hitzebeständig sein. Normalerweise ist auf der Packung oder dem Etikett vermerkt, ob ein Süßstoff erhitzt werden kann. Die für das Rezept notwendige Menge muss aus den Angaben errechnet werden.

Honig wird aus den Waben von Bienenstöcken »geerntet« – durch Schleudern, Austropfen oder Auspressen.

Zuckerrübensirup erhält man durch Einkochen von Rübenschnitzeln. Dabei entsteht die typische dunkle Farbe.

Zur Gewinnung von Ahornsirup werden Zuckerahorne angezapft und der Sirup eingekocht.

Nüsse & Co.
Gewürz und Dekoration

Das Fruchtfleisch der Kokosnuss wird geraspelt gerne für Kuchen, Gebäck und Baisers verwendet.

Die Erdnuss stammt aus Amerika, ist aber bei uns schon lange eine der beliebtesten Nussarten.

Die Macadamianuss ist erst seit kurzer Zeit bei uns im Angebot, sie kommt ursprünglich aus Australien.

Nüsse

In der Umgangssprache heißen sie zwar alle »Nüsse«, von den knackigen Früchten auf dieser Seite gehört jedoch nur eine auch botanisch zu den Nüssen: die Haselnuss. Walnüsse, Kokosnüsse, Pistazien und Mandeln sind Steinfrüchte, Erdnüsse Hülsenfrüchte und Paranüsse Kapselfrüchte. Doch alle diese »Nüsse« sind Samen, die von einer harten äußeren Schale und meist noch von einer hautähnlichen inneren Schale umgeben sind.

Nüsse liefern wichtige Nährstoffe sowie physiologisch wertvolle Öle. Gerade wegen dieser Öle, die auch für den feinen Geschmack verantwortlich sind, werden Nüsse leicht ranzig, wenn sie zu lange aufbewahrt werden. Man sollte sie kühl, trocken und luftig lagern, am besten nach Sorten getrennt. Das Aroma von Nüssen ist besonders fein, wenn man sie kurz vor dem Verbrauch frisch knackt. Kokosnüsse öffnet man am besten, indem man durch 2 der 3 Augen einen Nagel schlägt und das Kokoswasser ablaufen lässt. Dann zerschlägt man die Schale mit dem Hammer oder sägt sie auf. Verwendet wird nur das weiße Fleisch mit dem typischen nussigen Kokosgeschmack.

Ob man bei Mandeln, Walnüssen oder Haselnüssen dann noch die hautähnliche innere Schale entfernt – das ist in den Rezepten dieses Buchs gemeint, wenn geschälte Nüsse oder Mandeln verlangt werden –, ist eine Frage des Geschmacks und der Optik. Geschält sind sie von hellerer Farbe und etwas milder. Bei Mandeln entfernt man die innere Schale, indem man die Kerne blanchiert, kurz ziehen lässt, die Schale ablöst und die Kerne wieder trocknet. Haselnüsse röstet man am besten im Ofen, dann lässt sich die Schale abreiben.

Kauft man Nüsse zum Backen bereits geschält, sollte man unbedingt ungesalzene wählen, außer als Dekoration für salziges Gebäck. Und auf jeden Fall die Qualität und Frische gründlich prüfen, denn schon eine ranzige Nuss kann den ganzen Kuchen verderben.

Ganze Mandeln, von der inneren Schale befreit, werden gern zum Dekorieren verwendet.

Mandelstifte sind eine hübsche Dekoration; geröstet passen sie auch zu knackigem Konfekt.

Halbierte Mandeln sind die klassische Dekoration für Lebkuchen oder Makronentorten.

Gehackte Mandeln können in Teige geknetet oder unter Füllungen gezogen werden; auch für Krokant.

Gehobelte Mandeln (Mandelblättchen) werden geröstet zum Einstreuen von Kuchen und Torten verwendet.

Gemahlene Mandeln sind häufiger Bestandteil von Teigen oder Massen oft zusammen mit Marzipan.

Gehackte Pistazien sind dank ihrer schönen Farbe eine ideale Dekoration, besonders für Schokoladendecken.

Haselnüsse schmecken kräftiger als Mandeln und harmonieren im Geschmack gut mit Schokolade.

Cashewnüsse sind die Samen des Kaschuapfels. Sie kommen meist geschält und geröstet in den Handel.

Die cremefarbenen Pinienkerne (Pignoli) sind süßlich im Geschmack und recht ölhaltig.

Kakao und Schokolade

Diese grünen Kakaofrüchte werden bei der Reife gelb. Die Samen, die in der Frucht eingebettet sind, bilden das »Ausgangsmaterial« für die Schokoladenherstellung.

Kakao

Mit den kleinen weißlich-gelben Samen der Kakaofrucht, die wie beim Kaffee ebenfalls Bohnen genannt werden, fängt bei der Kakao- und Schokoladenherstellung alles an – denn Sorte und sorgfältige Weiterverarbeitung der Bohnen bestimmen maßgeblich die Qualität des daraus hergestellten Produkts.

Die Kakaobohnen werden nach der Ernte zunächst fermentiert, das heißt, sie gären, bis sie ihre Keimfähigkeit verloren haben und eine schokoladenbraune Farbe sowie das typische Kakao-Aroma aufweisen. Danach trocknet man sie gründlich und röstet sie, bricht sie auf und befreit sie von ihren Schalen. Alles, was übrig bleibt, wird dann fein vermahlen.

Dabei entsteht die glänzend-braune Kakaomasse, und zwar dadurch, dass die in den Bohnen enthaltene Kakaobutter beim Zermahlen schmilzt und sich mit den übrigen Bestandteilen mischt. Kakaomasse ist die wichtigste Grundlage für die Herstellung von Kakaopulver, Kakaobutter und schließlich auch für Schokoladen beziehungsweise Kuvertüren aller Art.

Kakaopulver gewinnt man, indem der Kakaomasse Kakaobutter entzogen wird. Je nachdem, wieviel Fett noch im Pulver verblieben ist, unterscheidet man zwischen stark und schwach entölten Kakaos. Bevor das Pulver in den Handel kommt, wird es zunächst meist noch einem speziellen Verfahren unterzogen, das den Geschmack mildert und die Löslichkeit verbessert – ansonsten würde Kakaopulver in Flüssigkeiten einfach obenauf schwimmen.

Schokolade

Um aus Kakaomasse Schokolade oder Kuvertüre herzustellen, wird diese zunächst mit Zucker und eventuell weiteren Zutaten, etwa Gewürzen oder Milchpulver für die Herstellung von Milchschokolade, gemischt, fein gewalzt und »conchiert«, das heißt, konstant gerieben, gerührt und geknetet, wobei Bitterstoffe entweichen und durch die Zugabe von Kakaobutter oder Milchfett eine homogene Masse entsteht – dieser Vorgang ist verantwortlich für den »Schmelz« einer Schokolade. Ob sie bitter schmeckt oder nicht, hängt dagegen einzig und allein von ihrem Gehalt an Kakaomasse ab.

Kuvertüre

Bei Kuvertüren ist der Gehalt an Kakaomasse in exakten »Formeln« angegeben, weil die Zusammensetzung auch etwas über die Verwendungsmöglichkeiten aussagt. Aus diesen lassen sich die Mengenverhältnisse der einzelnen Bestandteile ablesen. So hat etwa extrabittere Kuvertüre die Formel 70/30/38 – die erste Zahl nennt den Prozentsatz an Kakaomasse, die zweite den an Zucker und die dritte schließlich den Gesamtfettgehalt. Die nicht ganz so bittere »Universalkuvertüre« hat eine Formel von 60/40/38. Je höher der letzte Wert ist, desto flüssiger wird eine Kuvertüre, wenn man sie auf dem Wasserbad temperiert (mehr dazu auf den Seite 48 und 52).

Schließlich kann Schokolade auch ganz ohne Kakaomasse hergestellt werden, nur aus Kakaobutter, Zucker und Milchpulver: Das ergibt die »weiße« Schokolade oder »weiße« Kuvertüre.

Was das Aufbewahren angeht, so sollte man Kakaopulver, Schokolade und Kuvertüre kühl, trocken und vor allem fern von stark aromatischen Lebensmitteln lagern, denn sie nehmen leicht fremde Aromen an. Angebrochene Kuvertüreblöcke oder Schokoladetafeln wickelt man deshalb am besten sorgfältig in Folie. Bittere Kuvertüresorten halten sich auf diese Weise problemlos bis zu 15 Monaten, Milchkuvertüre und weiße Sorten nur etwa 10 Monate.

Verschiedene Sorten von Kuvertüre (von oben nach unten):
Extrabittere Kuvertüre, etwa zum Überziehen von Konfekt.
Reine Kakaobutter, zum Verdünnen von Kuvertüre.
Milchkuvertüre, im Kakaogehalt etwa entsprechend der Milchschokolade.
Weiße Kuvertüre, ohne Kakaobestandteile, nur mit Kakaobutter.
Bittere Kuvertüre, die meistverwendete Universalkuvertüre in der Konditorei.

Getrocknete und kandierte Früchte gehören zu vielen klassischen Backrezepten dazu – und das nicht nur zur Weihnachtszeit.
Oben: Sultaninen, kandierte Kirschen und Ananasscheiben.
Oben rechts: getrocknete Birnen (Hutzeln), Apfelringe und Pflaumen.
Rechts: Korinthen, Zitronat, Orangeat, getrocknete Aprikosen, Feigen und Rosinen.

Kandierte Früchte und Marzipan

Getrocknete Früchte

An der Luft getrocknet oder gezuckert beziehungsweise in Honig eingelegt: Dass, auf diese Weise behandelt, viele Früchte auch noch lange nach ihrer Saison zur Verfügung stehen können, weiß man schon seit alters her. Für beide Konservierungsmethoden eignen sich jedoch nur vollreife und makellose Früchte. Trocknen lassen sich viele Kern- und Steinobstsorten, aber auch Feigen oder Bananenscheiben und, das bekannteste Beispiel von allen, Weintrauben.

Kleinere Früchte bleiben zum Trocknen meist ganz, Äpfel, Aprikosen oder Pfirsiche dagegen werden in Ringen, Schnitzen oder Scheiben getrocknet. Wo das Klima dies zulässt, kann das Trocknen in der Sonne geschehen; will man dagegen, wie in den großen Anbaugebieten in Australien oder in Kalifornien, auf Nummer Sicher gehen, errichtet man dafür eigene Trockenkammern.

Manche Obstsorten werden zusätzlich mit Schwefeldioxid behandelt, um Verfärbungen zu vermeiden. Vor Gebrauch kocht man geschwefelte Trockenfrüchte am besten ab und schüttet das Kochwasser weg; in der Vollwertbäckerei, bei der Trockenfrüchte als natürliches Süßungsmittel beliebt sind, werden ausschließlich ungeschwefelte Sorten verwendet. Diese müssen nur kurz gewaschen werden.

Kandierte Früchte

Appetitlicher im Aussehen bleiben Früchte, die man in Zucker konserviert. Deshalb sind Belegkirschen oder Stückchen von anderen kandierten Früchten als Dekoration so beliebt. Aber auch zum Mitbacken, gut im Teig versteckt, eignen sie sich hervorragend, der beliebte Königskuchen ist ein gutes Beispiel dafür.

Zu den kandierten Früchten zählen übrigens auch Zitronat und Orangeat, selbst wenn hier nicht die eigentlichen Früchte, sondern die Schalen in Zucker eingelegt werden. »Ausgangsmaterial« dafür sind nicht etwa die üblichen Zitronen und Orangen, sondern vielmehr die dickschaligen, hocharomatischen Zedratzitronen und die spanischen Bitterorangen, auch Pomeranzen genannt. Zitronat und Orangeat kommen im Stück oder bereits gewürfelt in den Handel. Der Vorteil der großen Stücke, auch wenn man sie noch selbst zerkleinern muss: Sie sind viel aromatischer, da bei ihnen die in der Schale enthaltenen ätherischen Öle länger erhalten bleiben.

Marzipan

Bei der Herstellung von Marzipan, ursprünglich eine arabische Spezialität, kommt man mit wenigen Zutaten aus: nur Mandeln, Zucker und traditionell ein Schuss Rosenwasser sind dazu notwendig. In Reformhäusern und Naturkostläden findet man darüber hinaus Marzipan, das mit Honig zubereitet ist. Das Selbstherstellen guter Qualitäten ist schwierig, da die Nüsse dazu fein gewalzt, also zerrieben werden müssen. Daher greift man am besten auf fertige Produkte zurück.

Zum Backen und für Konfekt benötigt man jedoch meist kein fertiges Marzipan, sondern die Rohmasse, die in Packungen mit 150 g oder 200 g angeboten wird. Sie muss noch mit der jeweils im Rezept angegebenen Menge an Puderzucker und eventuell einem Schuss Alkohol verknetet, »angewirkt«, werden. Dabei gilt: Je mehr Puderzucker, desto spröder wird die Masse. In der Vorweihnachtszeit ist häufig auch bereits angewirktes und eingefärbtes Marzipan, etwa für Dekorationszwecke, im Handel.

Marzipanrohmasse mit dem Puderzucker auf eine Arbeitsfläche geben, Kirschwasser zugießen.

Mit den Händen alles möglichst zügig zu einer glatten Masse verkneten.

Fertig angewirktes Marzipan lässt sich gut formen und vielfach verwenden.

Gelatine aus Kollagen, einem tierischen Protein, gewonnen, ist das bekannteste Geliermittel. Als Blätter oder gemahlen erhältlich.

Rote Gelatine ist chemisch mit weißer Gelatine identisch und nur eingefärbt. Für alle Speisen, die in der Farbe Rosa bis Rot werden sollen.

Agar-Agar ist ein pflanzliches Geliermittel, das aus Meeresalgen gewonnen wird. Es kommt als Fäden, häufiger jedoch bereits gemahlen in den Handel.

Würzen und Gelieren

Gewürze

Backen mit Gewürzen hat Tradition, ganz gleich, ob nun ein Teig oder eine Creme mit Vanille aromatisiert oder ob gleich ein ganzes Potpourri von Zimt, Kardamom, Piment, Nelken, Muskat oder Anis eingesetzt wird. Zum Backen verwendet man sie meist fein gemahlen, damit sie sich gut mit dem gesamten Teig vermischen. Vanilleschoten werden der Länge nach mit einem scharfen Messer aufgeschlitzt, dann kann man das dunkle Mark herauskratzen.

Außerdem nutzt man zum Backen auch die aromatischen Schalen von Zitrusfrüchten, die dazu allerdings immer unbehandelt sein müssen. Sie werden dünn abgerieben – mit der Reibe oder mit Würfelzucker – oder als feine dünne Zesten abgeschält.

Als Aromaspender nicht zu unterschätzen sind auch Alkoholika in ihrer ganzen Bandbreite: Rum in Weiß oder Braun (zum Backen höchstens 42%ige Sorten wählen), Cognac, Obstbrände oder Liköre wie Cointreau, Grand Marnier oder Amaretto. Während davon meist ein »Schuss« für Cremes, Teige oder Sirup zum Tränken genügt, benötigt man von Wein oft eine etwas größere Menge, ob nun für Weincreme oder für Kompott oder Tortenguss.

Geliermittel

Tortenguss zum Überglänzen und Frischhalten vor allem von Obsttorten verwendet, gehört zu den Geliermitteln. Er besteht meist aus Stärke, Carrageen, Pektin oder Gelatine. Er wird, ob klar oder rot eingefärbt, nach Anweisung mit Wasser, Saft oder Wein zubereitet, gelegentlich auch mit Zucker, und erstarrt beim Abkühlen zu einem durchsichtigen Gelee.

Für Cremes ist dagegen oft Gelatine das Geliermittel der Wahl. In den Rezepten dieses Buches wird stets von Blattgelatine ausgegangen, die vor der Verwendung ausreichend lange in kaltem Wasser eingeweicht werden muss. Sie löst sich nur beim Erwärmen auf, weshalb man sie normalerweise – gut ausgedrückt – in eine heiße Grundzubereitung einrührt.

Soll eine kalte Creme etwa mit Joghurt oder Quark gelieren, löst man die ausgedrückten Blätter auf dem Wasserbad auf. Dann am besten erst langsam mit ein paar Löffeln Creme nacheinander verrühren. Kommt zu schnell zu viel kalte Creme dazu, erstarrt die Gelatine sofort und bildet Klümpchen. In diesem Fall alles noch einmal langsam erwärmen, bis sich die Gelatine wieder auflöst.

→ Tipp

Wer mag, kann Tortenguss auch selbst kochen, aus Fruchtsaft und Agar-Agar etwa. Agar-Agar will mit Fingerspitzengefühl dosiert werden, denn schon eine recht geringe Menge bewirkt ein starkes Erstarren. Wird die Agar-Agar-Mischung einmal zu schnell fest, bevor man sie fertig verarbeitet hat, erwärmt man sie am besten langsam noch einmal.

Pfeilwurzelmehl, Speisestärke, die auch bei uns zunehmend in Gebrauch ist, aus Knollen und Wurzeln einer tropischen Pflanze.

Tapioka, Stärke aus der Maniokfrucht, durch ein Sieb gepresst und getrocknet. Gut geeignet für transparente Süßspeisen.

Sago, altbekannte Kügelchen aus der Stärke der Sagopalme oder anderer Stärkepflanzen. Gut geeignet für Fruchtgrützen und Kaltschalen.

Backformen und Geräte

Die Geräte

Oberstes Gebot für das Gelingen von Gebäcken ist das exakte Nachvollziehen der Rezepte, denn Improvisation gelingt nur, wenn man über genug eigene Erfahrung verfügt. Deshalb sind die nötigen Hilfsmittel unerlässlich. Jedem bleibt natürlich überlassen, in welchem Maße er sich die Ausrüstung anschaffen will. Diese Übersicht der Backformen und Geräte erleichtert dem interessierten Laien die Auswahl.

Der Ofen

Erfolg beim Backen steht und fällt zu einem großen Teil mit dem Ofen. Ober- und Unterhitze, Heißluft, eine Kombination von beidem – moderne Öfen bieten die Auswahl. Die Temperaturangaben in den Rezepten dieses Buchs beziehen sich auf

1 Springformen, 2 Tortenringe, 3 Rührschüssel, 4 Schneekessel mit Holzspatel, 5 Schneebesen, 6 Kuchengitter, 7 Mehlsieb, 8 Spritzbeutel mit Stern- und Lochtüllen, 9 Alufolie, 10 Backpapier, 11 Teigroller, 12 und 13 Winkelpaletten, 14 Lange Palette mit Säge, 15 Kurze Palette, 16 Gummispatel, 17 Backpinsel, 18 Teigrädchen mit glattem Rand, 19 Teigrädchen mit gezacktem Rand, 20 Zesteur, 21 Feine Reibe für Zitrusschalen, 22 Tortenunterlage, 23 Teigschaber, 24 Ausstecher mit gewelltem Rand, 25 Ausstecher mit glattem Rand.

Ober- und Unterhitze. Gerade für Plätzchen kann aber auch Heißluft eine gute Alternative sein, da sich dabei mehrere Bleche gleichzeitig einschieben lassen. Als Faustregel rechnet man für Heißluft etwa 20 °C weniger als bei Strahlungshitze.

Für alle angegebenen Backzeiten gilt: Sie sind eine ungefähre Richtlinie. Um die für den eigenen Ofen passenden Zeiten herauszufinden, ist es wichtig, sich zuerst einmal an die Gebrauchsvorschriften des Herstellers zu halten. Der zweite Schritt ist das Testbacken verschiedener Teige und Massen. Dabei ist es nützlich, sich die erzielten Ergebnisse aufzunotieren. Sehr dünne Teigböden oder Kekse backt man darüber hinaus am besten nach Sicht. Und bei Kuchen kommt als Test die Stäbchenprobe in Frage: Man sticht mit einem langen Holzstäbchen hinein und zieht es wieder heraus. Bleibt kein weicher Teig mehr daran hängen, ist der Kuchen gar.

1 Angelcake-Form, 2 Backbleche, 3 Pieformen und Quicheformen 4 Ovale Tortelettförmchen mit gewelltem Rand, 5 Springform mit konischem Rand, 6 Tortelettförmchen mit glattem Rand, 7 Gugelhupfform, 8 Schiffchenförmchen, 9 Kastenform, variabel von 22 bis 38 cm, 10 Kasten- oder Königskuchenform, 11 Margaretenkuchenform, 12 Törtchenform mit konischem, gewellten Rand, 13 Rehrückenform, 14 Obstkuchenförmchen mit gewelltem Rand, 15 Obstkuchenformen mit gewelltem Rand, die Böden können herausgehoben werden.

Backpraxis Grundrezepte

Detaillierte Anleitungen zur Herstellung der verschiedenen Teige und Massen. Außerdem Grundrezepte für Cremes und leckere Füllungen, Schritt für Schritt erklärt, sowie Infos zur Zubereitung von Baisers und Glasuren, zum Dekorieren und Verzieren von Kuchen und Torten.

Mürbteig
Der Knusprige

Um Mürbteig herzustellen, den es in vielen Varianten gibt, kann man auf unterschiedliche Art vorgehen. Bei der einen Methode wird die weiche Butter zunächst mit Zucker, Salz und Eiern vermischt und dann mit dem Mehl »gehackt«. Wird hingegen mit kalter Butter gearbeitet, können gleich alle Zutaten miteinander gehackt werden.

Die in den beiden Rezepten auf dieser Seite angegebenen Mengen kann man teilen oder vervielfachen, je nachdem, wie viel Teig benötigt wird. Als Faustregel gilt: 200 bis 250 g für einen Boden von 26 cm Durchmesser ohne Rand (Tarte- oder Quicheform), 350 bis 400 g für einen genauso großen Boden mit Rand, etwa 65 g für ein Torteletttförmchen von 12 cm Durchmesser und 35 g für eines von 8 cm.

Bleibt etwas übrig, ist das kein Problem: Absolut luftdicht in Folie eingepackt, hält sich der Teig im Kühlschrank ungefähr 1 Woche. Friert man ihn ein, kann man ihn etwa 3 Monate aufbewahren. Doch lassen sich auch fertige Mürbteigböden gut einfrieren – sie sollten dann allerdings nur hell gebacken sein, damit sie nach dem Auftauen noch einmal aufgebacken werden können.

Mürbteig

200 g Weizenmehl Type 405

100 g weiche Butter, in Stücken

50 g Puderzucker

1 Eigelb

1 Prise Salz

Außerdem:

Mehl für die Arbeitsfläche

Backpapier und Hülsenfrüchte zum Blindbacken

Den Mürbteig zubereiten, wie in der Bildfolge rechts von a bis k gezeigt. Besonders, wenn man ihn mit einem relativ feuchten Belag – etwa Obst mit Eier-Sahne-Guss oder Gemüsemischung für eine Quiche – versehen will, empfiehlt es sich, den Teig vorher »blindzubacken«, das heißt mit Backpapier und Hülsenfrüchten vorzubacken, wie rechts von l bis o gezeigt.

Mürbteig, mit dem Rührgerät zubereitet

Für Mürbteige mit einem relativ hohen Fettanteil empfiehlt sich die Zubereitung mit dem Handrührgerät. Hierbei wird nämlich die im Verhältnis doch relativ geringe Mehlmenge schnell unter die Buttermischung gearbeitet und die Gefahr, dass der Teig »brandig«, das heißt zu kurz und brüchig wird, ist dadurch eher ausgeschlossen.

180 g weiche Butter

50 g Puderzucker

1 Prise Salz

1 Ei

1 EL Milch

250 g Mehl

1. Die Butter mit dem Puderzucker und dem Salz verrühren, bis die Masse geschmeidig, aber nicht schaumig ist. Dazu den Knethaken verwenden und das Gerät auf mittlerer Stufe betreiben. Nacheinander das Ei und die Milch untermischen.

2. Das gesiebte Mehl auf einmal hinzuschütten und möglichst schnell auf niedrigster Stufe einarbeiten. Zur Kugel formen und vor der Weiterverarbeitung mindestens 1 Stunde im Kühlschrank ruhen lassen.

a **In die Mitte des Mehls** eine Mulde drücken, die restlichen Zutaten hineingeben.

b **Diese mit den Fingern** oder einer Gabel vermischen, dabei etwas Mehl mit einarbeiten.

c **Mit einer Palette** das Mehl vom Rand zur Mitte hin schieben und grob vermengen.

d **Die Palette** mit beiden Händen fassen und die Masse zu feinen Krümeln hacken.

e **Die Krümel** mit beiden Händen rasch verkneten, dabei immer von außen zusammendrücken.

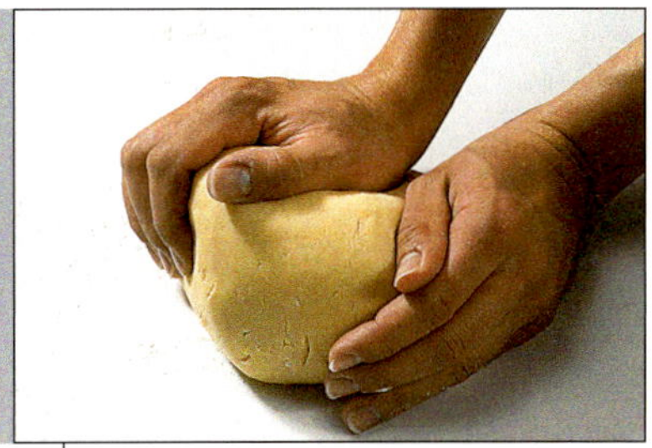

f **Nur so lange kneten,** bis der Teig glatt ist, sonst wird die Butter zu warm und der Teig brüchig.

g **Mürbteig** kann auch mit dem Rührgerät zubereitet werden. Er ist dann allerdings weicher.

h **Den Teig zur Kugel formen,** luftdicht in Folie wickeln, 1–2 Stunden in den Kühlschrank stellen.

i **Anschließend** schnell auf einer leicht bemehlten Arbeitsfläche ausrollen und zurecht schneiden.

j **Den Mürbteig** auf das Rollholz wickeln und über einer Tortenbodenform abrollen.

k **Den Rand** mit einem Teigrest andrücken, überstehende Teigränder abschneiden.

l **Mit einer Gabel** Löcher in den Teigboden stechen, die Form mit Backpapier auslegen.

m **Die Form** mit getrockneten Hülsenfrüchten füllen, den Boden bei 190 °C 10 Minuten vorbacken.

n **Den goldgelben Boden** herausnehmen, das Backpapier samt den Hülsenfrüchten entfernen.

o Den Boden nach Belieben füllen, laut den Angaben im Rezept fertig backen.

Rührteig und Brandteig

Leichter Rührteig

Den klassischen Rührteig stellt man ohne Backpulver her – es beeinflusst immer ein wenig den Geschmack –, und dann muss man ihn wirklich kräftig rühren. Für die Lockerung sorgen allein die Eier. Sie werden entweder im Ganzen verarbeitet, oder man lockert eine Mischung aus Butter, Zucker und Eigelb mit Eischnee.

Wer auf Nummer Sicher gehen und sich die Sache etwas vereinfachen möchte, verwendet statt dessen Backpulver, das stets mit dem Mehl vermischt und gesiebt werden sollte.

6 Eier, 4 Eigelbe

200 g Zucker, 1 Prise Salz

abgeriebene Schale von 1 unbehandelten Zitrone

200 g Butter

180 g Mehl

120 g Speisestärke

Außerdem:

Backpapier

1 Kastenform von 25 cm Länge

Wie in der Bildfolge unten gezeigt, Eier, Eigelbe, Zucker, Salz und Zitronenschale schaumig aufschlagen, bis die Masse deutlich an Volumen zugenommen hat. Die Butter zerlassen und abkühlen lassen, bis sie nur noch lauwarm ist. In dünnem Strahl in die Masse einlaufen lassen und unterziehen. Das Mehl mit Speisestärke mischen und auf ein Stück Papier sieben. Langsam in die Masse einrieseln lassen und unterziehen. Die Masse in die mit Backpapier ausgelegte Form füllen und die Oberfläche mit Hilfe eines Teigschabers glatt streichen. Bei 190 °C 45 bis 50 Minuten im vorgeheizten Ofen backen.

Wer eine leistungsfähige Küchenmaschine besitzt, kann alle Zutaten zusammen – im »All-in-Verfahren« – verarbeiten. Wichtig ist hierbei nur, wie beim Rührteig generell, dass alle Zutaten dieselbe Temperatur haben.

Brandteig

Er ist der besondere unter den Teigen, denn er wird zweimal gegart. Zuerst wird der Teig »abgebrannt«, das heißt, das Mehl wird in die kochende Butter-Wasser-Mischung gegeben und gut verrührt, bis sich ein Teigkloß bildet, der sich vom Topfboden löst. Unter diesen Kloß werden die Eier gerührt.

a **Eier, Eigelbe,** Zucker, und Gewürze schaumig aufschlagen, bis die Masse an Volumen zugenommen hat.

b **Die Butter zerlassen.** Nur noch lauwarm in dünnem Strahl in die Masse einlaufen lassen und unterziehen.

c **Mehl mit Speisestärke mischen,** langsam in die Masse einrieseln lassen und unterziehen.

d **Die Masse** in die mit Backpapier ausgelegte Form füllen und die Oberfläche mit einem Schaber glatt streichen.

a **Das Wasser,** die Butter und das Salz in eine Kasserolle geben und unter ständigem Rühren einmal aufkochen lassen.

b **Das gesiebte Mehl** auf einen Schlag in die kochende Flüssigkeit schütten, dabei ununterbrochen kräftig weiterrühren.

c **So lange rühren,** bis sich die Masse als Kloß vom Topf löst (abbrennt) und eine weiße Haut den Topfboden überzieht.

d **Die Masse** in eine Schüssel umfüllen, etwas abkühlen lassen. 1 Ei unterrühren, bis es sich völlig mit der Masse verbunden hat.

e **Die restlichen Eier** nacheinander zugeben, dabei darauf achten, dass jedes einzelne gut untergerührt ist, bevor das nächste folgt.

f **Die Teigkonsistenz prüfen.** Dafür den Kochlöffel anheben, die Masse soll glatt und glänzend sein und weich vom Löffel fallen.

Die geschmeidige Masse wird entweder auf das eingefettete Blech aufgestrichen oder mit einem Spritzbeutel aufgespritzt. Meistens werden Brandteiggebäcke anschließend im Ofen gebacken, wobei sie um so höher aufgehen, je mehr mit Dampf gebacken wird. Um Dampf zu erzeugen, gießt man eine Tasse Wasser in den Ofen, sobald das Blech eingeschoben ist, und schließt schnell die Ofentür.

Brandteig kann aber auch statt im Ofen in Fett ausgebacken, also frittiert, oder in Flüssigkeit gegart werden. Beliebte Brandteiggebäcke sind Windbeutel, Eclairs und Spritzkuchen sowie Schmalzgebäcke.

1/4 l Wasser

100 g Butter

1 Prise Salz

250 g Mehl

5 bis 6 Eier

Den Brandteig zubereiten, wie in der Bildfolge oben beschrieben. Dann die Masse in der gewünschten Form auf das ganz leicht eingefettete Backblech streichen oder spritzen. Die Gebäcke in dem auf 220 °C vorgeheizten Ofen in 15 bis 20 Minuten backen. Mit Sahne- oder Cremefüllungen weiter verarbeiten wie im jeweiligen Rezept angegeben.

Biskuit für Torten und Rouladen

Aus Biskuitteig, den der Fachmann als »Masse« bezeichnet, werden außer Tortenböden auch noch andere Gebäcke wie Petits Fours und Löffelbiskuits zubereitet.

Die Hauptzutaten sind Eier, Zucker und Mehl, das teilweise durch Speisestärke ersetzt wird. Wichtig ist, dass eine lockere, luftige Masse entsteht. Dafür gibt es zwei Methoden: Die »Wiener Masse«, bei der ganze Eier mit dem Zucker aufgeschlagen werden, und das Rezept für Biskuitrouladen, bei der die Eier getrennt bearbeitet werden. Das Eigelb wird hier schaumig gerührt und das Eiweiß steif geschlagen. Das ergibt eine standfeste Masse.

Wiener Masse

Die Wiener Masse lässt sich schon deshalb einfacher zubereiten, weil man nur ein Gefäß dazu braucht. Ihre Stabilität erhält sie dadurch, dass die Eier und der Zucker im Wasserbad warm aufgeschlagen werden. Der Zucker löst sich dabei schneller auf, und durch das anschließende Kaltschlagen ergibt sich eine sehr feinporige, glatte Masse. Dieser kann nun noch etwas warmes Fett zugesetzt werden mit dem Ergebnis, dass sie zwar nicht ganz so luftig und locker aufgeht, aber dafür etwas feinporiger wird und besonders gut schmeckt.

5 ganze Eier
2 Eigelbe
150 g feiner Zucker
1/2 TL abgeriebene Schale von einer unbehandelten Zitrone
150 g Mehl
30 g Speisestärke
90 g Butter

1. Eier, Eigelbe, Zucker und Zitronenschale warm schlagen, wie unten in der Bildfolge gezeigt. Dafür die Kasserolle in ein Gefäß mit warmem – nicht kochendem – Wasser stellen und die Eier darin bei kleiner Hitze

a **Wiener Masse:** Die Eier, Zucker und Zitronenschale in eine Schüssel geben.

b **Im Wasserbad** schaumig aufschlagen, die Masse soll dabei aber nicht heiß werden.

c **In 5 bis 8 Minuten** kalt schlagen, bis die Masse cremig ist.

d **Das Mehl** und die Speisestärke langsam einrieseln lassen und unterziehen.

e **Die Butter** schmelzen, in einem dünnen Strahl einlaufen lassen und unterziehen.

f **Einen Tortenring** auf Backapapier stellen, die Masse einfüllen und glatt streichen.

g **Nach dem Backen** den Boden auskühlen lassen und mit dem Messer vom Rand lösen.

h **Nach Bedarf** mit einem Kuchenmesser 2 oder 3 gleichmäßig dicke Böden schneiden.

a **Rouladenbiskuit:** Die Eigelbe mit der Hälfte des Zuckers schaumig rühren.

b **Die Eiweiße** zu steifem Schnee schlagen, dabei den restlichen Zucker einrieseln lassen.

c **Den Eischnee** unter die Eigelbmasse heben, das Mehl mit der Speisestärke dazusieben.

d **Alles in der Schüssel** vorsichtig vermengen, so dass viel Luft in der Masse verbleibt.

e **Die Masse** auf einem mit Backpapier ausgelegtem Blech gleichmäßig glatt streichen.

f **Den gebackenen Teig** auf ein feuchtes Tuch stürzen, erkalten lassen; das Papier abziehen.

g **Teig** nach Belieben bestreichen. Aufrollen, dabei das Tuch an der Seite anheben.

h **Die Roulade** mit Puderzucker bestauben und in dicke Scheiben schneiden.

aufschlagen. Die Kasserolle vom Wasserbad nehmen und weiterverfahren, wie gezeigt.

2. Den Biskuit in 30 bis 35 Minuten bei 190 °C im vorgeheizten Ofen backen. Den leicht ausgekühlten Boden stürzen, indem man ihn vom Blech nimmt, dieses mit Mehl bestaubt und den Boden mit der Oberseite nach unten wieder darauf legt. Das Papier vorsichtig abziehen und den Boden aus dem Ring lösen.

Biskuit für Rouladen

Bei dieser Zubereitungsmethode, die ebenfalls für Tortenböden oder andere Gebäckstücke aus Biskuit verwendet werden kann, wird der Eiweiß- beziehungsweise Eigelbanteil oft variiert. So besteht das folgende Rezept für Rouladen aus mehr Eigelb und weniger Eiweiß, damit der gebackene Biskuit flexibler bleibt und sich leichter rollen lässt. Für Biskuitböden ist das Verhältnis Eigelb zu Eiweiß meist gleichwertig. Für Mohrenköpfe und Löffelbiskuits ist eine besonders standfeste Masse nötig, die sich durch einen geringen Eigelb- und einen hohen Eiweißanteil auszeichnet.

Für Rouladen:
8 Eigelbe
100 g Zucker
4 Eiweiße
80 g Mehl
20 g Speisestärke

1. Die Masse zubereiten, wie in der Bildfolge oben gezeigt. Die Masse auf ein mit Backpapier ausgelegtes Backbleck geben und mit einer Palette gleichmäßig glatt streichen. Den verstrichenen Teig in den auf 220 °C vorgeheizten Ofen schieben, etwa 10 Minuten auf der mittleren Schiene backen. Wie bei allen dünnen Gebäckstücken vor Ablauf der angegebenen Backzeit den Bräunungsgrad prüfen.

2. Die gebackene Teigplatte auf ein feuchtes Tuch stürzen und mit einem zweiten feuchten Tuch bedecken. Erkalten lassen, dann erst das Papier abziehen. Je nach Rezept die Teigplatte bestreichen. Zur Roulade formen, indem man das Tuch an der breiten Seite anhebt und den Teig vorsichtig einrollt. Mit Puderzucker bestauben und zum Servieren in dicke Scheiben schneiden.

Süßer Hefeteig
Der Vielseitige

Hefeteig zeichnet sich durch seinen typischen, leicht säuerlichen Geschmack und darüber hinaus auch durch eine besondere Luftigkeit des Teiges aus. Grund dafür sind die zugesetzten lebenden Hefezellen, die sich unter den richtigen Bedingungen – sie benötigen Luft, Feuchtigkeit und Nahrung in Form von Zucker und Wärme – stark vermehren. Finden die Pilzzellen ein entsprechendes Milieu vor, teilen sie sich sehr schnell und verwandeln dabei den Zucker in Alkohol und Kohlendioxid. Dieses tut sich mit dem Kleber des Mehls zusammen, der Teig »gärt« sozusagen, dabei entstehen zahllose winzige, gasgefüllte Bläschen, die das Volumen des Teiges ständig vergrößern – und er »geht« auf.

Obwohl Hefeteig von vielen als »eher einfach« eingeschätzt wird, kann das Arbeiten mit Hefe doch etwas heikel sein. Zumindest sollte man sich ein bisschen damit auskennen, handelt es sich doch bei den graubraunen, exakt 42 g schweren Würfeln, abgepackt in beschichtetes Spezialpapier, um lebende Kulturen.

Die Bedeutung von Hefe als Treibmittel ist seit alters her bekannt, in Antike und Mittelalter war man allerdings noch auf »wilde« Hefen angewiesen – Hefesporen aus der Luft –, auch sie verursachten einen Gärprozess; durch gleichzeitig wirkende Säurebakterien konnte der Teig jedoch auch sauer werden, war dann aber nicht mehr zu gebrauchen. Bäcker verwendeten jahrhundertelang die Bierhefe der Brauer, bis gegen Ende des 19. Jahrhunderts Louis Pasteur eine Möglichkeit entdeckte, reine Hefen in gleich bleibender Qualität zu züchten.

Industriell gefertigte Backhefe, auch Presshefe genannt, ist heute überall verbreitet, im privaten Haushalt ebenso wie in der professionellen Bäckerei und Konditorei. Frische Hefe riecht und schmeckt angenehm säuerlich, bricht blättrig, darf aber nicht schmieren. Im Kühlschrank hält sie mehrere Wochen. Wesentlich länger aufbewahren kann man die schonend haltbar gemachte Trockenbackhefe, die mindestens 1 Jahr lang ihre Triebkraft behält.

Zubereiten kann man Hefeteig grundsätzlich nach zwei verschiedenen Methoden, in der Bäckerfachsprache unterscheidet man zwischen »warm« und »kalt geführt«. Man könnte sie aber auch indirekte und direkte Methode nennen, da bei der ersten Methode zunächst ein Vorteig hergestellt wird, der etwa 20 Minuten gehen muss, bevor die restlichen Zutaten hinzukommen und der Hefeteig fertig gestellt werden kann. Insbesondere bei der »warm geführten« Zubereitung macht man sich die chemischen, durch Hefepilze in Gang gesetzten Prozesse zunutze, ja man verstärkt sie sogar noch. Zum einen durch das kräftige Kneten

a **In die Mitte** des Mehls eine Mulde drücken, die Hefe hineinbröckeln, mit der Milch auflösen.

b **Den Ansatz** mit Mehl bestauben, mit einem Tuch bedecken, an einem warmen Ort gehen lassen, bis sich Risse zeigen.

c **Die zerlassene Butter** mit Zucker, Eiern und Salz vermischen und zum Vorteig geben; alles zusammenmischen.

d **Mit den Händen** weiterarbeiten: Den Teig schlagen, bis er glatt-glänzend ist, Blasen wirft und sich von der Schüsselwand löst.

e **Die Schüssel** mit einem Tuch bedecken, den Teig gehen lassen, bis er das Doppelte des Volumens erreicht hat.

und Schlagen des Teiges, wodurch ihm immer neue Luft zugeführt wird – und je mehr, desto höher geht er auf. Zum andern durch Wärme, die das »Gehen« noch beschleunigt.

Klassischer, warm geführter Hefeteig

500 g Mehl

30 g frische Hefe

1/4 l lauwarme Milch

60 g zerlassene Butter

60 g Zucker

2 Eier

1 TL Salz

Den Teig erst in der Schüssel, dann weiter von Hand zubereiten, wie links unten in der Bildfolge beschrieben. Wenn er das Doppelte seines Volumens erreicht hat, weiterverarbeiten, wie in den jeweiligen Rezepten verlangt.

Kalt geführter Hefeteig

Manchmal soll ein Hefeteig während der Verarbeitung aber gar nicht aufgehen, sondern erst später, etwa beim Plunderteig. Hier ist dann der »kalt geführte« Hefeteig der richtige. Die Hefe wird entweder in lauwarmer Milch aufgelöst, muss dann aber vor dem Zugießen wieder abgekühlt werden, oder gleich in kalter Milch, bevor man alle Zutaten zusammenknetet. Und man stellt ihn bis zur Weiterverarbeitung auch nicht warm, sondern kühl. Wie man ihn zubereitet, erklärt die Bildfolge unten.

42 g frische Hefe

1/4 l Milch

550 g Mehl

50 g weiche Butter

75 g Zucker, 6 g Salz

2 Eier

Den Teig zubereiten, wie unten in der Bildfolge gezeigt. Nach einer kühlen Ruhezeit weiter verarbeiten, wie im jeweiligen Rezept angebeben.

→ Tipp

Kalt geführten Hefeteig kann man auch in der Küchenmaschine zubereiten. Dazu die Hefe zunächst in der Milch auflösen. Mehl und die restlichen Zutaten in die Küchenmaschine geben und mit dem Knethaken bearbeiten. Den Teig so lange kneten, bis er sich gut von der Schüsselwand löst. Den Hefeteig aus der Rührschüssel nehmen und von Hand weiterkneten, wie in der Bildfolge unten gezeigt.

a **In einer Schüssel** die zerbröckelte Hefe in der nur leicht lauwarmen Milch auflösen.

b **In die Mitte** des Mehls eine Mulde drücken, Butterstücke, Zucker, Salz und Eier hineingeben. Die Hefe-Mischung zugießen.

c **Die Zutaten** von der Mitte vermischen, nach und nach das Mehl untermengen und den Teig kräftig kneten.

d **Den Hefeteig** von Hand weiterkneten, bis er schön glatt und glänzend ist und Blasen wirft.

e **Den Teig** mit Folie bedecken und – je nach Rezept – eine Zeit lang kühl ruhen lassen.

Blätterteig für zarte Teilchen

a **In die Mitte des Mehls** eine Mulde drücken. Salz einstreuen und kaltes Wasser zugießen.

b **Mit einer Hand** Wasser und Mehl von innen nach außen vermischen.

c **Immer mehr Mehl** vom Rand mit in die Mitte schieben. Alles zu einem glatten, glänzenden Teig verkneten.

d **Den Teig** zu einem Rechteck von 45 x 75 cm, die Buttermischung zu einer Platte ausrollen und in die Mitte des Teigs legen.

e **Die Teigränder** mit Wasser bestreichen, die Butter in den Teig einschlagen. Ränder an den Seiten zusammendrücken.

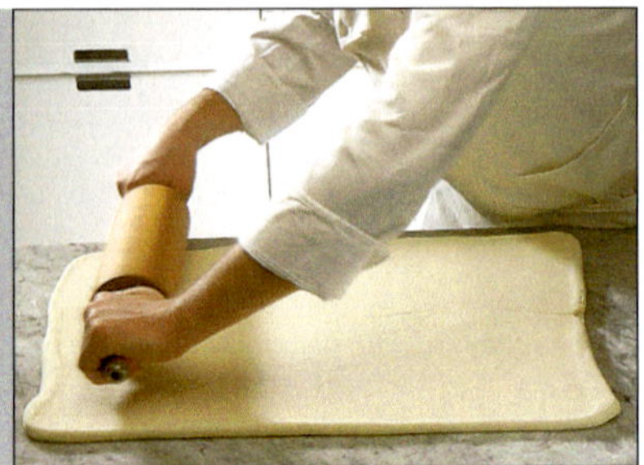

f **In zwei Richtungen** zu einer Platte von 45 x 75 cm ausrollen, abwechselnd von vorn nach hinten und von links nach rechts.

g **Den Teig** für etwa 20 Minuten kühl stellen. Für eine einfache Tour ein Drittel des Teiges über das mittlere Teigdrittel klappen.

h **Das letzte Drittel** darüber klappen und alles im Kühlschrank 20 Minuten ruhen lassen. Anschließend den Teig nochmals ausrollen.

i **Für eine doppelte Tour** den Teig zur Mitte hin einschlagen, dann alles zusammenklappen und ebenfalls 20 Minuten kühlen.

Knusprig und zart zugleich, mit dem aromatischen Geschmack frischer Butter: Blätterteig gehört wahrhaft zum Feinsten aus der Backstube. »Mille-feuille«, tausend Blätter, heißt er auf französisch, und genau so ist er auch in der Struktur. Seine Herstellung erfordert Sorgfalt und einige Zeit, denn der Teig braucht recht lange Ruhephasen zwischen den einzelnen »Touren« – so nennt man das wiederholte Zusammenlegen und Ausrollen des Teiges.

Klassischer Blätterteig

550 g gesiebtes Weizenmehl Type 405

10 g Salz

1/4 l Wasser

500 g Butter

1. 500 g Mehl auf eine Arbeitsfläche sieben und weiterverfahren, wie in der Bildfolge links von a bis c gezeigt.

2. Den Teig zu einer Kugel formen, in Folie wickeln und 15 Minuten im Kühlschrank ruhen lassen. Inzwischen die Butter in Würfel schneiden und das restliche Mehl darüber sieben. Rasch verkneten, damit die Butter nicht zu weich wird. Die Butter-Mehl-Mischung zu einer Platte von 40 x 35 cm ausrollen, sie sollte die gleiche Konsistenz haben wie der Teig.

3. Den Teig weiterarbeiten, wie in der Bildfolge links von d bis h gezeigt. Den Teig anschließend wieder ausrollen und ihm noch eine weitere einfache sowie anschließend noch eine doppelte Tour (Bild i, links) geben, dazwischen jeweils 20 Minuten kühl stellen.

Die Bildfolge rechts zeigt das Backergebnis von einfachen und doppelten Touren.

Ob Windrädchen, Hahnenkämme oder süße Teigtaschen mit Quark oder Früchten gefüllt: Blätterteig ist eine ideale Basis für leckere »Teilchen«.

Blitzblätterteig

Typisch für die im Folgenden vorgestellte deutlich schnellere Variante des Blätterteigs ist das rasche und unvollständige Unterwirken der Butter. Doch nicht nur das Kneten des Teiges geht hier schneller, auch die Ruhezeiten zwischen den einzelnen Touren können beim Blitzblätterteig entfallen. Zwar geht dadurch der Teig insgesamt nicht so stark und nicht so gleichmäßig auf wie beim klassischen Blätterteig, doch ist er besonders mürbe und eignet sich deshalb hervorragend für Tortenböden.

500 g Weizenmehl Type 405

400 g Butter

7 g Salz

225 ml Wasser

Das Mehl auf eine Arbeitsfläche sieben und in die Mitte eine Mulde drücken. Die in Würfel geschnittene Butter auf dem Rand verteilen und mit etwas Mehl bestauben. Das Salz in die Mulde streuen und das Wasser hineingießen. Möglichst viel Mehl mit dem Wasser in der Mulde zu einem zähen Teig vermischen, ohne bereits Butter unterzukneten. Dann erst alle Zutaten rasch zusammenkneten. Dem Blätterteig zwei einfache und zwei doppelte Touren geben, wie in der Bildfolge links zum klassischen Blätterteig von f bis i beschrieben.

Tipp: Heute gibt es in allen gut sortierten Supermärkten fertige Blätterteige zu kaufen, durch die man sich doch einige Zeit erspart. Damit lassen sich ebenfalls sehr gute Backergebnisse erzielen, daher wird in einigen Rezepten in diesem Buch von vorne herein fertiger Blätterteig empfohlen.

a **Beispiel** für die Teigschichten nach einer einfachen und einer doppelten Tour: Sie sind noch relativ dick.

b **Die Teigblätter** sind nach dem Backen gleichmäßig stark, die dazwischen eingewirkte Butter läuft aus.

c **So sehen die Teigschichten** nach einer einfachen, einer doppelten und einer weiteren einfachen Tour aus.

d **Die gebackenen Teigblätter** nach einer dritten Tour sind stärker aufgefächert.

Grundteige für Brot
Sauerteig und Hefeteig

a | **Sauerteig ansetzen:** 100 g Roggenmehl Type 997 mit 100 ml Wasser (Temperatur 40 bis 45 °C) verrühren.

b | **Mit Folie** und einem Tuch bedeckt 1 bis 2 Tage an einem warmen Ort (bei 25 °C) stehen lassen, bis der Teig säuerlich riecht.

c | **Den Vorgang** wiederholen, also den Ansatz mit weiteren 100 g Roggenmehl und 100 ml warmem Wasser verrühren.

d | **Den Ansatz** wiederum mit Folie und Tuch bedecken und erneut 24 Stunden an einem warmen Ort stehen lassen.

e | **Für den letzten Schritt** die Mengen verdoppeln: 200 g Roggenmehl mit 200 ml warmem Wasser verrühren und wieder abdecken.

f | **Teig einen weiteren Tag** stehen lassen. Er sollte jetzt säuerlich, aber nicht nach Essig riechen, dann ist er gebrauchtsfertig.

Teige für Brotlaibe bedürfen der Lockerung, die man mit Sauerteig, mit Hefe oder mit einer Kombination von beidem erzielen kann. Sauerteig wie Hefe verursachen einen Gärprozess, bei dem Gasbläschen erzeugt werden. Diese durchsetzen den Teig und bilden dadurch Poren.

Sauerteig

Sauerteig kann man selbst ansetzen, aber auch getrocknet oder flüssig in Reformhäusern, Supermärkten oder beim Bäcker kaufen. Der Gärprozess geht hier ohne weitere Zusätze vonstatten: Milch- und Essigsäurebakterien in der Luft und im Mehl beginnen spontan mit der Gärung, wenn dem Mehl Wasser zugesetzt und der Ansatz an einen warmen Ort gestellt wird. Ideal ist es, wenn der Teig möglichst konstant eine Temperatur von 25 °C behält. Das Wasser, das man zugibt, sollte deshalb eine Temperatur von 40 bis 45 °C haben. Nur dann werden die Milchsäurebakterien richtig aktiv.

Bei niedrigeren Temperaturen beginnen überwiegend Essigsäurebakterien zu arbeiten, wodurch der Sauerteig unbrauchbar werden kann. Man erkennt das an einem starken Essiggeruch des Ansatzes. Während der Gärphase sollte man den Sauerteig mit einem Stück Klarsichtfolie abdecken; so werden Feuchtigkeit und Temperatur besser gehalten.

Sauerteig wird überwiegend für Roggenbrote verwendet. Würde man Roggenmehl nur mit Hefe verarbeiten, könnte das Brot – bedingt durch die spezifischen Backeigenschaften dieses Mehls – keine Krume ausbilden. Erst die Säure des Sauerteigs bewirkt, dass die von den Gasbläschen im Roggenteig erzeugten Poren auch beim Backen stabil bleiben. Eine Mischung von Sauerteig und Hefe ergibt bei Roggenmehl ein ähnliches Resultat.

a **Hefeteig ohne Vorteig:** 20 g frische Hefe zerbröckeln und in 150 ml lauwarmes Wasser rühren. 2 EL Pflanzenöl dazugeben.

b **300 g Weizenmehl Type 550** und 1/2 TL Salz mischen. Die Hefelösung zu dem Mehl-Salz-Gemisch gießen.

c **Die Flüssigkeit** mit einem Rührlöffel nach und nach mit immer mehr Mehl verrühren, bis der Teig fester wird.

d **Den Teig** mit einem Teigschaber herausnehmen und mit den Händen auf einer bemehlten Arbeitsfläche weiterverarbeiten.

e **Den Teig** mindestens 5 Minuten kräftig mit den Händen durchkneten, damit er glatt und elastisch wird.

f **Zu einer Kugel formen**, mit etwas Mehl bestauben und an einem warmen Ort gehen lassen, bis der Teig sein Volumen verdoppelt hat.

Hefeteig

Benutzt man dagegen Weizenmehl, braucht man keinen Sauerteig – hier reicht Hefe zum Lockern aus. Für einen Hefeteig sollten alle Zutaten Zimmertemperatur haben und das zugegebene Wasser 40 bis 45 °C warm sein, so dass der Teig eine Temperatur hat, bei der sich die Hefe optimal vermehren kann. Backhefe gibt es frisch, in Würfel von 42 g gepresst, oder als Trockenhefe zu kaufen, wobei ein Tütchen Trockenhefe 25 g frischer Hefe entspricht.

a **Sauerteig mit Hefe:** 15 g Hefe unter Rühren in 1/4 l Wasser (40–45 °C) auflösen.

b **Die Hefe-Lösung** nach und nach unter 125 g Roggenmehl Type 1150 mischen.

c **Glatt rühren,** mit Folie und Tuch abdecken, für 24 Stunden an einen warmen Ort stellen.

d **125 g Roggenmehl** und 1/8 l Wasser unterrühren. 3 Tage an einen warmen Ort stellen.

Sahnecreme
Schokoladencreme

Die Sahne in einer gekühlten Schüssel mit dem Handrührgerät bei mittlerer Stufe aufschlagen.

Weiterschlagen, bis die Sahne ganz deutlich an Volumen zugenommen hat.

Von Hand mit dem Schneebesen fertig schlagen. So wird ein »Überschlagen« vermieden.

→ Info

Sahne ist nichts weiter als Milchfett, das sich bei frischer Rohmilch im Laufe der Zeit ganz von selbst an der Oberfläche absetzt und abgeschöpft werden kann. Heute gewinnt man Sahne allerdings in einem schnelleren Verfahren durch das Zentrifugieren der Milch, wobei sich das Fett von der restlichen, dann mageren, Milch trennt.

Sahne

Als Begleitung zum Kuchen und beim Backen ist Sahne unverzichtbar. Aber Sahne ist nicht unbedingt gleich Sahne. Denn es gibt sie in verschiedenen Fettstufen, die dadurch entstehen, dass das durchs Zentrifugieren gewonnene Milchfett zu unterschiedlichen Anteilen wieder mit Magermilch versetzt und dann homogenisiert wird, damit sich beides gut vermischt.

Der Fettgehalt entscheidet bei der Sahne über die Verwendungsmöglichkeiten. Die magerste Sahneart ist Kaffeesahne, die zwischen 10 und 20% Fett enthalten kann. Sie wird bei der Zubereitung von Torten für manche Glasuren verwendet. »Süße« Sahne hat 20 bis 28% Fett, und Schlagsahne muss einen Fettgehalt von 30% oder mehr aufweisen. Für Cholesterinbewusste gibt es inzwischen einen rein pflanzlichen Schlagsahne-Ersatz, der allerdings geschmacklich nicht mit echter Sahne mithalten kann.

Für Cremes und Füllungen eignet sich ausschließlich Schlagsahne: Nur sie lässt sich, wie der Name schon sagt, luftig mit Schneebesen oder Handrührgerät aufschlagen, wie in der Bildfolge oben gezeigt. Geht man dabei fachmännisch vor – Schüssel, Schneebesen oder die Quirle des Handrührgeräts sollten gut gekühlt sein, und am besten arbeitet man auch in einem nicht zu warmen Raum –, bleibt steif geschlagene Sahne bei entsprechender Kühlung 6 bis 8 Stunden standfest. Danach beginnt sie an Volumen zu verlieren und »setzt ab«, das heißt, die festen Bestandteile trennen sich wieder von den flüssigen. Um dies zu verzögern, kann man geschlagene Sahne mit Gelatine oder anderen stärkehaltigen Mitteln versetzen; Letztere beeinträchtigen allerdings den Geschmack ein wenig.

Wird ein Handrührgerät oder eine Küchenmaschine mit Rührbesen verwendet, sollte man das Gerät nicht auf der höchsten Stufe in Betrieb nehmen – das Aufschlagen braucht etwas Zeit, damit die Sahne richtig schön luftig und locker wird. Und ganz wichtig ist auch, die Sahne nicht zu lange zu schlagen; sie wird sonst nämlich zu kompakt, flockt aus und bekommt eine geradezu »buttrige« Konsistenz.

Für gesüßte Schlagsahne wird der Zucker vor dem Aufschlagen zugesetzt; dabei rechnet man etwa 30 g Zucker auf 1/2 l Sahne. Nimmt man Vanillezucker, ist die Sahne nicht nur gesüßt,

Die Sahne aufkochen und die zerkleinerte Kuvertüre zugeben.

Die Schokoladenstückchen unter ständigem Rühren in der heißen Sahne schmelzen.

Die Schokoladensahne mit dem Mixstab homogenisieren, zugedeckt für 24 Stunden in den kühl stellen.

Vor Gebrauch die Schokoladensahne mit dem Handrührgerät aufschlagen.

sondern gleichzeitig auch aromatisiert. Um der Sahne noch mehr Geschmack zu verleihen, gibt es ungezählte Möglichkeiten: So verleihen ihr beispielsweise 2 EL lösliches Kaffeepulver, 4 cl Kirschwasser oder andere geschmackvolle Alkoholika ganz neue Nuancen. Eingerührt werden die Aromate in die halbsteif geschlagene Sahne. Auch 120 g Krokant oder 110 g geröstete Nüsse, sehr fein gemahlen, sorgen für eine interessante Note; sie werden allerdings erst unter die bereits fertiggeschlagene Sahne gehoben.

Sahnecremes

Vielfach wird Sahne auch unter Cremes gezogen, um diese im Geschmack abzurunden. Die Vanillecreme und die Weincreme sind gute Beispiele dafür. Dafür wird in der Grundcreme, solange sie noch warm ist, Gelatine aufgelöst, um sie zu binden. Später kommt die geschlagene Sahne dazu. Dabei muss man jedoch ein wenig aufpassen: Ist die Grundcreme noch zu warm, wird die Sahne wieder flüssig, ist sie schon zu sehr erstarrt, verbindet sich beides nicht mehr richtig. Der optimale Zeitpunkt ist erreicht, wenn der Schneebesen beim Umrühren zum ersten Mal sichtbare Spuren hinterlässt: Dann zeigt die Gelatine ihre Wirkung, und die Creme beginnt fest zu werden.

Schokoladencreme

Für Schokoladen-Sahne-Creme benötigt man 150 g Kuvertüre und 550 ml Sahne. Sie herzustellen ist kein Kunststück, aber auch hier gibt es etwas zu beachten. Die Kuvertüre nach Belieben – das Rezept funktioniert mit jeder Kuvertüresorte, auch mit weißer – zerkleinern und in erhitzter Sahne schmelzen, wie in der Bildfolge oben zu sehen. Wichtig ist, die noch warme Mischung mit dem Mixstab schön glatt zu rühren – zu homogenisieren –, damit sich Sahne und Schokolade komplett vermischen. Die Mischung kühl stellen und erst dann aufschlagen. Lässt man sie lange genug durchkühlen, am besten über Nacht, kann man sie problemlos aufschlagen, und sie bleibt auch eine ganze Weile steif.

Feine Cremes
Grundrezepte

a | **Vanillecreme zubereiten:** Eigelbe und Zucker mit dem Schneebesen zuerst leicht vermischen, dann etwas kräftiger schlagen.

b | **Die Eigelb-Zucker-Masse** mit dem Schneebesen cremig, aber nicht schaumig rühren, da die Creme sonst zu viel Luft enthält.

c | **Die noch heiße Vanillemilch** nach und nach zu der Eigelb-Zucker-Masse gießen, dabei ständig rühren.

d | **Die Creme** in einen Topf umfüllen. Unter ständigem Rühren vorsichtig erhitzen und die Creme »bis zur Rose abziehen«.

e | **Das heißt, sie so lange** erhitzen, bis die Creme leicht angedickt auf dem Kochlöffel liegen bleibt. Sie darf dabei aber nicht kochen.

f | **Die Creme** durch ein feines Sieb passieren. Falls sich doch kleine Klümpchen gebildet haben sollten, werden diese so entfernt.

Vanillecreme

1/2 l Milch, 1/4 Vanilleschote

6 Eigelbe, 100 g Zucker

bei Bedarf: 5 Blatt Gelatine

Die Vanillecreme, auch Englische Creme genannt, ist Ausgangspunkt für eine ganze Reihe von Desserts und Tortenfüllungen. Ihre zarte Struktur verdankt sie dem Eigelb, das beim Gerinnen die Flüssigkeit bindet. Wichtig bei der Zubereitung: Es dürfen keinerlei Eiweißreste an den Eigelben haften. Das Eiweiß würde sonst beim Erhitzen zu Klümpchen gerinnen. Wichtig auch: Die Creme darf keinesfalls kochen, sonst würde das Ei stocken und mit der cremigen Pracht wäre es vorbei. Hält man sich aber an die Vorgaben, steht dem Erfolg nichts im Weg.

Für die Vanillecreme die Milch mit der aufgeschlitzten Vanilleschote aufkochen. Die Schote herausnehmen und das Mark in die heiße Milch zurückstreifen. Die Vanillemilch warm stellen und weiterverfahren, wie in der Bildfolge oben von a bis f gezeigt.

Variante: Will man der Vanillecreme eine größere Festigkeit geben, kann man weiße Gelatine in die noch heiße Creme einrühren.

Bayerische Creme

1/2 l Milch, 1 Vanilleschote

4 Eigelbe, 100 g Zucker

5 bis 7 Blatt Gelatine (je nach Rezept)

1/2 l Sahne, geschlagen

Die Bayerische Creme ist genau genommen nur eine Kombination von Vanillecreme und geschlagener Sahne, die nötige Stabilität erhält sie durch Gelatine. Ist für ein Dessert das Stürzen der Creme erforderlich, braucht man auf 1/2 l Milch 7 Blatt Gelatine, um ihr genügend Halt zu verleihen. Wird sie aber als Tortenfüllung verwendet und soll etwas leichter und luftiger sein, reichen 5 Blatt Gelatine vollkommen aus.

Aus Milch, Vanilleschote, Eigelben und Zucker zunächst eine Vanillecreme herstellen, dann weiterverfahren, wie in der Bildfolge rechts von a bis d gezeigt.

Konditorcreme

100 g Zucker, 40 g Speisestärke

4 Eigelbe, 1/2 l Milch

1/2 Vanilleschote

Bei der Konditorcreme – oder auch Crème pâtissière – handelt es sich um eine vielseitig verwendbare Grundcreme. Ihre Bindung erhält sie durch Speisestärke, die zuvor mit Zucker, Eigelben und etwas Milch angerührt wird. Je nach gewünschter Konsistenz lässt man die Konditorcreme in einem Gefäß erkalten oder rührt sie nach dem Kochen kalt, wodurch sie besonders cremig gerät. Wird noch geschlagene Sahne oder Eischnee untergehoben, eignet sich die Masse ganz hervorragend als Füllcreme.

Die Konditorcreme zubereiten, wie in der Bildfolge rechts von e bis h gezeigt.

Buttercreme

Buttercremes sind zwar üppig, aber manche Torten brauchen sie doch. Man bereitet eine Konditorcreme zu und reichert sie mit 350 g Butter an. Dafür die Butter mit einem Handrührgerät schaumig rühren und unter die Konditorcreme mischen, dabei darauf achten, dass Creme und Butter die gleiche Temperatur haben, sonst könnte die Creme gerinnen.

a **Bayerische Creme zubereiten:** Die eingeweichte Gelatine unter die warme Vanillecreme rühren, bis sich die Gelatine vollständig aufgelöst hat.

b **Die Creme** durch ein Sieb in eine Schüssel auf Eiswasser passieren, dadurch werden eventuelle Klümpchen noch herausgefiltert.

c **Die Creme** auf Eiswasser kalt rühren. Dabei keinesfalls schlagen, sondern nur rühren, denn die Creme soll nicht schaumig werden.

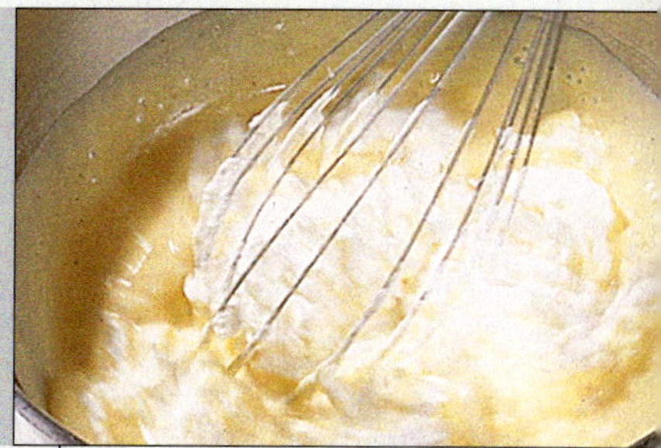

d **Ist die Creme genügend ausgekühlt** und leicht dickflüssig, dann die geschlagene Sahne mit dem Schneebesen unterziehen.

e **Konditorcreme zubereiten:** Die Eigelbe mit 50 g Zucker und der Speisestärke in eine kleine Schüssel geben. 1/4 der Milch zugießen.

f **Alles gut verrühren.** Die übrige Milch mit dem restlichen Zucker und der aufgeschlitzten Vanilleschote aufkochen.

g **Die Ei-Speisestärke-Mischung** nochmals kurz durchrühren. Dann langsam in die kochende Vanillemilch gießen und unterrühren.

h **Die Creme** gleichmäßig durchrühren. Einige Male aufkochen lassen, vom Herd nehmen und mit Puderzucker besieben.

Baiser schaumig und süß

Die Eiweiße in eine Schüssel füllen und mit dem Schneebesen zunächst ganz ohne Zucker aufschlagen.

So lange schlagen, bis der Eischnee locker und weiß ist.

100 g Zucker unter Schlagen einrieseln lassen, nach und nach den Rest mit dem Puderzucker zufügen.

Baiser

Nur aus Eiweiß und Zucker, eventuell noch mit ein wenig Speisestärke, wird die im Grunde einfachste Masse überhaupt zubereitet, die Baisermasse, die auch Mering(u)emasse genannt wird. Aus ihr können feine Schäumchen, die man einfach so verspeist, ebenso gezaubert werden wie knusprig-süße Böden für Torten oder Schalen für Törtchen, luftige Hauben für Obstkuchen oder zarte Dekorationen.

Die Zubereitung einer Baisermasse ist nicht weiter aufwändig, doch gibt es einige hilfreiche Tipps für sicheres Gelingen. So sollten alle verwendeten Geräte – Schüssel, Schneebesen, Quirl vom Handrührgerät oder Küchenmaschine – absolut fettfrei sein. Die Eier schlägt man zum Trennen am besten einzeln über einer separaten Tasse auf, denn läuft auch nur ein bisschen Eigelb mit in das Eiweiß, ist es für Baisermasse nicht mehr zu verwenden. Der verwendete Kristallzucker sollte möglichst fein sein, damit sich die Kristalle gut lösen. Der Schnee ist dann fertig, wenn er schnittfest ist, das heißt, wenn kleine Spitzen stehen bleiben, sobald man den Schneebesen heraushebt.

Gebacken werden Baisers bei relativ niedriger Temperatur, die sich danach richtet, ob die Schäumchen weiß bleiben sollen (das dauert bei 120 °C etwa 3 Stunden), oder ob sie bräunen und dabei einen Karamelgeschmack entwickeln sollen (bei 150 °C nach Sicht backen, unbedingt bereits nach 1 Stunde kontrollieren). In jedem Fall bleibt die Ofentür einen Spalt offen – dafür einen Kochlöffel in die Tür klemmen –, damit die Feuchtigkeit abziehen kann.

Aromatisieren kann man eine solche Masse mit Kaffee, Schokolade, gemahlenen Nüssen oder Alkoholika, und wer mag, färbt sie zudem mit Lebensmittelfarbe ein.

Das Standardrezept mit Stärke ist die Basis für alle Baiser-Rezepte und Tortenböden in diesem Buch. Die zweite Baisermasse wird dagegen ohne Stärke zubereitet und zudem im warmen Wasserbad aufgeschlagen, wodurch sie besonders zart und cremig wird. Deshalb kann man sie gut für kleinteilige Dekorationen verwenden, denn beim Spritzen reißt der Faden selbst bei extrem dünner Tülle nicht ab. Sie verliert auch nicht ihren Stand, wenn sie mit ein wenig aromatischer Flüssigkeit (Kaffee oder Alkoholika) versetzt wird.

Die Stärke vorsichtig unterziehen, so dass die Masse nicht an Volumen verliert.

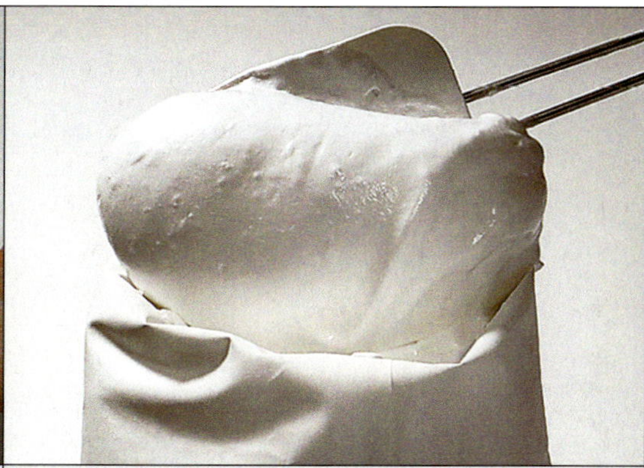

Den Rand eines Spritzbeutels nach außen umschlagen und die Baisermasse einfüllen.

Die Baisermasse kann dann in beliebige Formen oder zu Böden gespritzt werden.

Baisermasse für Backwaren

4 Eiweiße

125 g feiner Zucker

100 g gesiebter Puderzucker

15 g Speisestärke

Außerdem:

Backpapier für das Blech

Die Baisermasse zubereiten, wie in der Bildfolge oben gezeigt. Die Eiweiße in eine Schüssel füllen und mit dem Schneebesen zunächst ganz ohne Zucker aufschlagen. So lange schlagen, bis der Eischnee locker und weiß ist. 100 g Zucker auf ein Papier schütten und unter Schlagen einrieseln lassen, nach und nach den Rest mit dem Puderzucker zufügen. Die Stärke vorsichtig unterziehen. Die Masse in beliebiger Form auf ein mit Backpapier ausgelegtes Blech spritzen. Im vorgeheizten Ofen entweder bei 120 °C oder bei 150 °C backen, wie beschrieben.

Baisermasse für Dekorationen

5 Eiweiße

100 g gesiebter Puderzucker

Außerdem:

Backpapier für das Blech

Die Eiweiße kräftig mit dem Puderzucker verrühren und auf dem warmen Wasserbad aufschlagen. Dabei verliert der Schnee an Luftigkeit und wird cremig. So lange rühren, bis die Masse steif ist und eine Temperatur von 45 bis 50 °C aufweist. Dann die Masse wieder – am besten mit dem Schneebesen – kalt schlagen, wodurch sie fester wird, ohne an Volumen zu verlieren. Die Masse mit dem Spritzbeutel in beliebigen Formen auf ein mit Backpapier ausgelegtes Blech spritzen und bei 100 °C im vorgeheizten Ofen nach Sicht trocknen.

→ Tipp

Bereitet man eine Baisermasse mit dem Handrührgerät oder der Küchenmaschine zu, zunächst auf kleinster Stufe beginnen, dann nach und nach die Drehzahl steigern. Wenn der Zucker einrieselt, wieder auf die kleinste Stufe zurückschalten, dann auf mittlerer Stufe fertig schlagen.

Glasuren mit Schokolade & Marzipan

Kuvertüre

Kuvertüre ist die Schokolade, die für die Anforderungen von Pâtisserie und Confiserie, also beispielsweise zum Überziehen von Kuchen mit einer knackigen, festen Glasur oder für Pralinen-Tauchbäder, optimal abgestimmt ist. Denn beim Erhitzen wird sie wesentlich dünnflüssiger als normale Tafelschokolade – das liegt an ihrem höheren Anteil an Kakaobutter – und schmiegt sich damit den Oberflächen von Gebäck oder Konfekt hervorragend an.

Zur fachmännischen Verwendung muss die Kuvertüre sorgfältig temperiert werden. Die genaue Anleitung dazu steht auf Seite 52.

Canache-Glasur

Soll die Oberfläche nicht knackig-hart, sondern eher weich und anschmiegsam sein, eignet sich eine Canache-Glasur nach dem folgenden Rezept besser, die beim Abkühlen nicht ganz fest wird. Sie lässt sich sogar zum Glasieren von Torten verwenden, die mit Mousse oder Creme überzogen sind. Darüber hinaus ist sie genau richtig für feines Konfekt. Die Canache-Glasur kann ganz nach Belieben mit bitterer oder mit Milch-Kuvertüre zubereitet werden.

Ist sie einmal fertiggestellt, muss sie über Nacht kühlen, bevor sie verwendet wird. Im Kühlschrank lässt sie sich auch einige Tage aufbewahren. Bei Bedarf wird sie einfach auf einem warmen Wasserbad unter gelegentlichem Rühren oder in der Mikrowelle wieder erwärmt. Verarbeiten sollte man die Canache bei einer Temperatur von 30 °C.

Während die Zubereitung selbst ganz einfach ist, kann die Beschaffung von Glucosesirup etwas problematisch sein. Im Einzelhandel ist er derzeit kaum erhältlich; man bittet am besten seinen Bäcker oder Konditor darum. Der Vorteil gegenüber Läuterzucker: Glucosesirup kann nicht auskristallisieren. Wer Glucosesirup nicht bekommt, kann die Canache-Glasur auch nach dem Rezept für den Schokoladenüberzug der Vanilletorte auf Seite 194 zubereiten.

380 g Kuvertüre nach Wahl

1/8 l Milch, 85 ml Sahne

50 g Zucker, 65 ml Wasser

65 g Glucosesirup

Die Kuvertüre reiben oder fein hacken. Die Glasur zubereiten, wie in der Bildfolge unten beschrieben.

a **Canache-Glasur:** Milch, Sahne, Zucker, Wasser und Glucosesirup gut miteinander verrühren.

b **Die Mischung** unter Rühren aufkochen lassen und vom Herd nehmen.

c **Die geriebene** oder feingehackte Kuvertüre zufügen und darin schmelzen lassen.

d **Die Mischung** mit dem Mixstab homogenisieren, über Nacht kühl stellen.

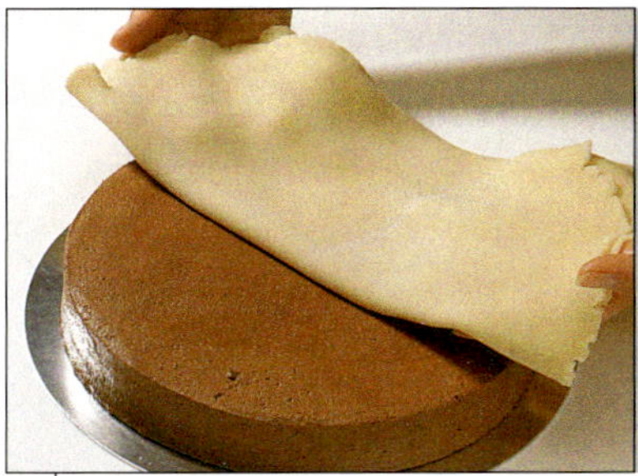

a | **Marzipanmantel:** Die Marzipanmasse ausrollen, in der Mitte zusammenklappen und über eine Hälfte der Torte legen.

b | **Die Oberfläche** der Marzipanplatte mit den Händen von der Mitte aus glattstreichen. Den Rand mit einer Palette andrücken.

c | **Das überstehende Marzipan** mit einem Messer entlang der Unterkante der Torte abschneiden und die Marzipanreste entfernen.

d | **Die Torte** auf ein Kuchengitter setzen, alles auf ein Blech stellen und die Glasur daraufgießen.

e | **Die Glasur** mit einer Palette auf der Oberfläche verteilen, dabei darauf achten, dass die Glasur auch über den Rand läuft.

f | **Die Glasur** auch am Rand glattstreichen und zum Schluss noch einmal die Oberfläche glätten.

Marzipanmantel

Besonders gleichmäßig lässt sich Gebäck glasieren, wenn man dafür eine einheitliche, glatte Oberfläche zur Verfügung hat, beispielsweise einen Marzipanmantel, der eine Torte rings umschließt. Dabei sollte man allerdings daran denken, dass diese Marzipan-Trennschicht auch geschmacklich mit dem jeweiligen Gebäck harmonieren muss; gut passt der intensive Mandelgeschmack des Marzipans beispielsweise zu Früchten oder zu Schokolade.

Der im folgenden Rezept angegebene Marzipanmantel, für den man handelsübliche Marzipanrohmasse mit Puderzucker verknetet, reicht für eine Torte von 24 cm Durchmesser. In der Bildfolge oben wird die Torte anschließend mit Canache glasiert, doch könnte man sie – soll die Glasur »knackig« sein – genauso gut einfach mit temperierter Kuvertüre überziehen.

200 g Marzipanrohmasse

80 g Puderzucker

Außerdem:

Puderzucker für die Arbeitsfläche

Die Marzipanrohmasse in Stücke schneiden. Den Puderzucker sieben und unter die Marzipanrohmasse kneten. Eine Arbeitsfläche mit Puderzucker besieben und das Marzipan darauf zu einer 2 bis 3 mm dicken runden Platte ausrollen. Weiterverfahren, wie in der Bildfolge oben beschrieben.

Glasieren mit Aprikotur und Fondant

a **Aprikotieren:** Zuckersirup und Konfitüre um 1/3 einkochen, das dauert etwa 10 Minuten.

b **Durch ein feines Sieb** passieren, weitere 2 bis 3 Minuten kochen. Bis zur Verwendung zugedeckt aufbewahren.

c **Vor der Verwendung** die Aprikotur erhitzen, bis sie sich gut mit einem Pinsel auf dem Gebäck verstreichen lässt.

Glasuren machen manches Gebäck erst perfekt, geben ihm – optisch wie geschmacklich – den letzten Pfiff. Außerdem verhindern sie, dass Teilchen, Kuchen oder Torten zu schnell austrocknen.

Aprikotur

Eine der gebräuchlichsten Glasuren ist die Aprikotur, die man aus Zuckersirup und Aprikosenkonfitüre leicht selbst herstellen kann. Wichtig ist dabei, dass der Zuckersirup so lange kocht, bis sich alle Kristalle aufgelöst haben und die Flüssigkeit völlig transparent ist. Erst dann kommt die passierte Konfitüre hinzu. Auf diese Weise bleibt die Aprikotur klar und von einheitlicher Konsistenz. Verbraucht man sie nicht sofort, lässt sich Aprikotur einige Zeit im Kühlschrank aufbewahren. Vor Gebrauch muss sie dann nur wieder erhitzt und verflüssigt werden.

Kleineres Gebäck und Plunder werden häufig allein mit Aprikotur überzogen, was dem Gebäck dann einen schönen Glanz und ein zusätzliches Fruchtaroma verleiht. Oft jedoch dient die Apriktor als eine Art »Isolierschicht« zwischen dem Gebäck und einer zweiten Glasur, meist Fondant. Die Aprikotur sorgt für eine völlig glatte Oberfläche und verhindert ein Eindringen des Fondant in die Poren des Gebäcks. Der Fondant wird dadurch weniger schnell matt und spröde und behält länger seinen schönen Glanz.

80 g Zucker, 100 ml Wasser

1 EL Zitronensaft

200 g passierte Aprikosenkonfitüre

Für die Aprikotur Zucker, Wasser und Zitronensaft zu einer klaren Flüssigkeit aufkochen, mit der Konfitüre verrühren. Weiterverfahren, wie in der Bildfolge oben gezeigt.

Eiweißglasur

Andere Glasuren werden ganz auf der Grundlage von Zucker hergestellt. Die einfachste Methode: gesiebten Puderzucker mit Wasser und Zitronensaft anrühren. Oder, wie in diesem Rezept, mit Eiweiß und Zitronensaft anrühren. Indem man entweder die Puderzucker-

a **Eiweißglasur:** Den Puderzucker, das Eiweiß und den Zitronensaft in eine Schüssel geben.

b **Alle Zutaten verrühren,** bis eine glatte, seidig glänzende Masse entstanden ist. Auf das Gebäck aufstreichen.

a Fertigen **Fondant** vor der Verwendung auf dem Wasserbad auf 35 °C erwärmen, so dass er dickflüssig vom Löffel läuft.

b **Die Tortenoberfläche** zunächst mit Aprikotur überziehen und etwas antrocknen lassen.

c **Den hellen Fondant** gleichmäßig und zügig darauf verstreichen. Ein wenig Fondant mit Zuckercouleur einfärben.

d **Soll die Torte ganz** mit Fondant überzogen werden, auf ein Kuchengitter setzen und den Fondant über den Rand laufen lassen.

e **Den dunklen Fondant** – er muss die gleiche Konsistenz haben wie der helle – in einer weiten Spirale auf die Torte spritzen.

f **Die Ringe** von innen nach außen verziehen, dabei Messer oder Palette nach jedem Zug an einem Tuch abwischen.

oder die Eiweißmenge erhöht, kann man die Konsistenz der Glasur steuern – je höher der Anteil an Puderzucker, desto zäher wird sie. Möchte man eine solche Eiweißglasur für Spritzdekorationen verwenden, sollte man sie in kleineren Portionen und nicht mit dem Rührgerät zubereiten, da sie sonst zu schaumig wird. In jedem Fall aber deckt man sie, wird sie nicht gleich verbraucht, mit einem feuchten Tuch ab, damit die Oberfläche nicht austrocknet.

150 bis 180 g Puderzucker

1 Eiweiß

2 TL Zitronensaft

Den Puderzucker sieben und weiterverfahren, wie in der Bildfolge links unten beschrieben. Das Handrührgerät dabei auf höchster Stufe betreiben.

Fondant

Die Herstellung von Fondant dagegen ist nicht so einfach, wenn man es selbst machen will. Dazu kocht man einen Zuckersirup – etwa aus 500 g Zucker und 1/4 l Wasser – unter ständigem Rühren, bis er eine Temperatur von 113 °C erreicht hat. Dann wird der Sirup auf einer Marmorplatte mit einer Palette so lange durchgearbeitet – in der Fachsprache nennt man dies »tablieren« –, bis er gleichmäßig milchig-weiß ist.

Diese Prozedur kann sich ersparen, wer fertigen Fondant kauft, der dann nur noch erhitzt werden muss, bis er sich optimal verarbeiten lässt. Wie das geht, zeigt die Bildfolge oben. Dabei beachten, dass der Fondant höchstens auf 35 °C erhitzt werden darf – sonst setzen sich Zuckerkristalle ab, und die Glasur glänzt nach dem Trocknen nicht. Fondant kann übrigens mit Milch, Eiweiß oder Wasser verdünnt, mit Zuckercouleur oder Lebensmittelfarbe eingefärbt oder mit Alkoholika aromatisiert werden.

Dekorieren mit Schokolade

a **Die Kuvertüre** mit einem schweren Messer in kleine Stücke schneiden oder hacken.

b **Die Hälfte** der Kuvertürestücke auf dem warmen Wasserbad unter Rühren schmelzen.

c **Dabei sollte die Temperatur** der Kuvertüre 40 °C auf keinen Fall übersteigen.

d **Vom Wasserbad** nehmen, restliche Kuvertürestücke zufügen und in der Masse unter Rühren schmelzen.

e **Die Kuvertüre** wieder auf etwa 32 °C erwärmen, das geht am besten mit einem Thermometer auf dem Wasserbad.

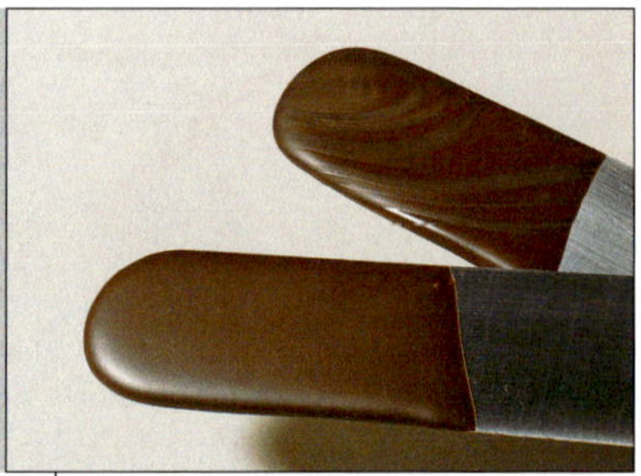

f **Glänzt die Oberfläche** nach dem Erstarren seidig wie auf der Palette vorne, ist die Kuvertüre zum Auftragen richtig temperiert.

Kuvertüre temperieren

Zur fachmännischen Verwendung muss Kuvertüre sorgfältig temperiert werden, das heißt, sie wird zunächst bei maximal 40 °C geschmolzen und dann ganz langsam und vorsichtig auf die für die Weiterverarbeitung ideale Temperatur gebracht. Diese liegt für bittere Kuvertüre zwischen 30 und 33 °C, für weiße und Milch-Kuvertüre zwischen 30 und 32 °C.

Unterschreitet man diese Richtwerte, ist die Schokolade zu dickflüssig und wird beim Erstarren matt, überschreitet man sie dagegen, bekommt die Oberfläche beim Erstarren Schlieren, weil sich die Kakaobutter abgesetzt hat. Sollte das bei aller Vorsicht dennoch einmal passieren, muss man die Kuvertüre nochmals sorgfältig temperieren. Wer genügend Erfahrung im Umgang mit Kuvertüre besitzt, hat die notwendigen Temperaturen vermutlich »im Gefühl«. Doch zu Beginn ist ein genaues Thermometer ein unverzichtbares Hilfsmittel.

Aber nicht nur die Temperatur der Kuvertüre ist ausschlaggebend für das Gelingen, sondern auch die Temperatur dessen, was damit überzogen werden soll. Konfekt, Torten oder was auch immer einen knackigen, glänzenden Schokoladenüberzug erhalten soll, muss etwa zwischen 20 und 27 °C warm sein – bei niedrigerer Temperatur wird die Schokolade zu schnell fest und erstarrt ungleichmäßig.

a | **Schokoladenblätter:** Ein echtes Blatt über die Oberfläche der Kuvertüre ziehen.

b | **Oder die Oberfläche** eines Blattes mit einem Pinsel mit Kuvertüre bestreichen.

c | **Wenn die Kuvertüre** erstarrt ist, das Blatt am Stiel fassen und vorsichtig abziehen.

d | **Schokoladenblätter** sind eine ideale Dekoration für Torten.

Schokoladenblätter

Aber nicht nur zum Überziehen, sondern auch für Dekorationen eignet sich Kuvertüre hervorragend. So kann man damit ganz einfach Schokoladenröllchen oder Schokoladenblätter herstellen, wie in den beiden Bildfolgen oben und unten gezeigt. Die »echten Blätter«, die man als Vorlage für die Schokoladenblätter benötigt, müssen vor der Verwendung gründlich gewaschen und trockengetupft werden. Gut eignen sich stabile Blätter mit glatter Oberfläche wie Efeu-, Lorbeer- oder Zitrusblätter.

Für die Schokoladenblätter ein echtes, möglichst glattes Blatt über die Oberfläche der Kuvertüre ziehen. Oder die Oberfläche eines Blattes mit einem kleinen Pinsel gleichmäßig mit Kuvertüre bestreichen. Wenn die Kuvertüre vollständig erstarrt ist, das Blatt am Stiel fassen und vorsichtig abziehen. Schokoladenblätter sind eine ebenso effektvolle wie ideale Dekoration für Torten, vor allem natürlich für eine feinherbe Schokoladentorte.

Schokoladenröllchen

Die temperierte Kuvertüre hauchdünn auf eine glatte Oberfläche, etwa eine Marmorplatte, streichen und fast erstarren lassen. Mit einem Messer Streifen in der gewünschten Röllchenbreite einritzen. Einen Spachtel in flachem Winkel ansetzen und die Röllchen abschaben. Bis zur Verwendung kühl stellen.

a | **Schokoladenröllchen:** Die temperierte Kuvertüre auf eine glatte Oberfläche streichen und fast erstarren lassen.

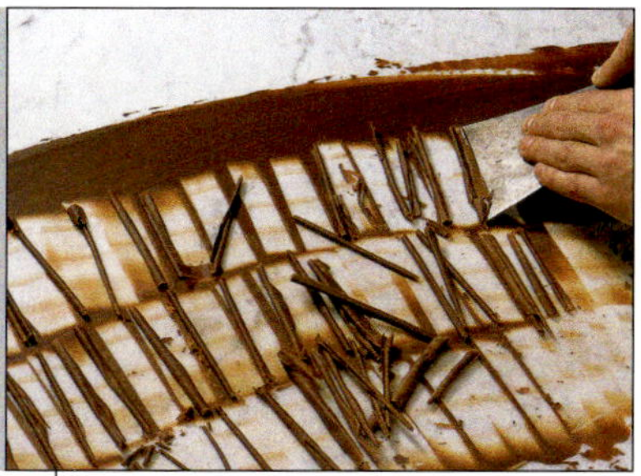

b | **Mit einem Messer** in der gewünschten Breite einritzen und mit einem Spachtel Röllchen abschaben.

Gebäck zu Kaffee und Tee

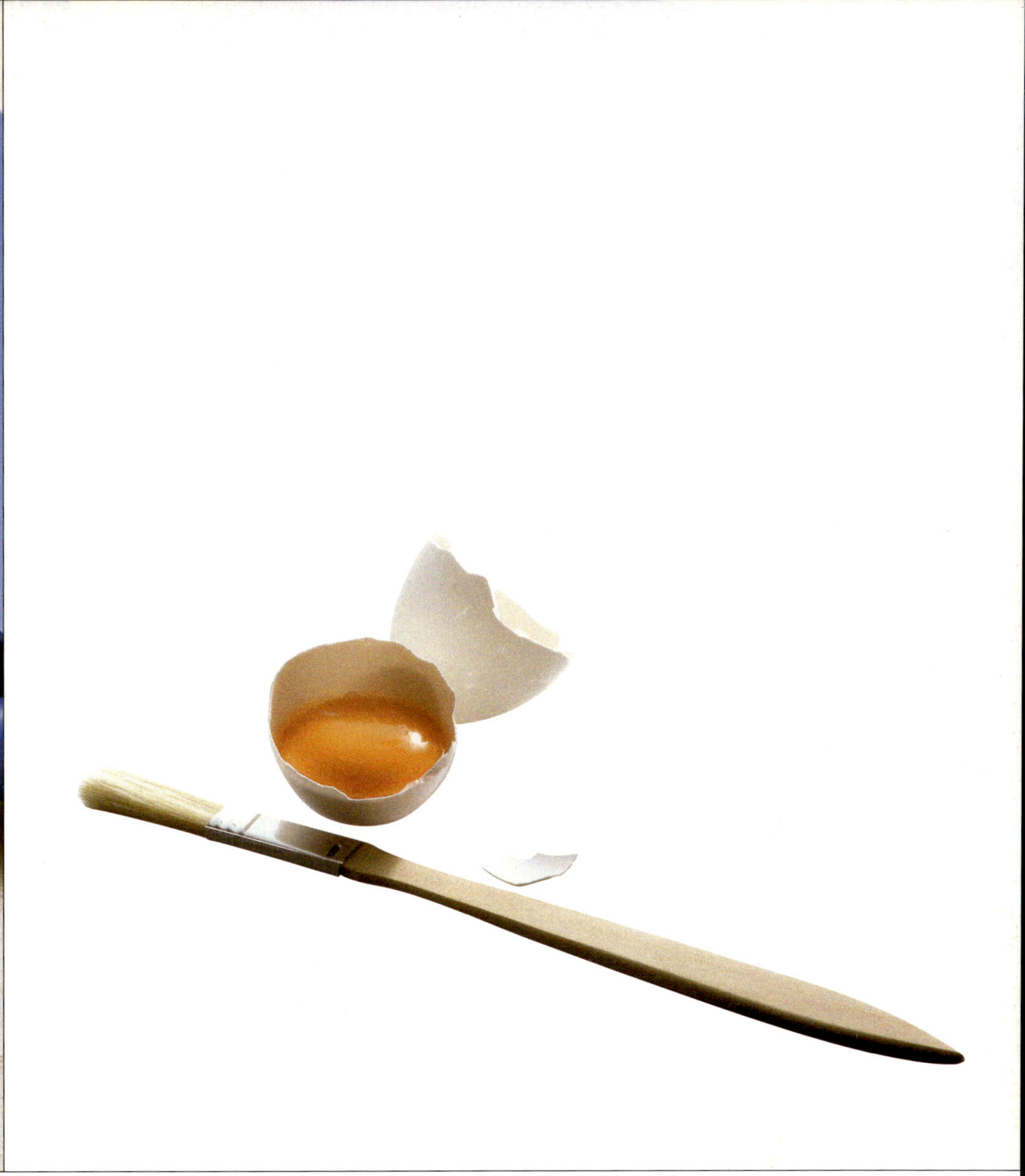

Kleines Gebäck passt immer, ob zum Kaffee, zum Tee oder einfach Zwischendurch. Viele der köstlichen Backwaren eignen sich aber auch als Dessert, das sich gut vorbereiten lässt. Die Rezeptideen reichen von Muffins mit Kirschen (im Bild links) bis zu traditionelleren Varianten für besondere Anlässe.

Plunderteilchen mit feinen Füllungen

Das blättrige Hefegebäck ist weltweit als »Dänischer Plunder« bekannt. Es ist so luftig und locker, dass es zum Inbegriff für feines Kaffeegebäck wurde. Wie beim Blätterteig bewirken hauchdünne Butterschichten zwischen den Teiglagen das Aufgehen und führen zu einer blättrigen Konsistenz. Beim Plunder wird der Hefeteig »kalt geführt«, das heißt, alle Zutaten werden – ohne Vorteig – auf einmal zu einem Teig verarbeitet.

Plunderteilchen

Für insgesamt 30 Teilchen:

750 g Mehl, 42 g Hefe

1/4 l lauwarme Milch, 50 g weiche Butter

1 TL Salz, 80 g Zucker, 3 Eier

400 g Butter mit 80 g Mehl verknetet

Für die Nussschleifen:

100 g geschälte, gemahlene Haselnüsse

50 g Zucker, 1 Eiweiß

2 cl Nusslikör oder Rum

Für die Orangenteilchen:
200 g Marzipanrohmasse
abgeriebene Schale von 1/2 unbehandelten Orange
4 cl Grand Marnier, 2 Eiweiße
25 g fein gehacktes Orangeat
30 g gemahlener Mandelkrokant
Für die Limettencreme-Schnecken:
20 g Vanillepuddingpulver
200 ml Milch, 60 g Marzipanrohmasse
abgeriebene Schale von 2 unbehandelten Limetten und Saft von 1 Limette
2 cl Rum, 25 g Zucker
Außerdem:
2 Eigelbe, 3 EL Milch
250 g Aprikotur, 250 g Fondant

1. Für den Teig das Mehl auf eine Arbeitsfläche sieben und in die Mitte eine Mulde drücken. Die Butter, den Zucker, das Salz und die Eier hineingeben. Die Hefe zerbröckeln, in der lauwarmen Milch auflösen und in die Mulde gießen. Alle Zutaten mit der Hand zu einem glatten Teig kneten. In Folie hüllen, 2 bis 3 Stunden im Kühlschrank ruhen lassen.

2. Die Butter bei Raumtemperatur weich werden lassen und mit dem Mehl verkneten; sie soll die gleiche Temperatur und Festigkeit wie der Teig haben. Zu einem flachen Ziegel von etwa 15 x 30 cm formen. Den Teig ausrollen, wie in der Bildfolge rechts gezeigt. Je mehr »Touren« gegeben werden, desto feiner wird das Gebäck. Zum Schluss den Teig in 3 Teile teilen.

3. Für die Nussschleifen die Zutaten für die Nussfüllung gut vermischen. Ein Teigdrittel auf 50 x 30 cm ausrollen. Die Nussmasse auf der Hälfte der Teigplatte verstreichen, die Ränder mit verquirltem Eigelb bepinseln. Die zweite Teighälfte darüberklappen, in 5 cm breite Streifen schneiden. Jedes Stück in der Mitte längs einschneiden und ein Ende des Teigstücks von oben nach unten durch den Einschnitt ziehen.

4. Für die Orangenteilchen die Zutaten für die Füllung gut vermischen. Ein Teigdrittel auf 50 x 30 cm ausrollen. Die Orangen-Marzipan-Masse gleichmäßig auf dem Teig verstreichen. Den Teig von der langen Seite her zu einer Rolle aufrollen und jeweils 5 cm breite Stücke abschneiden. In jedes Stück mit einem Kochlöffelstiel in der Mitte eine Vertiefung eindrücken.

5. Für die Limettencreme das Puddingpulver mit etwas Milch verrühren. Die restliche Milch mit der Marzipanrohmasse (am besten im Mixer) glatt rühren, in eine Kasserolle umfüllen und zum Kochen bringen. Das angerührte Puddingpulver dazu geben, alles einmal aufwallen lassen und vom Herd nehmen. Limettenschale und -saft, Rum und Zucker untermischen und die Creme abkühlen lassen.

6. Für die Limettencreme-Schnecken das letzte Drittel des Teigs auf 40 x 25 cm ausrollen. Die Creme gleichmäßig auf dem Teig verstreichen. Den Teig von den beiden kurzen Seiten her jeweils bis zur Mitte hin aufrollen und mit einem scharfen Messer in 2,5 cm breite Streifen schneiden, dabei nicht zu stark auf das Messer drücken, damit die Füllung nicht austritt.

7. Alle Plunderteilchen auf gefettete Bleche legen und jeweils 20 bis 25 Minuten gehen lassen; das Volumen sollte sich in dieser Zeit sichtbar vergrößert haben. Die Eigelbe mit der Milch verquirlen, die Nussschleifen und Orangenteilchen damit bestreichen. Alle Plunderteilchen (nacheinander) bei 200 °C im vorgeheizten Ofen 5 Minuten backen. Dann die Temperatur auf 175 °C reduzieren und die Teilchen in 10 bis 13 Minuten fertig backen. Aus dem Ofen nehmen und auskühlen lassen. Dann zunächst mit erhitzter Aprikotur bestreichen, anschließend mit erwärmtem Fondant überziehen.

Den Butterziegel in die Mitte des ausgerollten Plunderteigs legen.

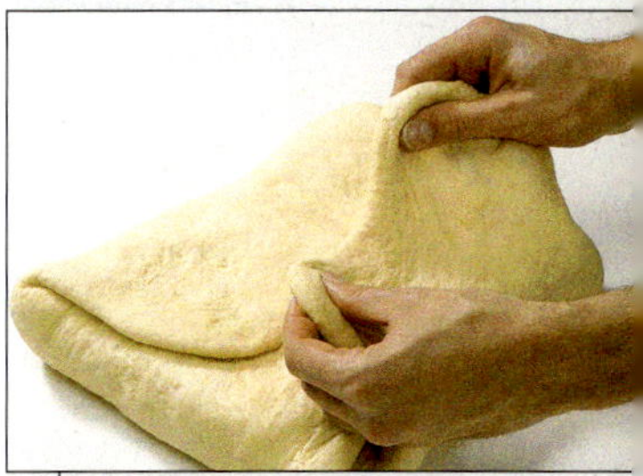

Die Teigränder mit Wasser bestreichen und die Butter vollständig in den Teig einhüllen.

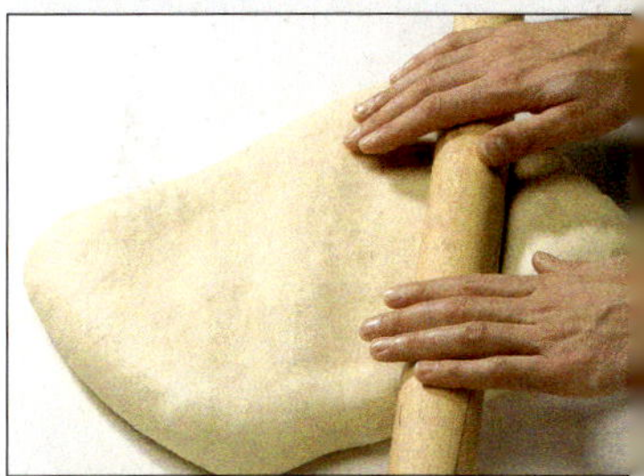

Den Teigblock mit einem Rollholz zu einer Platte von 35 x 50 cm ausrollen.

Den Teig von zwei Seiten so übereinander klappen, dass 3 Lagen aufeinander liegen.

Kühl ruhen lassen, wieder ausrollen und den Vorgang noch 2mal wiederholen (»3 Touren«).

Profiteroles
Luftig gefüllt

Den Brandteig in einen Spritzbeutel mit Sterntülle Nr. 9 füllen und die Profiteroles mit genügend Abstand auf ein gefettetes Backblech spritzen.

Ob zum Nachmittagskaffe mit sahniger Vanillecreme gefüllt oder als Dessert noch mit einer warmen Kaffeesauce dazu – diese luftigen Bällchen sind ein Genuss. Das Wort »Profiteroles« bedeutet eigentlich »kleine Profite«. In diesem Zusammenhang steht es für einen Teig, der sehr ergiebig ist, da er beträchtlich aufgeht.

Profiteroles

Für den Brandteig:

100 g Mehl, 1/8 l Milch
60 g Butter
1 Prise Salz, 1/2 TL Zucker
3 bis 4 Eier

Für die Füllcreme:

50 g Zucker
20 g Speisestärke
2 Eigelbe, 1/4 l Milch
Mark von 1/4 Vanilleschote
Puderzucker zum Besieben
300 ml Sahne, steif geschlagen

Für die Kaffeesauce:

6 Eigelbe
80 g Zucker
1/2 l Milch
2 EL Kaffeepulver
Mark von 1 Vanilleschote
1 Prise Salz
2 cl Kaffeelikör

1. Das Mehl auf ein Stück Papier sieben. In eine Kasserolle Milch, Butter, Salz und Zucker geben und unter ständigem Rühren einmal aufkochen lassen. Den Brandteig zubereiten, wie in der Bildfolge unten rechts gezeigt.

2. Den Brandteig in einen Spritzbeutel mit Sterntülle Nr. 9 füllen und die Profiteroles mit genügend Abstand auf ein gefettetes Backblech spritzen. Bei 220 °C im vorgeheizten Ofen 15 bis 20 Minuten backen. Herausnehmen und auskühlen lassen.

3. Für die Füllung die Hälfte des Zuckers mit der Speisestärke, den Eigelben und 1/4 der Milch mit dem Schneebesen sorgfältig verrühren. Die restliche Milch mit dem Vanillemark und dem verbliebenen Zucker in einem großen Topf zum Kochen bringen. Die angerührte Speisestärke nochmals durchrühren, langsam und gleichmäßig in die kochende Milch gießen und gut unterrühren. Die Creme aufkochen, dabei gleichmäßig mit dem Schneebesen durchrühren. Vom Herd nehmen, in eine Schüssel umfüllen, die Oberfläche der Creme mit Puderzucker besieben und erkalten lassen. Danach durch ein Sieb streichen und die Sahne mit dem Schneebesen unterziehen.

4. Die gebackenen Profiteroles mit einem spitzen Messer auf der Unterseite leicht einstechen und die Sahnecreme mit einem Spritzbeutel mit Lochtülle Nr. 5 einfüllen. Möglichst bald servieren. Falls Sie die Profiteroles als Dessert anbieten wollen, schmeckt die folgende Kaffesauce ausgezeichnet dazu.

5. Für die Kaffeesauce Eigelbe und Zucker mit dem Schneebesen cremig rühren. Milch mit Kaffeepulver, Vanillemark und Salz aufkochen, durch ein feines Sieb passieren und die heiße Milch nach und nach zur Eimasse gießen, dabei ständig rühren. In einen Topf umfüllen und unter ständigem Rühren vorsichtig erhitzen, bis sie auf dem Kochlöffel leicht angedickt liegenbleibt, sie darf aber keinesfalls kochen. Durchpassieren und den Likör einrühren. Jeweils einige Profiteroles auf einem Teller anrichten und mit der Kaffeesauce übergießen.

Das gesiebte Mehl auf einmal zuschütten und die Masse bei mittlerer Hitze ständig in Bewegung halten.

So lange kräftig weiterrühren, bis sich die Masse als Kloß vom Topf löst und eine weiße Haut den Boden überzieht.

In eine Schüssel umfüllen und etwas abkühlen lassen. 1 Ei unter die Masse rühren, bis es sich völlig mit dem Teig verbunden hat.

In gleicher Weise nacheinander alle Eier einarbeiten. Der Teig soll glatt sein, glänzen und weich vom Löffel fallen.

Kaffee-Eclairs und Windbeutel – zwei Klassiker mit wenig Teig, dafür aber viel Füllung. Doch keine Angst, diese besteht nicht aus üppiger Buttercreme, sondern aus luftiger, aromatisierter Sahne.

Windbeutel und Kaffee-Eclairs

Preiselbeer-Windbeutel

Für den Brandteig:
1/8 l Wasser, 60 g Butter, 1 Prise Salz
125 g Mehl, 2 bis 3 Eier
Für die Sahnefüllung:
1/2 l Sahne, 30 g Zucker
abgeriebene Schale von 2 unbehandelten Zitronen
Für das Preiselbeerkompott:
180 g Preiselbeeren
100 ml Wasser, 50 g Zucker
1 Stück Zimtrinde, 1 Nelke
30 ml Orangensaft
Außerdem:
je 2 EL Kakao und Puderzucker

1. Den Brandteig zubereiten, wie auf Seite 33 beschrieben. Den Teig in einen Spritzbeutel mit Sterntülle Nr. 11 füllen und Rosetten auf ein leicht gefettetes Blech spritzen, dabei genügend Abstand lassen. Bei 225 °C im vorgeheizten Ofen auf der mittleren Schiene etwa 20 Minuten backen. Zu Beginn 1 Tasse Wasser in den Ofen gießen, um Dampf zu erzeugen, denn Brandteig geht umso höher auf, je mehr mit Dampf gebacken wird. Die noch heißen Windbeutel quer teilen und auskühlen lassen.

2. Die Preiselbeeren für das Kompott verlesen und waschen. Das Wasser mit Zucker, Zimt und Nelke einige Minuten sprudelnd kochen. Abseihen, dabei die Flüssigkeit auffangen. In einen Topf füllen und mit dem geseihten Orangensaft sowie den Preiselbeeren 1 bis 2 Minuten kochen. Abkühlen lassen.

3. Die Sahne mit Zucker und Zitronenschale (dabei etwas Zitronenschale zum Dekorieren zurückbehalten) steif schlagen und in einen Spritzbeutel mit Sterntülle Nr. 12 füllen. Das Kompott mit einem Löffel auf die Böden der Windbeutel verteilen, Sahnerosetten aufspritzen, mit der restlichen Zitronenschale bestreuen und die Deckel aufsetzen. Mit Kakao und Puderzucker besieben.

Kaffee-Eclairs

Für den Brandteig:
1/4 l Wasser, 60 g Butter, 1 Prise Salz
200 g Mehl, 5 bis 6 Eier
Für die Sahnefüllung:
3/4 l Sahne, 100 g Zucker
2 TL löslicher Kaffee
Außerdem:
150 g Aprikotur, 200 g Fondant
2 TL löslicher Kaffee

1. Einen Brandteig zubereiten, wie auf Seite 33 beschrieben. Den Teig in einen Spritzbeutel mit Lochtülle Nr. 11 füllen und 20 kurze Teigstreifen auf ein gefettetes Blech spritzen. Die Eclairs 230 °C im vorgeheizten Ofen 15 bis 20 Minuten backen, zu Beginn der Backzeit 1 Tasse Wasser in den Ofen gießen, denn Brandteig geht umso höher auf, je mehr mit Dampf gebacken wird.

2. Die Eclairs herausnehmen und noch warm aprikotieren, abkühlen lassen. Fondant mit dem in wenig heißem Wasser aufgelösten Kaffeepulver verrühren, die Eclairs damit glasieren und trocknen lassen.

3. Sahne und Zucker steif schlagen, das Kaffeepulver unterziehen. Die Eclairs einmal quer durchschneiden. Mit Spritzbeutel und Sterntülle Nr. 11 die Sahne einfüllen, bald servieren.

Die Teigmasse in einen Spritzbeutel füllen und mit Sterntülle Nr. 11 große Rosetten auf ein Blech spritzen.

Windbeutel bei 220 °C für 15 bis 20 Minuten backen, herausnehmen und noch heiß in zwei Hälften teilen.

Die geschlagene Sahne in einen Spritzbeutel füllen, auf die untere Hälfte aufspritzen und den Deckel aufsetzen.

Nusshörnchen und Schoko-Plunder

Nusshörnchen

Für den Plunderteig:

600 g Mehl

70 g weiche Butter

70 g Zucker, 1 TL Salz

1 Eigelb, 1 Ei

abgeriebene Schale von 1/2 unbehandelten Zitrone

1/4 l lauwarme Milch, 42 g Hefe

300 g Butter mit 60 g Mehl verknetet

Für die Haselnussfüllung:

250 g geröstete, geriebene Haselnüsse

80 g Biskuitbrösel, 1 Ei

1 Prise Salz, 1/2 TL gemahlener Piment

abgeriebene Schale von 1 unbehandelten Zitrone

100 g Zucker, 2 cl brauner Rum

Außerdem:

120 g Aprikotur, 150 g Fondant

50 g gehackte Haselnüsse zum Bestreuen

Butter für das Blech, 1 Eigelb

Schoko-Plunder schmecken am besten noch warm, frisch aus dem Ofen. In Frankreich kennt man sie unter dem Namen Pain au chocolat.

Ein schmaler Schokoriegel oder 2 bis 3 Schokostückchen kommen in einen Plunder.

1. Den Plunderteig zubereiten, wie in dem Rezept auf Seite 57 beschrieben und gezeigt.

2. Für die Nussfüllung die gerösteten, geriebenen Haselnüsse mit den Biskuitbröseln vermischen. Ei, Salz, Piment, Zitronenschale, Zucker und Rum zufügen und zu einer weichen Masse rühren. Falls nötig, etwas Milch zugießen.

3. Den Plunderteig auf einer bemehlten Arbeitsfläche zu einer Platte von 60 x 40 cm ausrollen. Längs in 2 Streifen (zu je 20 x 60 cm) teilen. Aus den beiden Teigstreifen 20 spitze, gleichschenklige Dreiecke mit einer Basis von 12 cm und Höhe 20 cm schneiden, wie in der Abbildung rechts unten gezeigt. Je 1 EL Nussfüllung darauf verteilen und von der Basis zur Spitze hin einrollen, sodass die Hörnchen zu den Seiten dünn auslaufen.

4. Die Nusshörnchen mit genügend Abstand auf ein leicht gefettetes Blech setzen. Mit einem sauberen Tuch bedecken und gehen lassen, bis sie ihr Volumen verdoppelt haben. Mit verquirltem Eigelb bestreichen und die Hörnchen bei 210 °C im vorgeheizten Ofen in 15 bis 20 Minuten hellbraun backen. Aus dem Ofen nehmen, noch heiß mit der erhitzten Aprikotur bestreichen. Die Nusshörnchen mit dem aufgelösten Fondant glasieren und mit gehackten Haselnüssen bestreuen.

Schoko-Plunder

Für den Plunderteig:

1 kg Mehl, 42 g frische Hefe

5/8 l Milch, 20 g Salz

120 g Zucker, 600 g Butter

Außerdem:

Schokolade nach Wahl, 1 Eigelb

1. Aus den angegebenen Zutaten einen Plunderteig zubereiten, wie in dem Rezept auf Seite 57 beschrieben und gezeigt. Den Teig zu einer Platte von 27 x 60 cm ausrollen und in Rechtecke von 9 x 12 cm schneiden.

2. Welche Art von Schokolade man für die Füllung wählt, bleibt ganz dem eigenen Geschmack überlassen: Es eignen sich dünne Riegel, 2 bis 3 Stücke von Tafelschokolade oder temperierte Kuvertüre, die dann mit dem Spritzbeutel in Streifen aufgespritzt wird. Die Schokolade an einer Schmalseite des Rechtecks auflegen oder aufspritzen und einrollen. Die Rollen auf ein Blech setzen, gehen lassen, mit Eigelb bestreichen und bei 230 °C im vorgeheizten Ofen 15 bis 17 Minuten backen.

Den Hörnchenteig zu einer Platte ausrollen, in Dreiecke von 12 x 20 cm schneiden und die Füllung aufgeben.

Böhmische Kolatschen

Aus Quark, Mohn und Pflaumenmus besteht dieser traditionelle Belag. Er wird in Böhmen und Österrreich auch oft für Blechkuchen aus Hefeteig verwendet, ist dann meist noch mit Butterstreuseln bestreut und heißt »Kleckerkuchen«.

Kolatschen

500 g Mehl, 35 g Hefe

1/4 l lauwarme Milch, 80 g flüssige Butter

70 g Zucker, 1/2 TL Salz, 1 Ei

abgeriebene Schale von 1 unbehandelten Zitrone

Für den Quarkbelag:

60 g Butter, 180 g Zucker

500 g Quark (Schichtkäse), 2 Eigelbe

30 g Speisestärke, 2 cl Rum, 2 Eiweiße

Für den Mohnbelag:

1/4 l Milch, 250 g gemahlener Mohn

100 g Zucker, 2 EL Semmelbrösel

Außerdem:

200 g Pflaumenmus, 200 g Aprikotur

Butter für das Blech, 1 Eigelb

50 g gehobelte, geröstete Mandeln

1. Das Mehl in eine Schüssel sieben, in die Mitte eine Mulde drücken. Die Hefe in etwa 100 ml Milch auflösen, etwas Zucker zugeben und in die Mehlmulde gießen. Dünn mit Mehl bestauben, die Schüssel bedecken und den Vorteig gehen lassen. Sobald die Oberfläche Risse zeigt, die restliche Milch und den restlichen Zucker, die Butter, das Salz, die Zitronenschale und das Ei zugeben und zu einem glatten Teig schlagen. Zugedeckt erneut gehen lassen, bis der Teig das Doppelte seines Volumens erreicht hat.

2. Für den Belag die Butter mit der Hälfte des Zuckers cremig rühren, den Quark zugeben und alles gut glatt rühren. Die Eigelbe, die Speisestärke und den Rum untermischen. Die Eiweiße zu steifem Schnee schlagen, dabei den restlichen Zucker einrieseln lassen und unter die Quarkmasse heben. Weiterverfahren, wie in der Bildfolge unten gezeigt.

3. Die Kolatschen in dem auf 200 °C vorgeheizten Ofen 20 bis 25 Minuten backen. Leicht abkühlen lassen, mit Aprikotur bestreichen und mit Mandeln bestreuen.

Für den Mohnbelag Mohn, Zucker und Semmelbrösel mischen, die kochende Milch darüber gießen und unter Rühren erneut aufkochen.

Den Hefeteig zu einer Rolle formen und mit einem Messer gleichmäßig große Scheiben von je etwa 60 g abschneiden.

Die einzelnen Teigstücke auf der Arbeitsfläche mit den Händen rund »schleifen«, das heißt, zu Kugeln formen.

Die Kugeln so von innen nach außen flach drücken, dass ein dicker Rand entsteht. Der Durchmesser soll etwa 12 cm betragen.

Auf ein gefettetes Backblech legen und den Teig mehrmals einstechen. Die Ränder mit verquirltem Eigelb bestreichen.

Quark- und Mohnbelag abwechselnd darauf verteilen. In die Mitte etwas Pflaumenmus setzen. Nochmals gehen lassen.

Muffins
Mini-Kuchen

Die Mulden einer Muffinform mit zerlassener Butter auspinseln oder ein Papierförmchen in jede Vertiefung stellen.

Den Teig mit einem Esslöffel gleichmäßig in die gefettete Muffinform oder die Papierförmchen verteilen.

Die kleinen Kuchen nach dem Backen aus der Form lösen, auskühlen lassen, die Papierförmchen dran lassen.

Nicht nur Kinder lieben sie, die kleinen Kuchen, die zwar schon fast mit einem Bissen verschwunden sind, aber in all ihren Varianten immer wieder köstlich schmecken. Im folgenden Rezept für Johannisbeermuffins gibt es eine Variante eher für Erwachsene, denn eine ordentliche Portion Eierlikör macht sie besonders gut.

Johannisbeermuffins

Für 15 Stück:

125 g rote Johannisbeeren
275 g Mehl
4 TL Backpulver
abgeriebene Schale von 1/2 unbehandelten Zitrone
75 g gehackte Mandeln
2 Eier
130 g brauner Zucker
3 TL Vanillezucker
80 ml Sonnenblumenöl
200 ml Eierlikör
100 g saure Sahne

Außerdem:

Muffinformen und/oder Papierförmchen
Butter und Puderzucker

1. Die Johannisbeeren verlesen, waschen und gut abtropfen lassen. Mehl und Backpulver mischen und in eine Schüssel sieben. Die Zitronenschale und die Mandeln untermischen.

2. Die Eier mit braunem Zucker, Vanillezucker, Öl, Eierlikör (wenn keine kleinen Kinder mitessen) und der sauren Sahne gut verrühren. Die Mehlmischung daraufschütten und rasch unterrühren. Die Johannisbeeren unterheben.

3. Den Teig in mit Butter gefettete Muffinformen oder Papierförmchen verteilen, wie links gezeigt. Bei 175 °C im vorgeheizten Ofen auf der mittleren Schiene 25 bis 30 Minuten backen. Auf einem Kuchengitter auskühlen lassen. Mit Puderzucker besieben.

Haselnussmuffins

Keinen Rührteig, sondern eine kalt aufgeschlagene Biskuitmasse sieht das Rezept für die Haselnussmuffins vor. Sie geraten daher besonders leicht und locker, sollten aber auch möglichst frisch verzehrt werden. Wer mag, kann jedes Törtchen mit etwas Schokoladenguss oder temperierter Kuvertüre dekorieren, statt es nur mit Puderzucker zu besieben.

Für 20 Stück:

160 g Zucker, 4 Eier
120 g Mehl
160 g Butter
100 g gemahlene Haselnüsse
50 g grob gehackte Haselnüsse
abgeriebene Schale von 1 unbehandelten Zitrone
2 cl brauner Rum

Außerdem:

Muffinformen und/oder Papierförmchen
Butter und Puderzucker

1. Den Zucker mit den Eiern weißschaumig rühren. Das Mehl darübersieben, vorsichtig unterheben. Die Butter zerlassen, etwas abkühlen lassen und unterrühren. Die Haselnüsse unter den Teig heben, die Zitronenschale und den Rum untermischen.

2. Den Teig in gefettete Muffinformen oder Papierförmchen füllen, wie links gezeigt. Die Muffins bei 180 °C im vorgeheizten Ofen auf der mittleren Schiene in 30 bis 35 Minuten goldbraun backen. Mit Puderzucker besieben.

Muffins backen

Backen kann man Muffins auf verschiedene Weise. Ganz gleich, für welche Möglichkeit man sich entscheidet, in jedem Fall sollte man nur so viel Teig einfüllen, dass etwa 1 cm Rand frei bleibt, da die Mini-Kuchen beim Backen noch aufgehen.

Die eine Möglichkeit sind spezielle Muffinformen oder -bleche, wie in der Bildfolge links zu sehen. In diesem Fall lässt man die kleinen Kuchen nach dem Backen kurz abkühlen, löst vorsichtig die Ränder mit einem spitzen Messer und nimmt die Muffins dann heraus.

Die zweite Möglichkeit wäre eine Kombination von Muffinform und Papierförmchen, die das Einfetten erspart.

Und falls man keine Muffinform besitzt: Einfach zwei Papierförmchen – für nur eines wäre der Teig zu schwer, er würde das Förmchen auseinander drücken – ineinander setzen und auf ein Backblech stellen.

Spaß für Kinder

Noch mehr Muffins

Kirschmuffins

300 g Kirschen, 150 g weiche Butter

4 Eigelbe, 200 g Zucker

abgeriebene Schale und Saft von 1/2 unbehandelten Zitrone

4 Eiweiße, 1 Prise Salz

50 g Mehl, 50 g gemahlene Mandeln

50 g Speisestärke, 1 TL Backpulver

Außerdem:

Muffinform, 12 Papierförmchen

1. Kirschen waschen, abtropfen lassen und entsteinen. Die Butter, die Eigelbe und 150 g Zucker weißschaumig rühren. Zitronenschale und -saft sowie die Kirschen unterheben. Die Mandeln mit Mehl, Speisestärke und Backpulver mischen und unter die Eigelbmasse heben.

2. Die Eiweiße mit dem Salz zu steifem Schnee schlagen und nach und nach den restlichen Zucker einrieseln lassen. Vom Eischnee 2 EL abnehmen und unter den Teig rühren. Dann den restlichen Eischnee unterheben.

3. In die Vertiefungen der Muffinform jeweils ein Papierförmchen stellen und den Teig in die Förmchen verteilen. Die Muffins bei 175 °C im vorgeheizten Ofen 20 Minuten backen.

Kürbismuffins

1 Kürbisspalte von 300 g
1 TL brauner Zucker
etwas Schale von je 1 unbehandelten Zitrone und Orange
1 kleine Stange Zimt, 1/4 TL Nelken
Für den Teig:
200 g Mehl, 250 g Zucker
je 1/2 TL gemahlener Zimt und Ingwer
je 1/4 TL gemahlene Nelken und geriebene Muskatnuss
1/2 TL Natron, 1/4 TL Salz, 1 Ei
125 g klein gewürfelter Apfel
60 ml Pflanzenöl
Außerdem:
50 g Mehl, 35 g Zucker
35 g Butter für die Streusel
Muffinform, 12 Papierförmchen

1. Das Kürbisfruchtfleisch bedarf einer gewissen Vorbereitung: Die Kürbisspalte mit Zucker, Zitrusschalen, Zimt und Nelken in Alufolie einschlagen. Bei 200 °C im vorgeheizten Ofen in 35 bis 40 Minuten weich garen. Herausnehmen, abtropfen lassen, das Kürbisfruchtfleisch auslösen – es sollten etwa 190 g sein – und ohne den ausgetretenen Saft pürieren.

2. Für den Teig Mehl, Zucker, Gewürze, Natron und Salz vermengen. In einer zweiten Schüssel das Ei verquirlen, Kürbispüree, Apfelwürfel und Öl untermischen. Die Mehlmischung einarbeiten und alles zu einem glatten Teig verarbeiten.

3. In jede Vertiefung der Muffinform ein Papierförmchen setzen und dieses jeweils zu 2/3 mit Teig füllen. Mehl, Zucker und Butter für die Streusel zwischen den Fingern krümelig reiben und die Streusel auf der Oberfläche der Muffins verteilen. Diese bei 180 °C im vorgeheizten Ofen 35 bis 40 Minuten backen. Vor dem Herausnehmen wegen des Fruchtanteils die Stäbchenprobe machen.

Ostermuffins

1 Ei, 140 g brauner Zucker
80 ml Pflanzenöl
1/4 l Milch, 375 g Mehl
3 gestrichene TL Backpulver
Mark von 1/2 Vanilleschote
75 g gemahlene Haselnüsse
Für den Guss:
1 Eiweiß
150 bis 200 g Puderzucker
Lebensmittelfarbe nach Belieben
Außerdem:
Muffinform, 12 Papierförmchen
bunte Zuckereier

1. Das Ei mit Zucker, Öl und Milch verquirlen. Mehl und Backpulver sieben, mit dem Vanillemark und den Haselnüssen zu der Eimischung geben und alles zu einem glatten Teig verrühren.

2. Die Vertiefungen der Form mit Papierförmchen auslegen. Diese zu 2/3 mit Teig füllen. Bei 175 °C im vorgeheizten Ofen in 25 bis 30 Minuten goldbraun backen. Abkühlen lassen, aus der Form nehmen und auf einem Kuchengitter vollständig auskühlen lassen.

3. Für den Guss das Eiweiß mit so viel Puderzucker verrühren, bis eine glatte, sehr zähflüssige Masse entsteht. Diese mit Lebensmittelfarbe einfärben und die Ostermuffins nach Belieben mit Farbguss und Zuckereiern dekorieren.

Schön bunt und ein Spaß für Kinder: Muffins mit farbigem Zuckerguss und bunten Zuckereiern darauf.

Kürbis-Muffins bekommen durch Butterstreusel und bunte Papierförmchen noch einen zusätzlichen Pfiff.

In herzförmige Segmente geteilt sind die Waffeln, wie sie überwiegend bei uns gebacken werden. In Belgien dagegen, dem »Waffelland«, werden gern auch rechteckige Waffeln gereicht.

Waffeln
Das schnelle Gebäck

Ob herzförmig oder rechteckig, etwas Puderzucker und Sahne reichen aus, um aus den schnellen Waffeln einen Hochgenuss zu machen. Man kann sie entweder noch warm mit nur Puderzucker servieren oder mit geschlagener Sahne reichen, doch müssen sie dann abgekühlt sein. Zum Erkalten sollte man sie in jedem Fall auf ein Kuchengitter legen, dabei aber nicht übereinanderstapeln, sonst werden sie weich.

Sahnewaffeln

Für etwa 20 Herzwaffeln:

125 g weiche Butter, 100 g Zucker

3 TL Vanillezucker

abgeriebene Schale von 1/2 unbehandelten Zitrone

4 Eier, 250 g Mehl

3/8 l Sahne, 1 Prise Salz

Außerdem:

1 Herzwaffeleisen

etwas Pflanzenöl zum Bepinseln

Puderzucker zum Besieben

1. Bei diesem Rezept ist die Sahne im Teig: Die Butter schaumig rühren. Zucker, Vanillezucker und Zitronenschale unterrühren. Die Eier trennen und die Eigelbe nacheinander gründlich einarbeiten. Das Mehl abwechselnd mit der Sahne unter die Masse ziehen. Die Eiweiße mit dem Salz zu festem Schnee schlagen und vorsichtig unterheben.

2. Je 3 EL Teig in die Mitte des vorgeheizten, gefetteten Waffeleisens geben und etwas glatt streichen, wie in der Bildfolge rechts gezeigt. Das Eisen schließen und die Waffeln goldgelb backen. Auf einem Kuchengitter abkühlen lassen und mit Puderzucker besieben.

Variante: Wer das Rezept geschmacklich variieren möchte, kann die Hälfte des Mehls durch fein gemahlene Haselnüsse oder Mandeln ersetzen und den Teig mit etwas Zimt würzen.

Gefüllte Sandwaffeln

Für 9 gefüllte Waffeln:

175 g Butter, 175 g Zucker

Mark von 1/2 Vanilleschote, 1 Prise Salz

4 Eier, 1 EL Rum

200 g Mehl, 1/2 TL Backpulver

Für die Füllung:

1/4 l Sahne, 30 g Puderzucker

Außerdem:

1 rechteckiges Waffeleisen

etwas Pflanzenöl zum Bepinseln

Puderzucker zum Besieben

1. Die Butter mit Zucker, Vanillemark und Salz schaumig rühren. Nacheinander die Eier zufügen und jeweils gründlich untermischen. Den Rum einrühren. Das Mehl mit dem Backpulver über die Masse sieben und alles gut miteinander vermengen.

2. Das Waffeleisen vorheizen und mit Öl bepinseln. Eine entsprechende Portion Teig einfüllen, glatt streichen, das Eisen schließen und die Waffeln in 4 bis 5 Minuten hellbraun backen. Die fertig gebackenen Waffeln teilen.

3. Die Sahne steif schlagen, den Puderzucker dabei einrieseln lassen. In einen Spritzbeutel mit Sterntülle Nr. 8 füllen und auf die eine Waffel spritzen. Mit der zweiten Waffel abdecken und mit Puderzucker besiebt servieren.

Waffeln backen: Das Waffeleisen vorheizen und die Backflächen mit neutralem Pflanzenöl bepinseln.

Die entsprechende Menge Teig in die Mitte füllen, etwas glatt streichen und das Eisen schließen.

Die fertigen Waffeln am Rand etwas anheben, herausnehmen und auf ein Kuchengitter legen.

Shortbread

Englisches Teegebäck

Nur aus Butter, Mehl und Zucker wird das Shortbread gebacken – aber mit der Butter beginnt bereits das Missverständnis. Wenn das selbst gebackene Shortbread so ganz anders schmeckt als in seiner englischen Heimat, dann ist in der Regel die Butter schuld, denn in England kommt nur gesalzene Butter in den Teig. Und das ist bei einem Traditionsgebäck wie dem Shortbread, das man seit vielen Generationen zubereitet, einfach selbstverständlich. Deshalb: Es schmeckt nur richtig, wenn das Salz durchkommt, denn sonst wäre es ja nur ein simpler Mürbteig.

Shortbread

Für 4 runde Shortbreads:

300 g Butter (gesalzen oder 1 TL Salz)

200 g Zucker

500 g Mehl

Außerdem:

Butter für das Blech

1 Eigelb, feiner Zucker zum Bestreuen

1. Für die runden Shortbreads die Butter mit dem Zucker und (falls die Butter nicht gesalzen ist) mit dem Salz verrühren. Das Mehl sieben, zugeben und alles so schnell wie möglich zu einem Mürbteig kneten. 2 Stunden im Kühlschrank ruhen lassen.

2. Den Teig ausrollen und 4 runde Fladen daraus machen. Mit einem Messerrücken rautenförmig einkerben, wie im Bild zu sehen, damit sich die Brote nach dem Backen auseinander brechen lassen. Vor dem Backen mit Eigelb bepinseln. Auf ein leicht gefettetes Backblech setzen und mehrmals mit einer Gabel einstechen. Bei 190 °C im vorgeheizten Ofen 20 Minuten hellbraun backen. Die Brote noch warm mit Zucker bestreuen.

Shortbread-Fingers

Für 50 Stück (mit Walnüssen):

300 g Butter (gesalzen oder 1 TL Salz)

200 g Zucker

450 g Mehl

100 g Walnüsse, fein gehackt

Außerdem:

Butter für das Blech

feiner Zucker zum Wenden

1. Für die Shortbread-Fingers die Butter mit dem Zucker und (falls die Butter nicht gesalzen ist) dem Salz verrühren. Das gesiebte Mehl und die gehackten Walnüsse zugeben und alles so schnell wie möglich zu einem Mürbteig verarbeiten. In Folie wickeln und 2 Stunden im Kühlschrank ruhen lassen.

2. Den gekühlten Teig auf einer bemehlten Arbeitsfläche 1,5 cm dick ausrollen und auf ein leicht gefettetes Backblech legen. Damit er nicht ausläuft, die offene Seite des Blechs mit einer Holzleiste oder einem gefalteten Streifen Alufolie abschließen. Die Teigplatte mit einer Gabel mehrmals einstechen und bei 190 °C im vorgeheizten Ofen etwa 25 Minuten hellbraun backen. Den noch heißen Teig in »Fingers«, also in Streifen von etwa 1,5 x 7 cm schneiden und sofort in Zucker wenden.

Die Variationen von Shortbread reichen von der traditionell runden Form bis zu Shortbread-Fingers, die besonders praktisch zum Tee sind, weil sie nicht erst wie die »Brote« gebrochen werden müssen.

Schwarz-Weiß-Gebäck

Wenn die beiden Sorten des Schwarz-Weiß-Gebäcks so attraktiv wie auf dem nebenstehenden Bild gelingen sollen, dann muss man bei der Zubereitung sehr genau vorgehen. Der Teig, ein besonders sandiger Mürbteig, muss exakt ausgerollt, zugeschnitten und zusammengesetzt werden. Dafür sind Holzleisten sehr hilfreich, man bekommt sie in verschiedenen Stärken in Geschäften mit Bastelzubehör. Für dieses Rezept sollten sie 1 cm breit sein.

Schwarz-Weiß-Gebäck aus Sandteig

Für etwa 80 Stück:

300 g Butter

150 g Puderzucker

1 Messerspitze Salz

ausgeschabtes Mark von 1/2 Vanilleschote

400 g Mehl

40 g Kakao

Außerdem:

1 Eigelb, mit 2 EL Milch verrührt

2 Holzleisten von 1 cm Dicke

1. Für den Mürbteig die Butter auf einer Arbeitsfläche mit dem Puderzucker, dem Salz und dem Vanillemark mit einem Löffel cremig verreiben. Das Mehl darüber sieben und so schnell wie möglich einen Teig daraus kneten.

2. Sobald das Mehl halbwegs untergearbeitet ist, den Teig halbieren. Eine Hälfte ganz kurz weiterkneten, bis ein glatter Teig entsteht. Zur zweiten Hälfte den Kakao sieben, möglichst schnell unterkneten. Aus beiden Teigen Kugeln formen, in Folie wickeln und im Kühlschrank 1 bis 2 Stunden durchkühlen lassen.

3. Beide Teige nochmals halbieren und jeweils 1 hellen und 1 dunklen für das Einschlagen zurücklegen. Die beiden anderen mit Hilfe der Holzleisten zu Rechtecken ausrollen, wie in der Bildfolge rechts unten gezeigt. Dann beide Teige in 1 cm breite Längsstreifen schneiden.

4. Jeweils 6 helle und 6 dunkle Teigstreifen mit dem verrührten Eigelb bestreichen und zu einem Schachbrett-Muster zusammenfügen. Den zurückgelegten hellen Teig etwa 2 mm stark ausrollen, mit Eigelb streichen und einen der Streifenblöcke damit einschlagen. Einen zweiten Streifenblock mit dem dunklen Teig einschlagen.

5. Die Teigblöcke für 1 Stunde kühlen. In 4 bis 5 mm starke Scheiben schneiden. Die geschnittenen Gebäckscheiben auf ein ungefettetes Blech legen. Bei 180 °C im vorgeheizten Ofen in etwa 12 Minuten backen. Das Gebäck soll hell bleiben, damit der Schwarz-Weiß-Effekt gut zur Geltung kommt.

Je nachdem, ob die Schachbrettmuster-Blöcke in einen hellen Teig oder dunklen Schokoteig eingeschlagen sind, ergibt sich ein unterschiedlicher Effekt.

Den weißen Teig mit etwas Abstand zwischen zwei Holzleisten legen und auf deren Dicke ausrollen.

Den dunklen Teig ebenso ausrollen. Eine Leiste als Lineal verwenden und beide Teige in gleichmäßige, 1 cm breite Streifen schneiden.

Helle und dunkle Teigstreifen mit dem verrührten Eigelb bestreichen und jeweils die Hälfte im Schachbrettmuster zusammensetzen.

Den restlichen hellen Teig etwa 2 mm stark ausrollen. Den Streifenblock mit Eigelb bestreichen und in den Teig einschlagen.

Die echten Vanillekipferl bestechen durch ihr mildes Aroma und die sehr mürbe Konsistenz. Sie lassen sich, verschlossen in Weißblechdosen, eine Zeitlang gut aufbewahren.

Vanillekipferl und Mandelschnitten

Vanillekipferl schmecken nicht nur zur Weihnachtszeit, sondern auch zwischendurch sehr lecker. Man sollte für das mürbe Kleingebäck etwas Zeit einplanen, denn jedes Kipferl muss von Hand geformt werden und die Mandelschnitten sollen Füllung und Glasur erhalten. Ansonsten sind beide Rezepte unkompliziert. Die Kipferl sollte man besser nach Sicht backen, damit die dünnen Enden nicht verbrennen.

Vanillekipferl

Für etwa 80 Stück:
100 g geschälte Mandeln, 275 g Mehl
90 g Puderzucker, 1 Messerspitze Salz
Mark von 1 Vanilleschote
200 g kalte Butter, in Stücken, 2 Eigelbe
Außerdem:
150 g Zucker, Mark von 1 Vanilleschote

1. Die Mandeln sehr fein mahlen und mit dem Mehl, dem Puderzucker, dem Salz, dem Vanillemark und den kalten Butterstücken auf der Arbeitsplatte mit einem großen Messer durchhacken. Dann die Eigelbe zufügen und alles zu einem glatten Teig verkneten. Aus dem Teig 2 gleich große Rollen formen, in Folie wickeln und 2 Stunden im Kühlschrank ruhen lassen.

2. Die beiden Teigrollen mit dem Messer in etwa 80 gleich starke Scheiben schneiden. Die Teigscheiben auf der Arbeitsfläche zu Röllchen von etwa 6 cm Länge formen und die Enden jeweils spitz zulaufen lassen.

3. Die Teigröllchen in der typischen Hörnchenform auf ein Backblech legen. Genügend Abstand halten, weil der Teig etwas auseinander läuft. Bei 180 °C im vorgeheizten Ofen auf der mittleren Schiene in etwa 12 Minuten hellbraun backen (Sichtkontrolle). Den Zucker und das Vanillemark mischen und die noch warmen Kipferln darin wälzen.

Mandelschnitten

Für etwa 40 Schnitten:
200 g weiche Butter, 120 g Puderzucker
abgeriebene Schale von 1/2 unbehandelten Zitrone
1 Eigelb, 270 g Mehl
175 g ungeschälte, gemahlene Mandeln
Für die Füllung:
150 g Himbeerkonfitüre, 2 cl Himbeergeist
Für den Guss:
250 g bittere Kuvertüre
50 g gehackte Pistazien

1. Die Butter mit dem Puderzucker, der Zitronenschale und dem Eigelb verrühren, dann das Mehl und die gemahlenen Mandeln unterkneten. Den Teig zu einer Kugel formen und in Folie gewickelt mindestens 1 Stunde im Kühlschrank ruhen lassen.

2. Den Teig zu einer 3 bis 4 mm dicken, rechteckigen Platte ausrollen, in Schnitten teilen, wie in der Bidlfolge rechts gezeigt, und auf ein Blech setzen. Die Mandelschnitten bei 180 °C im vorgeheizten Ofen etwa 12 Minuten backen.

3. Inzwischen die Himbeerkonfitüre durch ein Sieb streichen, mit dem Himbeergeist verrühren, erwärmen und dann auf der Hälfte der Schnitten verteilen. Die Mandelschnitten zusammensetzen und mehrere Stunden trocknen lassen. Die Kuvertüre erwärmen, die Oberfläche der Schnitten eintauchen und zur Dekoration mit Pistazien bestreuen.

Den Teig mit Hilfe eines Lineals und eines Teigrädchens in 4,5 x 2,5 cm große Schnitten schneiden.

Die Schnitten kann man relativ eng auf ein ungefettetes Blech setzen, da der Teig beim Backen nicht verläuft.

Die Füllung mit Hilfe einer Tüte aus Pergamentpapier auf der Hälfte der Schnitten verteilen.

Die Oberfläche der Schnitten in temperierte Kuvertüre tauchen, mit den Pistazien bestreuen.

Der Teig für diese Kipferln ist in der Zubereitung nicht weiter schwierig, doch ist das Formen Geduldssache. Wichtig ist, dass die gebogenen Teigröllchen an beiden Enden spitz zulaufen.

Zimtsterne
Schokoladenkipferl

Schokoladenkipferl

Für etwa 90 Stück:

210 g ungeschälte Mandeln, fein gemahlen

140 g Mehl

150 g Blockschokolade

150 g weiche Butter, in Stücken, 1 Eiweiß

210 g Puderzucker, gesiebt

Außerdem:

Backpapier für das Blech

600 g temperierte bittere Kuvertüre

60 g gehackte Pistazien

1. Für den Teig die Mandeln mit der geriebenen Schokolade und dem Mehl vermischen, auf eine Arbeitsfläche häufen. In die Mitte eine Mulde drücken. Butter, Eiweiß und Zucker hineingeben und alles rasch zu einem glatten Teig verarbeiten. Diesen in Folie gewickelt mindestens 1 Stunde kühl ruhen lassen.

2. Teig halbieren, zwei Rollen von je 2 cm Durchmesser formen. Scheiben von jeweils 1 cm Stärke abschneiden, zu Strängen von 6 cm Länge mit spitz zulaufenden Enden formen, zu Hörnchen biegen und diese mit genügend Abstand auf ein mit Backpapier ausgelegtes Blech setzen. Die Kipferln bei 160 °C im vorgeheizten Ofen nach Sicht hellbraun backen. Erkalten lassen. Die Schokoladenkipferl schmecken bereits ohne Überzug, oder aber mit Kuvertüre überziehen und mit den Pistazien bestreuen.

Zimtsterne

Für einfache Zimtsterne:

6 Eiweiße

500 g Puderzucker

500 g gemahlene Mandeln, 2 EL Zimt

Für Schokoladen-Zimtsterne:

180 g Puderzucker

120 g gemahlene Mandeln

120 g gemahlene Haselnüsse

120 g Marzipanrohmasse

80 g geschmolzene bittere Kuvertüre

100 g Honig

2 Eiweiße, 15 g Kakaopulver

Mark von 1 Vanilleschote, 1 EL Zimt

Für die Eiweißglasur:

2 Eiweiße, Puderzucker nach Bedarf

Außerdem:

1 sternförmiger Ausstecher

150 g gemahlene Mandeln zum Ausrollen

Backpapier für das Blech

1. Für die einfachen Zimtsterne Eiweiße mit dem Puderzucker steif schlagen, 500 g gemahlene Mandeln sowie 2 EL Zimt unterheben.

2. Für die Schokoladen-Zimtsterne alle Zutaten miteinander vermischen. Den Teig auf einer mit gemahlenen Mandeln bestreuten Arbeitsfläche gleichmäßig 1 cm dick ausrollen.

3. Für die Glasur die Eiweiße mit dem Puderzucker zu einer dickflüssigen Masse verrühren. Den Teig damit bestreichen und mit dem in heißes Wasser getauchten Ausstecher Sterne ausstechen. Teigreste eventuell mit gemahlenen Mandeln mischen und erneut ausrollen.

4. Die Sterne auf dem mit Backpapier ausgelegten Blech bei 170 °C im vorgeheizten Ofen etwa 10 Minuten backen. Die Glasur darf leicht goldbraun werden.

Zimtsterne sind ein klassischer Bestandteil der Weihnachtsbäckerei.

Orangenmakronen

In die Orangenplätzchen kommt zusätzlich noch eine Schicht Orangenmarmelade, die hervorragend mit der bitteren Note des Schokoladenüberzugs harmoniert.

Das Aroma sonnengereifter Orangen passt hervorragend zu einer feinen Masse wie Makronen. Ein leichtes Gebäck für den Sommer, zumal beide Sorten ganz ohne Fett auskommen. Verwendet werden einmal Orangeat, beim anderen die abgeriebene Schale frischer Früchte.

Orangenplätzchen

Für etwa 30 Stück:

300 g Marzipanrohmasse

180 g Puderzucker

2 bis 3 Eiweiße

40 g Orangeat

Außerdem:

200 g Mandelblättchen zum Bestreuen

200 g Orangenmarmelade

temperierte Kuvertüre, Backpapier

1. Die Marzipanrohmasse zerkleinern, in eine Schüssel füllen. Den Puderzucker sieben, mit den Eiweißen zu der Marzipanrohmasse geben und alles zu einer leichten, lockeren und glatten Masse verkneten. Das Orangeat fein hacken und untermischen.

2. Mit einem Teelöffel von der Masse Häufchen abstechen. Auf ein mit Backpapier belegtes Blech setzen, dicht mit Mandeln bestreuen und bei 190 °C im vorgeheizten Ofen in 8 bis 10 Minuten nach Sicht hellbraun backen. Auskühlen lassen.

3. Die eine Hälfte der Makronen auf der flachen Seite mit Marmelade bestreichen und je ein Plätzchen als Deckel aufsetzen. Ein Teil der gefüllten Plätzchen seitlich in temperierte Kuvertüre tauchen und trocknen lassen.

Orangenmakronen

Für etwa 50 Stück:

3 Eiweiße, 250 g Zucker

1 Prise Salz

3 TL Vanillezucker

150 g gemahlene Mandeln

abgeriebene Schale von 3 unbehandelten Orangen

1 TL Maraschino

1/2 TL gemahlener Zimt

Außerdem:

50 Oblaten von ca. 4,5 cm Durchmesser

1. Die Eiweiße in einer Schüssel schaumig schlagen. Nach und nach Zucker, Salz und Vanillezucker einrühren und alles zu einer cremigen Masse schlagen. Mandeln, Orangenschale, Likör und Zimt unterrühren.

2. Mit zwei Teelöffeln, die zwischendurch immer wieder in kaltes Wasser getaucht werden, kleine Häufchen abstechen und auf die Oblaten setzen. Ein Blech leicht mit Mehl bestauben und die Oblaten mit der Masse im Abstand von etwa 2 cm darauf setzen.

3. Bei 120 °C im vorgeheizten Ofen auf der untersten Schiene etwa 1 Stunde backen, dabei nach Sicht kontrollieren, damit sie nicht zu dunkel werden. Vom Blech nehmen und überstehende Oblatenränder abschneiden.

Die Orangenmakronen dürfen ruhig ein bisschen größer sein, dadurch bleiben sie saftiger. Wer will, kann sie natürlich auch kleiner formen.

Florentiner
und andere Taler

Ob dieses Gebäck mit dem feinen Karamelgeschmack als Dessert zu einem Espresso gereicht wird oder die Kaffeetafel am Nachmittag schmückt: Mit Schokolade überzogen machen die Florentiner immer den besten Eindruck. Wer den Geschmack von Walnüssen liebt, sollte das gleiche Rezept mit Walnüssen statt Haselnüssen ausprobieren – es lohnt sich.

Florentiner

Für etwa 30 Stück:

50 g Butter

100 g gehackte Haselnüsse

100 g brauner Zucker

45 g Mehl,

50 g Crème double

Außerdem:

Backpapier für die Bleche

200 g temperierte halbbittere Kuvertüre

1. Die Butter langsam in einem kleinen Topf zerlassen, vom Herd nehmen und etwas abkühlen lassen. Die Haselnüsse mit dem Zucker und dem Mehl vermischen. Die flüssige Butter zugießen, Crème double einrühren und alles miteinander zu einer weichen Masse verrühren.

2. Die Masse in Häufchen von etwa 10 g, das entspricht ungefähr einem gestrichenen Esslöffel, in großem Abstand voneinander auf die mit Backpapier belegten Bleche setzen. Es passen jeweils 6 bis 7 Florentiner auf ein Blech. Bei 180 °C im vorgeheizten Ofen nacheinander nach Sicht goldbraun backen. Herausnehmen, mit einer Palette vom Blech heben und die Florentiner zum Abkühlen auf flache Teller legen.

3. Die gebackenen Florentiner mit der Unterseite in die temperierte Kuvertüre tauchen und auf Pergamentpapier trocknen lassen. Nach Belieben mit einem Garnierkamm Wellenlinien in die noch weiche Schokolade ziehen.

Haferflockentaler

Für etwa 30 Stück:

150 g Butter

115 g kernige Haferflocken

115 g blütenzarte Haferflocken

230 g brauner Zucker, 2 verquirlte Eier

60 g Mehl, 2 TL Backpulver

1 TL gemahlener Zimt

Außerdem:

200 g temperierte halbbittere Kuvertüre

Backpapier, Pergamentpapier

1. Die Butter bei schwacher Hitze in einem Topf zerlassen. In einer Schüssel beide Sorten Haferflocken mit der flüssigen Butter mischen. Zucker, verquirlte Eier, Mehl, Backpulver und Zimt zufügen, alles gut vermengen.

2. Die Masse in 10 g schweren Häufchen, das entspricht ungefähr einem gestrichenen Esslöffel, mit ausreichendem Abstand auf die mit Backpapier belegten Bleche setzen und bei 180 °C im vorgeheizten Ofen in etwa 8 Minuten goldbraun backen.

3. Herausnehmen, die Taler mit einer Palette vom Blech heben und auskühlen lassen. Die Unterseite in temperierte Kuvertüre tauchen und auf Pergamentpapier trocknen lassen. Ist die Kuvertüre fest geworden, das Pergamentpapier vorsichtig abziehen.

Orangen-Haselnuss-Gebäck

180 g fein gehackte Haselnüsse

125 g Puderzucker

40 g fein gehacktes Orangeat

abgeriebene Schale von 1/2 unbehandelten Orange

3 Eiweiße, 30 g Mehl

Außerdem:

Backpapier, Pergamentpapier

250 g bittere Kuvertüre

1. Die Zutaten für den Teig vermengen und glatt rühren. Von der Teigmasse mit einem Teelöffel kleine Häufchen abstechen. In genügendem Abstand auf das mit Backpapier belegte Blech setzen und mit einer Gabel flach drücken. Bei 175 °C etwa 10 Minuten backen.

2. Herausnehmen und abkühlen lassen. Die Unterseite der Plätzchen mit temperierter Kuvertüre bestreichen, auf Pergamentpapier trocken lassen. Nach Belieben mit dem Garnierkamm Wellen in die noch weiche Schokolade ziehen. Ist die Kuvertüre fest geworden, das Pergamentpapier vorsichtig abziehen.

Wem die Schokoladenglasur zuviel ist, kann sie auch weglassen. Alle 3 Taler-Rezepte schmecken auch pur schon hervorragend.

Klassiker aus Frankreich sind die Madeleines, die der Überlieferung zufolge nach einem Mädchen benannt sind, das dem Herzog von Lothringen das feine Gebäck einmal angeboten haben soll.

Madeleines
Einfach oder gefüllt

Klassische Madeleines

125 g Butter

125 g Mehl, 125 g Zucker

3 Eier, 1 Prise Salz

60 g geriebene Mandeln

1 EL Orangenblütenwasser

Mark von 1/4 Vanilleschote

Außerdem:

Madeleineförmchen

zerlassene Butter

1. Die Butter zerlassen und abkühlen lassen. Mehl in eine Schüssel sieben, mit dem Zucker vermischen. Die Eier mit einem Teigspatel in die Mehl-Zucker-Mischung einarbeiten. Nach und nach die zerlassene Butter, Salz, Mandeln, Orangenblütenwasser sowie Vanillemark zufügen. Den Teig dabei immer mit dem Spatel bearbeiten. Zugedeckt 1 Stunde kühl ruhen lassen.

2. Inzwischen die Madeleineförmchen mit zerlassener Butter ausstreichen. Zur Hälfte mit Teig füllen und die Madeleines bei 220 °C im vorgeheizten Ofen etwa 10 Minuten nach Sicht backen.

Feine Madeleines

100 Butter

100 g Mehl, 3 g Backpulver

2 Eier

120 g Puderzucker

abgeriebene Schale von 1/4 unbehandelten Zitrone

Außerdem:

Madeleineförmchen

zerlassene Butter, feine Brösel

Puderzucker

1. Die Butter zerlassen, aber nicht bräunen, und abkühlen lassen. Mehl und Backpulver in eine Schüssel sieben. Eier mit Puderzucker und der Zitronenschale schaumig rühren. Die Butter abwechselnd mit dem Mehl-Backpulver-Gemisch in die Eimasse einrühren.

2. Madeleineförmchen mit zerlassener Butter ausstreichen und mit den Bröseln ausstreuen, überschüssige Brösel ausklopfen. Die Förmchen zur Hälfte mit Teig füllen und bei 190 °C im vorgeheizten Ofen 12 bis 14 Minuten backen. Die Madeleines noch heiß aus den Förmchen lösen und abkühlen lassen. Vor dem Servieren mit Puderzucker besieben.

Gefüllte Madeleines

100 g Butter

100 g Mehl, 3 g Backpulver

2 Eier, 120 g Puderzucker

abgeriebene Schale von 1/4 unbehandelten Zitrone

Für die Füllung:

60 g Marzipanrohmasse

abgeriebene Schale von 1/4 unbehandelten Zitrone

1/2 Eiweiß

20 g Hagelzucker

1 cl Rum

Außerdem:

Madeleineförmchen

zerlassene Butter, feine Brösel

Puderzucker zum Besieben

1. Den Teig zubereiten, wie für die feinen Madeleines im Rezept links beschrieben.

2. Für die Füllung die Marzipanrohmasse, die abgeriebene Zitronenschale, das Eiweiß, den Zucker und den Rum gut miteinander verrühren. Die Marzipanmasse in eine Tüte aus Pergamentpapier füllen.

3. Die gefetteten, mit Bröseln ausgestreuten Förmchen zu einem Drittel mit dem Teig füllen und in die Mitte eine kleine Mulde eindrücken. Einen Klecks Marzipanmasse in die Mulde spritzen, etwas Teig darauf geben und glatt streichen. Die Förmchen sollten nur knapp bis zum Rand gefüllt sein.

4. Die gefüllten Madeleines bei 190 °C im vorgeheizten Ofen 12 bis 14 Minuten backen. Vorsichtig aus den Förmchen lösen und auf einem Kuchengitter auskühlen lassen. Die Madeleines vor dem Servieren mit Puderzucker besieben.

Französische Patisserie

Petits Fours mit Buttercreme

6 Eiweiße, 70 g Zucker
60 g Speisestärke
abgeriebene Schale von 1/2 unbehandelten Zitrone
5 Eigelbe, 1 Messerspitze Salz, 60 g Mehl

Für die Buttercreme:
300 g Butter
Mark von 1/2 Vanilleschote
2 Eier, 3 Eigelbe, 180 g Zucker
Außerdem:
Pergamentpapier
200 g Aprikotur
2 cl Rum, 400 g Fondant
farbige Zuckerperlen

1. Für den Biskuit die Eiweiße mit 2/3 des Zuckers zu einem schnittfesten Schnee schlagen. Die Speisestärke über den Eischnee in die Schüssel sieben und mit einem Holzspatel vorsichtig untermengen. Die Eigelbe mit dem restlichen Zucker cremig rühren, Zitronenschale und Salz zufügen. Die Mischung über den Eischnee gießen und vorsichtig unterheben (Bild a). Das Mehl darüber sieben und langsam untermengen, bis ein standfester Biskuit entsteht, der nicht zerläuft.

2. Den Teig auf das Blech spritzen, wie rechts in Bild b gezeigt. Das Spritzen der Tupfen sollte schnell gehen, damit der Teig nicht zusammenfällt. Bei 190 °C im vorgeheizten Ofen in 10 bis 12 Minuten hellbraun backen. Damit der Dampf abziehen kann, die Ofentür einen Spalt offen lassen.

3. Die Biskuithalbkugeln innen aushöhlen, von der Hälfte die gewölbte Seite gerade abschneiden, damit die Petits Fours nachher gerade stehen können.

4. Für die Füllung Butter und Vanillemark schaumig rühren. Eier, Eigelbe und Zucker im warmen Wasserbad aufschlagen. Kaltschlagen und portionsweise unter die Butter rühren. Je 2 Halbkugeln mit Creme füllen und zusammensetzen. Im Kühlschrank fest werden lassen.

5. Die Petits fours mit Aprikotur bestreichen, in den mit Rum parfümierten Fondant tauchen, auf einem Gitter abtrocknen lassen, dekorieren.

Petits Fours mit Marzipan

6 Eigelbe, 80 g Marzipanrohmasse

abgeriebene Schale von 1/2 unbehandelten Zitrone

120 g Zucker, 5 Eiweiße

120 g Mehl

Für die Füllung:

150 g Aprikosenkonfitüre

75 g Puderzucker, 200 g Marzipanrohmasse

Für die Glasur:

2 Eiweiße, 450 bis 500 g Puderzucker

rote und gelbe Lebensmittelfarbe

Außerdem:

Pergamentpapier, Pistazien

kandierte Veilchen, kandierte Rosenblätter

1. Eigelbe mit Marzipan, Zitronenschale und der Hälfte des Zuckers schaumig rühren. Die Eiweiße mit dem restlichen Zucker zu sehr steifem Schnee schlagen. Den Eischnee auf die Eigelbmasse gleiten lassen, das Mehl darüber sieben und alles zusammen vorsichtig unterheben

2. Die Masse auf 2 mit Pergamentpapier ausgelegten Blechen glatt streichen. Die Biskuitplatten nacheinander bei 200 °C im vorgeheizten Ofen auf der mittleren Schiene in 10 bis 12 Minuten goldgelb backen.

3. Die Biskuitplatten zerschneiden, mit Aprikosenkonfitüre bestreichen und in mehreren Lagen übereinander legen, wie rechts in der Bildfolge c bis e gezeigt. Den Puderzucker mit der Marzipanrohmasse verkneten, ausrollen und passgenau auf den Biskuitblock legen.

4. Die Petits Fours in Quadrate schneiden, glasieren, 1 bis 2 Stunden auf dem Kuchengitter trocknen lassen und dekorieren (Bilder f bis h).

a **Für den Biskuitteig** die Eigelbe mit dem Zucker cremig rühren, Gewürze zufügen. Mischung über den Eischnee gießen und vorsichtig unterheben.

b **Teig in einen Spritzbeutel** mit Lochtülle Nr. 7 füllen und Tupfen auf das mit Pergamentpapier ausgelegte Blech spritzen.

c **Die Biskuitplatten** noch heiß von den Blechen stürzen, das Pergamentpapier abziehen. Gleichmäßig mit Konfitüre bestreichen, die zweite Platte auflegen.

d **Die doppelten Platten** in 3 gleich breite Streifen schneiden. Auch diese mit Aprikosenkonfitüre bestreichen und aufeinander setzen.

e **Die Marzipanmasse** ausrollen und passgenau auf den Biskuitblock legen. Abdecken, mit einem Holzbrett beschweren und 24 Stunden stehen lassen.

f **Biskuitblock** mit Hilfe eines Lineals und eines scharfen Messers in 4 x 4 cm große Quadrate oder 3 x 6 cm große Rechtecke schneiden.

g **Zum Glasieren** die Eiweiße mit Puderzucker verrühren. 1/3 mit roter, 1/3 mit gelber Lebensmittelfarbe färben. Petits Fours nach Belieben glasieren..

h **Aus Pergamentpapier** Spritztüten drehen und beliebige Muster aufspritzen. Mit Pistazien oder kandierten Blütenblättern verzieren.

Kuchen und Cakes

Beliebte klassische Backrezepte, aber auch moderne Kuchen, Nationales und Internationales sind in diesem Kapitel zu finden. Ob aus Mürb-, Rühr- oder Hefeteig – mit Hilfe der vielen Steps sind Sand-, Mandel- oder Käsekuchen, aber auch ein Elsässer Gugelhupf (im Bild links) schnell gebacken.

Marmorkuchen und Sandkuchen

Voraussetzung für das Gelingen eines Marmorkuchens ist, dass alle Zutaten dieselbe Temperatur haben, bevor sie zusammengerührt werden. Kurz vor Ende der Backzeit empfiehlt es sich, die Stäbchenprobe durchzuführen, um zu überprüfen, ob der Kuchen auch fertig gebacken ist. Nach dem Backen lässt man ihn in der Form erkalten und stürzt ihn dann auf ein Kuchengitter.

Marmorkuchen

250 g weiche Butter

250 g Zucker

3 TL Vanillezucker

4 Eier

400 g Mehl

100 g Speisestärke

3 TL Backpulver, 1 Prise Salz

100 ml Milch

30 g Kakaopulver

Außerdem:

1 Gugelhupfform

Butter und Semmelbrösel für die Form

1 EL Puderzucker

1. In einer Rührschüssel die weiche Butter cremig rühren, dabei nach und nach den Zucker sowie den Vanillezucker zufügen.

2. Die Eier einzeln aufschlagen und einrühren. Das Mehl mit Stärke, Backpulver und Salz vermischen und abwechselnd mit der Milch in die Masse einrühren. 1/3 des Teiges abnehmen, den Kakao darübersieben und gut untermengen.

3. Die Gugelhupfform mit Butter einfetten und mit Semmelbröseln ausstreuen. Überschüssige Brösel wieder ausklopfen. Mit einem Löffel abwechselnd den dunklen und den hellen Teig in die vorbereitete Gugelhupfform einfüllen. Beide Teige mit einer Gabel leicht vermischen, so dass eine Marmorierung entsteht.

4. Den Kuchen bei 180 °C im vorgeheizten Ofen auf der mittleren Schiene 1 Stunde backen. Mit Puderzucker besieben.

Sandkuchen

Es passt kaum ein Kuchen besser zu einem Milchkaffee – und davon wird in Skandinavien, wo dieses Rezept herstammt, viel getrunken – als dieser Sandkuchen. Gebacken wird er entweder in einer gebutterten Kranzform oder in der praktischen Kastenform. Diese lässt sich leicht mit Papier auslegen, welches außerdem dafür sorgt, dass sich der Kuchen auch ohne Glasur für einige Zeit frisch hält. Ein wirklich feiner Sandkuchen wird ohne Treibmittel gebacken, denn diese sind dem zarten Geschmack immer etwas abträglich.

6 Eier, 4 Eigelbe, 200 g Zucker

1 Messerspitze Salz

abgeriebene Schale von 1 unbehandelten Zitrone

180 g Mehl, 120 g Speisestärke

200 g Butter

Außerdem:

1 Kastenform von 30 cm Länge

Backpapier

Puderzucker zum Besieben

1. Die Kastenform mit Papier auskleiden wie in der Bildfolge rechts gezeigt. Für den Teig die Eier, die Eigelbe, den Zucker, das Salz und die abgeriebene Zitronenschale auf dem Wasserbad bei maximal 40 °C schaumig rühren. Vom Wasserbad nehmen und kalt schlagen.

2. Das Mehl mit der Speisestärke vermischen, darübersieben und unter die Eier-Zucker-Mischung heben. Die Butter zerlassen, abschäumen und langsam unterziehen.

3. Die Masse in die vorbereitete Form einfüllen und bei 190 °C im vorgeheizten Ofen 45 bis 50 Minuten backen. Sobald die Oberfläche des Kuchens etwas gebräunt ist – dies ist etwa nach 15 Minuten der Fall – die Oberfläche der Länge nach einschneiden und den Sandkuchen fertig backen.

4. Herausnehmen, 15 Minuten in der Form abkühlen lassen und den Kuchen vorsichtig aus der Form heben. Erst kurz vor dem Servieren Backpapier abziehen und die Oberfläche mit Puderzucker besieben.

Die Kastenform auf ein Stück Backpapier legen und die Umrisse mit einem Bleistift leicht nachzeichnen.

Alle 4 Ecken einschneiden und das Papier an allen markierten Linien scharfkantig nach innen falten.

Das gefaltete Papier in die Form setzen und die eingeschnittenen Ecken hinter den Seiten zusammenfalten.

Die Butter in eine Schüssel geben. Zucker, Salz, Muskatnuss und Zitronenschale zufügen. Die Eigelbe und die ganzen Eier zugeben.

Mit einem kräftigen Schneebesen die Zutaten miteinander vermengen und schaumig rühren, bis die Masse ihr Volumen verdoppelt hat.

Die Buttermischung mit dem Vorteig zu einem weichen Hefeteig rühren und so lange schlagen, bis er sich vom Schüsselrand löst und Blasen wirft.

Gugelhupf mit Rosinen

Gugelhupf

100 g Rosinen, 2 cl Rum
500 g Mehl, 42 g frische Hefe
1/8 l lauwarme Milch
180 g weiche Butter
120 g Zucker, 1/2 TL Salz
1 Messerspitze frisch geriebene Muskatnuss
abgeriebene Schale von 1 unbehandelten Zitrone
2 Eigelbe, 3 Eier
Außerdem:
1 Gugelhupfform von 22 cm Durchmesser
Butter und Brösel für die Form
16 gehäutete Mandeln
Puderzucker zum Besieben

1. Die Rosinen mit dem Rum übergießen, zudecken und mindestens 1 Stunde ziehen lassen. Für den Hefeteig das Mehl in eine Schüssel sieben und in die Mitte eine Mulde drücken. Die Hefe hineinbröckeln und mit der lauwarmen Milch auflösen. Den Ansatz mit etwas Mehl vom Rand bestauben. Die Schüssel mit einem sauberen Küchentuch abdecken und den Vorteig etwa 15 Minuten gehen lassen.

2. Die Buttermischung zubereiten, wie in den ersten beiden Steps der Bildfolge unten gezeigt. Die Buttermischung mit Hilfe eines Holzspatels unter den gegangenen Vorteig mischen, wie im 3. Bild beschrieben. Die Schüssel erneut mit einem sauberen Tuch abdecken und den Teig nochmals gehen lassen.

3. Die Form mit Butter, Mandeln und Bröseln vorbereiten, wie im 4. Step gezeigt. Die getränkten Rosinen in einem Sieb gut ablaufen lassen, unter den gegangenen Teig mengen und den Teig abermals gehen lassen. Den Teig in die Form füllen und nochmals gehen lassen, bis er das Doppelte seines Volumens erreicht hat.

4. Den Gugelhupf bei 200 °C im vorgeheizten Ofen etwa 45 Minuten backen. Sollte die Oberfläche zu schnell bräunen, diese mit mehrfach gefaltetem Pergamentpapier abdecken. Um zu prüfen, ob der Kuchen fertig ist, empfiehlt es sich, die Stäbchenprobe durchzuführen: Bleibt nichts mehr am Hölzchen hängen, ist er fertig. Herausnehmen, abkühlen lassen und nach Belieben mit Puderzucker besieben.

Die Form dünn mit Butter ausstreichen. Mandeln einlegen und anschließend die Form mit Bröseln ausstreuen.

Die getränkten Rosinen gut ablaufen lassen, unter den gegangenen Teig heben und diesen nochmals gehen lassen.

Den Teig in die Form füllen, die Oberfläche glatt streichen und mit einem Tuch bedecken. Ein letztes Mal gehen lassen, bis er das doppele Volumen erreicht hat.

Der leichte Biskuit ist besonders aufnahmefähig für den heißen Wein, das macht ihn zu einem feinen Dessert. Am besten lässt man den Gugelhupf vor dem Servieren einige Stunden stehen, damit er gut durchtränkt ist.

Weingugelhupf aus leichtem Biskuit

Weingugelhupf

Für den Gugelhupf:
4 Eigelbe
170 g Zucker
abgeriebene Schale von 1/2 unbehandelten Zitrone
4 Eiweiße
160 g fein gemahlene Semmelbrösel
Für den Weinsud:
750 ml Weißwein
200 g Zucker
30 ml Zitronensaft
50 ml Orangensaft
Schale von 1 unbehandelten Zitrone, in feinen Streifen
1/2 Zimtstange
2 Nelken
2 cl Orangenlikör
Zum Garnieren:
200 ml Sahne
30 g Puderzucker
300 g helle Weintrauben, gehäutet und entkernt
Schokoladenblätter
Außerdem:
1 Gugelhupfform von 1 l Inhalt
Butter für die Form
Semmelbrösel zum Ausstreuen

1. Die Eigelbe mit der Hälfte des Zuckers und der abgeriebenen Zitronenschale schaumig rühren. Eiweiße steif schlagen, dabei den restlichen Zucker einrieseln lassen.

2. Zunächst erst 1/4 des Eischnees vorsichtig unter die Eigelbmasse rühren. Den restlichen Eischnee in die Schüssel dazu geben, die Semmelbrösel darüber streuen und beides mit dem Kochlöffel langsam und vorsichtig unter die Eigelbmasse heben.

3. Die Gugelhupfform gleichmäßig mit Butter ausstreichen und mit Semmelbröseln ausstreuen. Die Biskuitmasse in die Form einfüllen und die Oberfläche glatt streichen. Bei 180 °C im vorgeheizten Ofen für 30 bis 35 Minuten backen. Den Kuchen herausnehmen, abkühlen lassen und stürzen.

4. Für den Weinsud Wein, Zucker, Zitronen- und Orangensaft, Zitronenschalestreifen, Zimtstange und Nelken kurz aufkochen und anschließend etwa 3 Minuten ziehen lassen. Den Orangenlikör in den Sud einrühren.

5. Den Gugelhupf auf einem kleines Kuchengitter in einen großen Topf oder ein anderes Gefäß stellen und nach und nach mit dem Sud beschöpfen, bis er vollgesogen ist. Vollständig auskühlen lassen.

6. Zum Garnieren die Sahne mit dem Puderzucker halbsteif schlagen, mit den Traubenhälften und den Schokoladenblättern auf Kuchentellern anrichten. Den Gugelhupf in Scheiben schneiden, dazulegen und servieren.

→ Info

Der »weinselige« Gugelhupf hat sich über Jahrhunderte unverändert erhalten. Je nach Region heißt er Napf- oder Aschkuchen, Ash-Cake, Gogelhopfen, Kugelhopf, Gouglof, Bonnet du Turc. In Österreich hat er einen besonders kuriosen Namen. Erheitert durch den hohen Weingehalt des Gebäcks legten die Österreicher wohl ihre respektvolle Haltung gegenüber dem geistlichen Stande ab und tauften ihn »besoffener Kapuziner«.

Zopf & Kranz fein gefüllt

Hefezopf mit dreierlei Füllung

Für den Hefeteig:

600 g Mehl, 30 g frische Hefe

1/4 l lauwarme Milch

60 g zerlassene Butter, lauwarm

60 g Zucker

1 Ei, 1 Prise Salz

1 Messerspitze Nelken, gemahlen

Für die Nussfüllung:

120 ml Milch, 120 g Zucker

1 Messerspitze gemahlener Zimt

340 g gemahlene Haselnüsse

1 Eiweiß

Für die Mohnfüllung:

175 ml Milch, 60 g Zucker

3 TL Vanillezucker

1 Messerspitze gemahlener Zimt

100 g frisch gemahlener Mohn

25 g Hartweizengrieß

Für die Pflaumenmusfüllung:

200 g trockenes, festes Pflaumenmus

Außerdem:

3 Eigelbe, mit etwas Milch verquirlt

Backpapier

80 g Aprikotur

150 g Puderzucker, 1 bis 2 EL Zitronensaft für die Glasur

1. Aus den Zutaten einen Hefeteig zubereiten, wie auf Seite 36 beschrieben. Für die Nussfüllung Milch, Zucker und Zimt aufkochen, die Haselnüsse einrühren, abkühlen lassen. Das Eiweiß untermengen.

2. Für die Mohnfüllung Milch, Zucker, Vanillezucker und Zimt aufkochen. Den Mohn einrühren, erneut aufkochen. Den Grieß untermengen, weitere 2 bis 3 Minuten kochen, dann abkühlen lassen.

3. Den Hefeteig in 3 gleich große Portionen teilen. Jede auf der bemehlten Arbeitsfläche zu einem rechteckigen Fladen von 20 x 50 cm ausrollen. Auf ein Küchentuch legen und jeweils mit einer der 3 Füllungen bestreichen. Dabei an den kurzen Seiten einen 2 cm breiten und an einer Längsseite einen 3 cm breiten Rand frei lassen.

4. Das Eigelb verquirlen und die freien Randstreifen damit bestreichen. Jeden Fladen mit Hilfe des Küchentuchs von der Längsseite ohne Rand her aufrollen. Die gefüllten Teigrollen nebeneinander legen und ab der Mitte flechten. Den Zopf drehen und die 2. Hälfte flechten.

5. Den Zopf auf ein mit Backpapier belegtes Blech legen, mit einem Tuch bedecken und an einem warmen Ort 1 Stunde gehen lassen. Die Oberfläche mit verquirltem Eigelb bestreichen und den Zopf bei 175 °C im vorgeheizten Ofen auf der mittleren Schiene etwa 50 Minuten backen.

6. Leicht abkühlen lassen, mit Aprikotur bestreichen und kurz antrocknen lassen. Puderzucker und Zitronensaft verrühren und den Zopf damit glasieren.

Hefe-Mohn-Kranz

Für den Hefeteig:

500 g Mehl, 42 g frische Hefe

1/8 l lauwarme Milch

125 g Zucker, Salz

2 Eier, 60 g sehr weiche Butter

Für die Mohnfüllung:

1/8 l Milch

100 g frisch gemahlener Mohn

40 g Zucker, 3 TL Vanillezucker

Außerdem:

1 Kranzkuchenform von 22 cm Durchmesser, Butter

1. Aus den Zutaten einen Hefeteig zubereiten, wie auf Seite 36 beschrieben. Für die Füllung die Milch mit dem Mohn aufkochen. Zucker und Vanillezucker zufügen, aufkochen lassen und weiterköcheln, bis die Mohnmasse eingedickt ist, dann abkühlen lassen.

2. Die Form mit Butter ausfetten. Den gegangenen Teig auf einer leicht bemehlten Arbeitsfläche zu einer Platte von 30 x 40 cm ausrollen. Die Mohnmasse darauf verstreichen, dabei einen Rand frei lassen. Den Teig aufrollen und die Rolle der Länge nach halbieren. Beide Stränge umeinander schlingen und in die Kuchenform legen. Zugedeckt noch mal 15 Minuten gehen lassen.

3. Den Kranz bei 200 °C im vorgeheizten Ofen etwa 45 Minuten backen. Erst in der Form, dann auf dem Kuchengitter auskühlen lassen.

Zwei, die gut zusammen-passen: Hefeteig und Mohn. Damit dessen Aroma aber auch entsprechend gut zur Geltung kommt, sollte man die kleinen schwarzen Samen immer nur frisch gemahlen verwenden.

Frisch gebackener Osterzopf, Butter und selbst gemachte Konfitüre, dazu eine dampfende Tasse Kaffee. Was braucht man mehr zu einem Frühlingsfrühstück?

Osterzopf und Pinza

Osterzopf

500 g Mehl
30 g frische Hefe
1/4 l lauwarme Milch
100 g zerlassene Butter
50 g Zucker, 1 Ei, 1 Prise Salz
Außerdem:
1 Eigelb
2 EL Hagelzucker zum Bestreuen

1. Aus den Zutaten einen Hefeteig zubereiten, wie auf Seite 36 beschrieben. Den Teig zur Kugel formen, mit Mehl bestauben und zugedeckt weitere 20 Minuten gehen lassen.

2. Aus dem Teig einen Zopf flechten, wie in der Bildfolge rechts gezeigt, und auf einem bemehlten Backblech nochmals 10 Minuten gehen lassen. Die Oberfläche mit verquirltem Eigelb bestreichen, mit Hagelzucker bestreuen. Bei 200 °C im vorgeheizten Ofen 25 bis 35 Minuten nach Sicht backen.

Osterpinza

Für 4 Osterbrote:
80 ml trockener Weißwein
12 g gehackter Anis
180 g Rosinen, 5 cl Rum
70 g frische Hefe
210 ml Milch, 150 g Zucker
3 Eier, 950 g Mehl
230 g Butter, 4 Eigelbe
1 EL Vanillezucker
30 g Salz
abgeriebene Schale von je 1/2 unbehandelten Zitrone und Orange
150 g gekochte, passierte Kartoffeln
Außerdem:
1 Eigelb zum Bestreichen

1. Wein mit dem gehackten Anis aufkochen, zugedeckt über Nacht ziehen lassen. Rosinen mit Rum übergießen, ebenfalls zugedeckt über Nacht stehen lassen.

2. Für den Teig zunächst 30 g Hefe in 150 ml Milch auflösen, 30 g Zucker sowie 1 Ei zufügen und 300 g Mehl einarbeiten. Die Schüssel mit Folie oder einem Tuch abdecken und den Vorteig 1 Stunde ruhen lassen.

3. In den Vorteig 80 g Butter, 20 g Zucker, 1 Ei, 1 Eigelb sowie 150 g Mehl gut einarbeiten. Den Teig wieder mit Folie abdecken und erneut 45 Minuten gehen lassen.

4. Inzwischen das restliche Ei sowie die übrigen 3 Eigelbe mit den restlichen 100 g Zucker, dem Vanillezucker, der abgeriebenen Zitronen- und Orangenschale sowie dem Salz vermischen. Die restlichen 40 g Hefe in der übrigen Milch auflösen, zugießen. Die passierten Kartoffeln sowie den Vorteig ebenfalls zufügen und alles vermengen. Abgeseihten Wein ohne Anis, die abgeseihten Rosinen und das restliche Mehl einarbeiten und alles zu einem geschmeidigen Teig verarbeiten. Diesen in 4 Portionen teilen und weitere 15 Minuten gehen lassen.

5. Die Teigstücke auf einer bemehlten Arbeitsfläche erneut durchkneten und jeweils zu einer Kugel formen. Auf zwei mit Backpapier belegte Bleche setzen und etwas flach drücken. Die Pinzen zugedeckt gehen lassen, bis sich ihr Volumen verdoppelt hat. Mit verquirltem Eigelb bestreichen, die Oberfläche kreuzweise einschneiden und bei 150 °C im vorgeheizten Ofen etwa 30 Minuten backen.

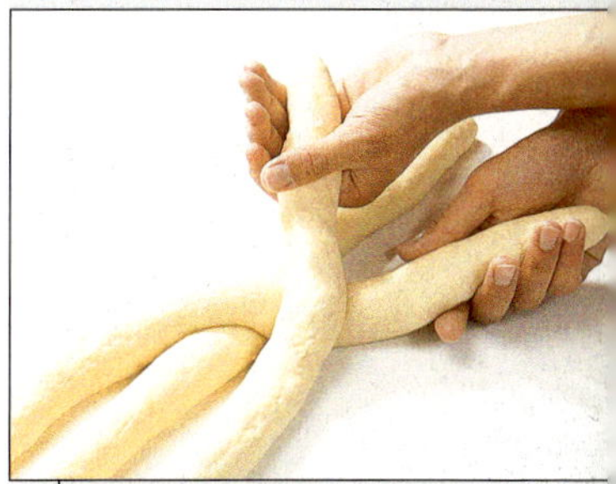

Die Hefeteigstränge auf einer Arbeitsfläche nebeneinander legen und ab dem 1. Drittel flechten.

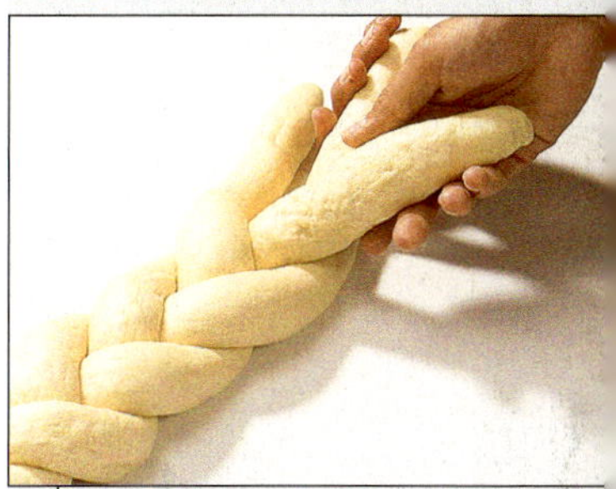

Den Zopf drehen und fertig flechten, dabei die Teigenden oben und unten gut unterschlagen.

Das Eigelb und die Milch gut verquirlen. Den Zopf rundum mit der Eigelbmischung bepinseln.

Den Hefezopf je nach Geschmack mit gestiftelten Mandeln oder mit Hagelzucker bestreuen.

Die Früchte mit Mehl vermengen, damit sie sich gut mit dem Teig verbinden.

Die Butter mit 1/3 Zucker schaumig rühren, Zitronenschale und Eigelbe zugeben.

Die Eiweiße mit dem restlichen Zucker zu steifem Schnee schlagen.

Den Eischnee und die Mehl-Früchte-Mischung nach und nach unterziehen.

Den Teig in die mit Backpapier ausgekleidete Form füllen und glatt streichen.

Königskuchen Früchte-Gugelhupf

Königskuchen

100 g Rosinen, 2 cl feiner Rum

je 40 g Zitronat und Orangeat, gewürfelt

200 g Mehl, 110 g Butter, 200 g Zucker

abgeriebene Schale von 1 unbehandelten Zitrone

6 Eigelbe, 6 Eiweiße

Außerdem:

1 Kastenform von 30 cm Länge

Backpapier für die Form

Puderzucker zum Bestauben

1. Die Rosinen, Orangeat- und Zitronatwürfel mit dem Rum übergießen, abdecken und 1 Stunde ziehen lassen.

2. Die Form mit Backpapier auskleiden. Damit die Füchte während des Backens nicht auf den Boden sinken, werden sie zunächst mit dem Mehl vermengt.

3. Die Butter mit 1/3 des Zuckers schaumig rühren, wie in der Bildfolge links gezeigt. Die abgeriebene Zitronenschale zugeben. Die Eigelbe nach und nach unterrühren.

4. Die Eiweiße mit dem restlichen Zucker zu steifem Schnee schlagen. 1/3 davon mit einem Holzspatel unter die Buttermasse heben. Den restlichen Eischnee und die Mehl-Früchte-Mischung unterziehen. Dabei darauf achten, dass die Masse nicht zuviel an Volumen verliert.

5. Den Rührteig in die mit Backpapier ausgekleidete Kastenform füllen und die Oberfläche mit einem Teigschaber glatt streichen. Den Kuchen in dem auf 180 °C vorgeheizten Ofen in 50 bis 60 Minuten backen. In der Form 10 Minuten abkühlen lassen, stürzen, das Papier abziehen und den ausgekühlten Kuchen mit Puderzucker bestauben.

Früchte-Gugelhupf

500 g Mehl, 40 g Hefe, 125 ml Milch

40 g Rosinen, 2 cl Rum

je 40 g Zitronat und Orangeat, gewürfelt

40 g rote Belegkirschen, gewürfelt

180 g Butter, 120 g Zucker

1/2 TL Salz, 1 Messerspitze Muskatnuss

abgeriebene Schale von 1 unbehandelten Zitrone

2 Eigelb, 3 Eier

Außerdem:

1 Gugelhupfform von 22 cm Durchmesser

oder 3 kleine Gugelhupfformen von je 16 cm Durchmesser

Butter und Brösel für die Form

Puderzucker zum Bestauben

1. Die Früchte mit dem Rum übergießen, abdecken und 1 Stunde ziehen lassen. Einen warm geführten Hefeteig zubereiten, wie in der Anleitung auf Seite 36 beschrieben, dabei Salz und Muskatnuss zugeben.

2. Die Form (oder die Formen) mit der Butter dünn ausstreichen und mit Bröseln ausstreuen. Die Früchte ablaufen lassen und unter den Teig heben. Den Teig kurz erneut gehen lassen. In die vorbereitete Form füllen (für die kleinen Formen den Teig dritteln), die Oberfläche glatt streichen und zugedeckt nochmals auf das Doppelte des Volumens gehen lassen.

3. Im vorgeheizten Backofen bei 200 °C für 45 Minuten backen (die kleinen Formen nur für 30 Minuten). Stäbchenprobe machen. Sollte die Oberfläche zu schnell bräunen, mit einem gefalteten Backpapier abdecken. Kuchen aus dem Ofen nehmen, abkühlen lassen, aus der Form lösen und mit Puderzucker bestreuen. (Abbildung auf dem Titelbild)

Dieser feine Rührkuchen heißt bei uns oft schlicht und einfach »Englischer Kuchen«. Auf den britischen Inseln ist der »Fruit Cake« zum Tee sehr beliebt.

Weihnachtsstollen
Klassisch oder mit Nüssen

Stollen mit Nussfüllung

Für 2 Stollen:

1 kg Mehl, 70 g frische Hefe

1/4 l lauwarme Milch

120 g Zucker

3 TL Vanillezucker, 1/2 TL Salz

350 g Butter, in Stücken

250 g geschälte, gehackte Haselnüsse

100 g fein gehacktes Zitronat

Für die Füllung:

200 g ungeschälte, gemahlene Haselnüsse

3 Eiweiße, 100 g Zucker, 3 cl Rum

Außerdem:

Butter für das Blech, Alufolie

150 g zerlassene Butter zum Bestreichen

150 g Zucker zum Bestreuen

1. Für den Teig das Mehl in eine Schüssel sieben und in die Mitte eine Mulde drücken. Die Hefe hineinbröckeln, mit der lauwarmen Milch, etwas Zucker und wenig Mehl vom

Rand verrühren. Den Ansatz mit Mehl bestauben. Den Vorteig mit einem sauberen Tuch zudecken und an einem warmen, zugfreien Ort 20 Minuten gehen lassen, bis die Oberfläche deutlich Risse zeigt. Dann den restlichen Zucker mit dem Vanillezucker, dem Salz und der Butter zufügen und alles zu einem glatten, festen Teig schlagen. Zudecken und weitere 30 Minuten gehen lassen. Die Haselnüsse und das Zitronat zufügen und rasch unter den Teig kneten. Anschließend nochmals 15 bis 20 Minuten zugedeckt gehen lassen.

2. Für die Füllung gemahlene Haselnüsse, Eiweiße, Zucker und Rum verrühren und etwas durchziehen lassen.

3. Den Teig halbieren und jede Hälfte zu einem Stollen formen, wie in der Bildfolge rechts gezeigt, dabei die Haselnussfüllung jeweils als Strang in die Mitte der Teigplatten setzen.

4. Die Stollen auf ein leicht gefettetes Backblech legen. Damit sie beim Backen nicht auseinander laufen, eine Manschette aus doppelt gefalteter Alufolie rundherum legen. Die Stollen zugedeckt nochmals 20 Minuten gehen lassen. Bei 200 °C im vorgeheizten Ofen auf der untersten Schiene 60 bis 80 Minuten backen. Herausnehmen, noch warm mit Butter bestreichen – was das Austrocknen verhindert – und mit Zucker oder Vanillezucker bestreuen. Die Stollen ganz auskühlen lassen.

Klassischer Christstollen

Für 2 Stollen:

1,2 kg Mehl, 100 g frische Hefe

400 ml lauwarme Milch, 2 Eier

100 g Zucker, 1 TL Salz

Mark von 1 Vanilleschote

abgeriebene Schale von 1 unbehandelten Zitrone

400 g weiche Butter, 350 g Rosinen

100 g geschälte, gehackte Mandeln

50 g gehacktes Orangeat

100 g gehacktes Zitronat, 2 cl Rum

Außerdem:

Backpapier für das Blech, Alufolie

150 g zerlassene Butter zum Bestreichen

200 g Zucker, mit dem Mark von 1 Vanilleschote vermischt

1. Aus 1 kg Mehl, Hefe und Milch einen Vorteig zubereiten, wie im Rezept links beschrieben. Dann die Eier mit dem Zucker, Salz, Vanillemark und Zitronenschale verrühren und unter den Vorteig mischen. Alles zu einem glatten Teig schlagen. Zudecken und nochmals etwa 10 Minuten gehen lassen.

2. In der Zwischenzeit die Butter mit dem restlichen Mehl verkneten. Gründlich unter den Vorteig arbeiten und den Teig dann erneut 15 Minuten gehen lassen. Die Rosinen, die Mandeln, das Orangeat und das Zitronat mischen, mit dem Rum übergießen und etwas durchziehen lassen. Die Fruchtmischung schnell unter den Hefeteig kneten, den Teig 10 bis 15 Minuten gehen lassen.

3. Den Teig halbieren und jede Hälfte zu einem Stollen formen, wie in den ersten beiden Bildern der Folge rechts gezeigt.

4. Ein Blech mit Backpapier auslegen und die Stollen daraufsetzen, den Teig mit einer Manschette aus doppelt gefalteter Alufolie umschließen. Zugedeckt 20 bis 30 Minuten gehen lassen, bis sie deutlich an Volumen zugenommen haben. Bei 200 °C im vorgeheizten Ofen etwa 60 Minuten backen. Herausnehmen, etwas abkühlen lassen und weiterverfahren, wie auf dem letzten Bild der Folge zu sehen.

Die Teigstücke zu 30 cm langen Strängen formen. Mit dem Rollholz in der Mitte flacher rollen.

Den Teig an den kurzen Seiten etwas einschlagen, eine lange Seite zu etwa 2/3 über die andere klappen.

Die Stollen noch warm ringsum mit zerlassener Butter bestreichen und mit Vanillezucker bestreuen.

Birnenbrot und Früchtebrot

Birnenbrot

350 g getrocknete Birnen
150 g getrocknete Feigen
100 g getrocknete Pflaumen ohne Stein
1/2 l Wasser, 80 g Zucker
250 g Mehl, 20 g frische Hefe
1/4 TL Salz
1 TL gemahlener Zimt
1/4 TL gemahlene Nelken
abgeriebene Schale von 1 unbehandelten Zitrone
60 g gehackte Mandeln
80 g geschälte Haselnusskerne
Außerdem:
Butter für das Blech

1. Birnen, Feigen und Pflaumen über Nacht im Wasser einweichen. Gut abtropfen lassen, 1/8 l der Flüssigkeit abmessen, leicht erwärmen. Die Früchte grob würfeln.

2. Das Mehl sieben und eine Mulde in die Mitte drücken. Die Hefe hineinbröckeln und mit einem Teil der lauwarmen Flüssigkeit auflösen. Mit etwas Mehl bestauben und zugedeckt 10 Minuten gehen lassen.

3. Mit der restlichen Flüssigkeit, dem Zucker und den Gewürzen zu einem glatten Teig verarbeiten. Zugedeckt noch einmal 10 bis 15 Minuten gehen lassen.

4. Den Teig mit den Trockenfrüchten, Mandeln und Haselnüssen verkneten. Zu einem länglichen Laib formen, auf ein leicht gefettetes Blech setzen und zugedeckt nochmals etwa 1 Stunde gehen lassen. Bei 180 °C im vorgeheizten Ofen etwa 60 Minuten backen.

Früchtebrot

Für 2 Brote:
250 g getrocknete Feigen, je 200 g getrocknete Aprikosen und Pflaumen ohne Stein
1 l Wasser, 1/2 TL Salz
250 g Weizenvollkornmehl (Type 1050), 250 g Roggenvollkornschrot
50 g Sauerteig in Trockenform, 20 g frische Hefe
100 g Haselnusskerne, 100 g Mandeln, geschält
150 g Sultaninen, 100 g Korinthen
je 50 g Zitronat und Orangeat, gewürfelt
150 g brauner Zucker
1/2 TL gemahlene Nelken
1 TL gemahlener Zimt, 1 TL gemahlener Anis
1/2 TL gemahlene Muskatblüte (Macis)
Außerdem:
2 Kastenformen von 25 cm Länge, Pergamentpapier
120 g Aprikotur, 80 g Fondant
Zitronat, in kleine Scheiben geschnitten

1. Feigen, Aprikosen und Pflaumen über Nacht im Wasser einweichen. Abgießen, dabei das Einweichwasser auffangen. Die Früchte sehr gut abtropfen lassen und je nach Größe halbieren oder vierteln.

2. Weizenmehl, Roggenschrot, Salz und Sauerteig mischen und eine Mulde in die Mitte drücken. 450 ml der Einweichflüssigkeit leicht erwärmen. Die Hefe in die Mulde bröckeln, mit der Flüssigkeit auflösen und alles zu einem festen Teig verkneten. Den Teig zugedeckt an einem warmen Ort 40 Minuten gehen lassen.

3. Die Kastenformen mit dem Papier auslegen. Eingeweichte Früchte, Nüsse, Mandeln, Sultaninen, Korinthen, Zitronat, Orangeat, Zucker und Gewürze unter den Teig kneten. Den Teig in die Formen verteilen, die Oberflächen glatt streichen. Die Brote 40 Minuten gehen lassen.

4. Die Brote der Länge nach einschneiden und bei 250 °C für 10 Minuten im vorgeheizten Ofen backen, dann die Hitze auf 180 °C reduzieren und noch weitere 60 Minuten backen. Die Früchtebrote aus dem Ofen nehmen, auf ein Kuchengitter legen, das Papier abziehen und auskühlen lassen.

5. Mit der erwärmten Aprikotur bestreichen und sie fest werden lassen. Den Fondant im 40 °C warmen Wasserbad auf 35 °C erwärmen. Die Früchtebrote damit überziehen und mit Zitronatscheiben garnieren.

Das Birnenbrot wird auf der Basis eines ganz einfachen Hefeteigs zubereitet. Nach Geschmack kann man die Trockenfrüchte auch noch mit Kirschwasser aromatisieren.

Der Margaretenkuchen wird in einer speziellen Form gebacken. Sie ähnelt einer Margeritenblüte, daher wohl auch der Name. Doch wer eine solche nicht besitzt, kann sich selbstverständlich auch mit einer »gewöhnlichen« Springform in der entsprechenden Größe behelfen.

Margaretenkuchen

Margaretenkuchen

Für den Teig:

250 g Butter, 100 g Marzipanrohmasse

140 g Zucker, Mark von 1/2 Vanilleschote

6 Eigelbe, 6 Eiweiße

120 g Mehl, 80 g Speisestärke

Für die Glasur:

100 g Aprikosenkonfitüre, 2 cl Rum

2 bis 3 EL Wasser, 60 g Fondant

Außerdem:

1 Margaretenkuchenform oder 1 Springform von 26 cm Durchmesser

Pergamentpapier, Butter, feine Brösel

1. Die Butter auf der Arbeitsfläche mit der Marzipanrohmasse und 1/3 des Zuckers zu einer weichen Masse verarbeiten, das geht am besten mit einem Spatel oder einem Messer. Die Masse in eine Schüssel füllen, das Vanillemark und nach und nach die Eigelbe zugeben und alles schaumig rühren.

2. Die Eiweiße mit dem restlichen Zucker steif schlagen. 1/3 davon unter die Eigelb-Masse heben, dabei darauf achten, dass der Schnee nicht an Volumen verliert. Mehl und Stärke vermengen, sieben und zusammen mit dem restlichen Schnee vorsichtig unterziehen.

3. Die Rippen der Kuchenform sorgfältig mit weicher Butter ausstreichen, mit Bröseln ausstreuen und die Masse einfüllen. Den Margaretenkuchen bei 190 °C im vorgeheizten Ofen 50 bis 60 Minuten backen.

4. Für die Glasur die Aprikosenkonfitüre mit dem Wasser 5 Minuten erhitzen und mit einem Pinsel auftragen. Fondant lauwarm schmelzen, Rum einrühren und den Margaretenkuchen damit dünn überziehen.

Rehrücken mit Schoko-Glasur

Der Rehrücken ist eine Variante in einer anderen Kuchenform und mit einer Glasur aus Marzipan, Orangenmarmelade und Schokolade.

Für den Teig:

Zutaten wie für Margaretenkuchen

Für die Glasur:

100 g Orangenmarmelade

2 bis 3 EL Wasser, 2 cl Cointreau

Für die Marzipandecke:

200 g Marzipanrohmasse

70 g Puderzucker

Außerdem:

1 Rehrückenform von 30 cm Länge

Butter, feine Brösel, Puderzucker

200 g halbbittere Kuvertüre in Stücken

100 g Pistazienkrokant, grob gehackt

1. Den Teig herstellen, wie im Rezept links beschrieben. Die Rehrückenform mit weicher Butter ausstreichen und mit den Bröseln ausstreuen. Die Masse einfüllen und bei 190 °C etwa 50 Minuten backen. Den Kuchen stürzen und etwas auskühlen lassen.

2. Für die Glasur die Orangenmarmelade mit Wasser 5 Minuten kochen, durch ein Sieb passieren, den Cointreau unterrühren und den Kuchen damit bepinseln.

3. Das Marzipan mit dem Puderzucker verkneten und 2 bis 3 mm dünn ausrollen. Die Marzipandecke auf den Rehrücken legen und von Hand vorsichtig so andrücken, dass die Rippen wieder sichtbar werden. Kuvertüre schmelzen, mit dem Pinsel auf dem Rehrücken verstreichen, kurz anziehen lassen und mit Pistazienkrokant bestreuen.

In die Butter-Marzipan-Zucker-Masse nach und nach die Eigelbe einarbeiten.

Etwa 1/3 des schnittfesten Eischnees unter die Butter-Eigelb-Masse heben.

Mehl und Stärke vermengen, sieben und mit dem restlichen Eischnee unterheben.

Die Form mit Butter ausstreichen, mit Bröseln ausstreuen und die Masse einfüllen.

Die Masse gleichmäßig mit einem Gummispatel von der Mitte zum Rand verstreichen.

Orangenkuchen mit Mandeln

Die Schale der Orange vorsichtig abreiben, damit nichts von der bitteren Unterhaut in den Sirup kommt.

Den Zucker zugeben, Orangensaft zugießen, umrühren und die Mischung zum Kochen bringen.

Bei nicht zu starker Hitze langsam zu einem Sirup einkochen. Mit dem Orangenlikör parfümieren.

Den Orangenkuchen mit dem Sirup bepinseln und gut tränken, 2 EL davon für die Glasur zurücklassen.

Er gehört zu den Kuchen, die man erst am nächsten Tag essen sollte, denn erst dann ist er von dem Orangenaroma so richtig durchzogen. Vor dem Austrocknen schützen ihn dabei Aprikotur und Glasur.

Orangenkuchen

Für den Teig:
4 Eigelbe, 150 g Zucker
abgeriebene Schale von 1 unbehandelten Orange
1 Messerspitze Salz
4 Eiweiße
50 g Biskuitbrösel
30 g Mehl
150 g geriebene ungeschälte Mandeln
30 g zerlassene Butter
Für den Orangensirup:
1 unbehandelte Orange
80 g Zucker
1/4 l Orangensaft
2 cl Orangenlikör
Außerdem:
1 Rehrückenform von 32 cm Länge
Butter und Brösel für die Form
50 g Aprikotur
100 g Fondant
2 cl Orangenlikör
30 g geröstete Mandelblättchen
Zesten von 1/2 unbehandelten Orange

1. Für den Rührteig die Eigelbe mit der Hälfte des Zuckers, der abgeriebenen Orangenschale und dem Salz schaumig rühren.

2. Die Eiweiße steif schlagen, dabei den restlichen Zucker einrieseln lassen. Den Eischnee vorsichtig unter die Eigelbmasse heben. Die Biskuitbrösel, das Mehl und die geriebenen Mandeln nach und nach unterziehen, dann die Butter unterrühren.

3. Die Form mit Butter ausstreichen und mit Bröseln ausstreuen. Den Teig einfüllen und bei 190 °C im vorgeheizten Ofen 40 bis 45 Minuten backen. Leicht auskühlen lassen, auf ein Kuchengitter stürzen.

4. Die Zubereitung des Sirup ist in der Bildfolge links zu sehen. Dafür die Schale der Orange über einer Kasserolle vorsichtig abreiben, damit nichts von der bitteren weißen Unterhaut in den Sirup gelangt. Den Zucker zugeben und den frisch gepressten Orangensaft zugießen. Umrühren und die Mischung zum Kochen bringen. Die Flüssigkeit bei nicht zu starker Hitze um etwa 1/3 zu einem Sirup einkochen. Etwas abkühlen lassen. Mit dem Orangenlikör geschmacklich abrunden.

5. Den gestürzten Orangenkuchen von allen Seiten mit dem Sirup bepinseln und gut tränken, aber 2 EL davon für die Glasur zurückbehalten. Den Fondant mit dem restlichen Orangensirup und dem Orangenlikör leicht erwärmen, und den Kuchen damit glasieren. Mit Mandelblättchen und den feinen Orangenschalen-Zesten garnieren.

Ein feiner saftiger Mandelkuchen, der von dem Aroma frischer Orangen durchzogen und von einer dünnen Schicht Orangenglasur umhüllt ist.

Linzertorte in Variationen

Ob eine echte Linzertorte nun mit Haselnüssen oder mit Mandeln im Mürbteig gebacken wird, darüber kann man trefflich streiten – wie es die Zuckerbäcker in Österreich auch tun. Letztlich jedoch ist es reine Geschmackssache. Wichtig aber ist immer eine säuerliche Konfitüre als Kontrast zum süßen Teig.

Klassische Linzertorte

360 g ungeschälte, gemahlene Mandeln oder Haselnüsse

420 g Mehl

360 g weiche Butter, 3 Eigelbe

240 g Puderzucker

3 zerstoßene Gewürznelken, 1 Prise Zimt

abgeriebene Schale von 1 unbehandelten Zitrone

Mark von 1 Vanilleschote

Außerdem:

Backpapier
1 Tortenring von 26 cm Durchmesser
1 große, runde Backoblate
1 Eigelb, 1 bis 2 EL Milch oder Sahne
200 g Johannisbeerkonfitüre
Puderzucker zum Besieben

1. Für den Teig die gemahlenen Mandeln auf eine Arbeitsfläche schütten. Das Mehl darübersieben und in die Mitte eine Mulde drücken. Die Butter in groben Stücken, den gesiebten Puderzucker, die Eigelbe und die Gewürze hineingeben. Alles schnell zwischen den Händen etwas bröselig reiben, dann mehr zusammendrücken als kneten, damit der Teig nicht brüchig wird. Den Mürbteig in Folie wickeln und 1 Stunde im Kühlschrank ruhen lassen.

2. Die Hälfte des Teigs auf einer bemehlten Arbeitsfläche 1 cm dick ausrollen. Ein Blech mit Backpapier belegen und den ausgerollten Teig darauflegen. Den Tortenring aufsetzen und fest andrücken, die überstehenden Teigreste entfernen. Dann eine große oder mehrere kleine Oblaten auflegen, und weiter verfahren, wie in der Bildfolge rechts gezeigt.

3. Die Konfitüre mit einem Teigschaber so auf dem mit der Oblate bedeckten Boden verstreichen, dass der Teigrand frei bleibt. Aus dem restlichen Teig für das Gitter 12 unterschiedlich lange Stränge auf einer bemehlten Arbeitsfläche rollen und auflegen, wie im letzten Bild unten zu sehen.

4. Die Torte im vorgeheizten Ofen bei 200 °C 10 Minuten backen, die Hitze auf 160 °C reduzieren und die Torte in etwa 65 Minuten fertig backen. Den Ring entfernen, die Torte abkühlen lassen und mit Puderzucker besieben.

Schokoladen-Linzertorte

75 g geriebene bittere Kuvertüre
80 g ungeschälte, gemahlene Mandeln
250 g Mehl, 220 g Butter
125 g Puderzucker
4 Eigelbe, 1 Prise Salz
abgeriebene Schale von 1/2 unbehandelten Zitrone
Außerdem:
250 g Johannisbeerkonfitüre
1 Obstkuchenform von 26 cm Durchmesser
1 Eigelb, mit 1 bis 2 EL Milch oder Sahne verquirlt
Puderzucker zum Besieben

1. Kuvertüre und Mandeln auf eine Arbeitsfläche häufen. Die restlichen Zutaten zufügen und daraus einen Teig herstellen, wie im Rezept links beschrieben.

2. Die Johannisbeerkonfitüre durch ein Sieb streichen und um 1/3 einkochen, dann abkühlen lassen. Die Hälfte des Teiges auf einer Arbeitsfläche 1 cm dick ausrollen und den Boden der Kuchenform damit auslegen. Aus etwa der Hälfte des restlichen Teiges einen Rand formen, wie im 3. Bild rechts gezeigt.

3. Den Boden mit Konfitüre bestreichen und weiterverfahren, wie im 4. Bild rechts gezeigt. Die Torte bei 180 °C im vorgeheizten Ofen 40 bis 45 Minuten backen. Die Schokoladen-Linzertorte aus der Form nehmen, auskühlen lassen und mit Puderzucker besieben.

Die Oblate so zurechtschneiden, dass beim Einlegen in den Tortenring ein 1 cm breiter Teigrand sichtbar bleibt.

Eigelb mit der Milch oder Sahne verquirlen und den 1 cm breiten Teigrand damit bestreichen.

Aus der Hälfte des übrigen Teiges einen 80 cm langen Strang rollen. Als Teigrand in der Form festdrücken.

Die Konfitüre auftragen, mit 1 cm starken Teigsträngen gitterförmig belegen und mit Eigelb bestreichen.

Die Vanille mit ihrem sanften Aroma verträgt keine stark würzende Konkurrenz. Mit den hier verwendeten Zutaten wie bittere Schokolade, Mandeln und Zitronat harmoniert sie aber bestens.

Spanische Vanilletorte

Spanische Vanilletorte

Für den Teig:

80 g Kuvertüre (bittere Schokolade)

50 g Zitronat, fein gewürfelt

50 g Mandeln, gehackt

110 g Mehl

50 g Butter

150 g Marzipanrohmasse

150 g Zucker

ausgeschabtes Mark von 2 Vanilleschoten

6 Eigelbe

5 Eiweiße

Für die Glasur:

40 g Aprikotur

160 g Marzipanrohmasse

90 g Puderzucker

300 g temperierte Kuvertüre

Außerdem:

1 konische Form von 26 cm Durchmesser oder 1 Springform von 24 cm Durchmesser

Backpapier zum Auslegen

Butter und Brösel für den Rand

Marzipanrosen zum Dekorieren

1. Die Form mit Backpapier auslegen, das nach der Größe des Bodens zugeschnitten wurde. Den Rand mit Butter ausstreichen und mit Bröseln ausstreuen.

2. In einer Schüssel die Butter mit der Marzipanrohmasse etwas verkneten. 1/3 des Zuckers, das Vanillemark und 1 Eigelb zugeben und schaumig rühren. Die restlichen Eigelbe nach und nach unterrühren. Die Eiweiße schaumig schlagen, den restlichen Zucker einrieseln lassen und so lange weiterschlagen, bis ein schnittfester Schnee entstanden ist. Den Eischnee vorsichtig mit einem Holzspatel unter die Marzipan-Butter-Masse ziehen.

3. Die Kuvertüre in nicht zu kleine Stücke schneiden, damit der Teig beim Backen nicht braun wird. In einer Schüssel mit dem Zitronat, den Mandeln und dem Mehl mischen. Diese Mischung sorgfältig unter die Marzipan-Butter-Masse melieren. Die Masse in die vorbereitete Form füllen und die Oberfläche glatt streichen. Bei 190 °C im vorgeheizten Ofen 40 bis 45 Minuten backen.

4. Nach dem Backen die Torte etwa 10 Minuten ruhen lassen, auf eine Tortenunterlage stürzen und erkalten lassen. Das Backpapier abziehen. Die Oberfläche und den Rand dünn mit heißer Aprikotur einpinseln.

5. Die Marzipanrohmasse mit dem Puderzucker verkneten, sehr dünn ausrollen und völlig glatt auf die Torte legen. Das geht gut mit Hilfe einer Teigrolle: Die Marzipandecke auf die Rolle drehen und über der Torte wieder abrollen. Auch den Rand möglichst ohne Falten andrücken, Überstehendes abschneiden. Die Torte auf ein Kuchengitter setzen.

6. Die Kuvertüre im Wasserbad schmelzen und dünn über die Torte streichen. Etwas fest werden lassen. Mit einem angewärmten Messer 12 Stücke markieren. Nach Belieben dekorieren – die lila Marzipanrosen müssen nicht ganz ernst genommen werden.

→ Tipp

Die Glasur aus einer dünnen Schicht bitterer Schokolade und der darunter liegenden, ebenso dünnen Marzipandecke ergänzt geschmacklich bestens das feine Vanille-Aroma der Torte. So »verpackt« ist diese auch vor dem Austrocknen geschützt und lässt sich einige Tage ohne Qualitätsverlust aufbewahren.

Mit Rosinen

Zweimal Käsekuchen

Gebackener Käsekuchen

Für den Teig:
200 g Mehl, 120 g Butter
70 g Zucker, 1 Messerspitze Salz, 1 Ei
Für die Käsemasse:
1 kg Schichtkäse, 1/8 l saure Sahne
200 g Zucker, 4 Eigelbe
2 cl brauner Rum, 80 g Rosinen
1 EL Speisestärke, 4 Eiweiße, 1 Prise Salz

Außerdem:
1 Springform von 26 cm Durchmesser
Butter für die Form, Puderzucker

1. Einen Mürbteig zubereiten, wie auf Seite 30 beschrieben. Den Teig etwas größer als die Form ausrollen. Die leicht gefettete Form damit auslegen, dabei einen 4 cm hohen Rand anbringen. Kühl stellen.

2. Den Schichtkäse durch ein Sieb in eine Schüssel streichen. Saure Sahne, Zucker, Eigelbe und Rum unterrühren. Die Rosinen mit der Stärke vermischen und untermengen. Eiweiße mit dem Salz steif schlagen. 4 EL davon unter

die Käsemasse rühren, restlichen Eischnee unterheben. Die Masse auf dem Mürbteig gleichmäßig verstreichen.

3. Bei 175 °C im vorgeheizten Ofen auf der mittleren Schiene etwa 1 Stunde backen. In der Form abkühlen lassen, auf ein Kuchengitter stürzen und völlig auskühlen lassen.

Flacher Käsekuchen

Für den Teig:

220 g Mehl, 120 g Butter

50 g Puderzucker, 1 Prise Salz, 1 Eigelb

Für die Quarkmasse:

80 g Rosinen, 2 cl Kirschwasser

500 g Quark oder Schichtkäse, 4 Eigelbe

160 g Zucker, 1 Prise Salz

abgeriebene Schale von 1 unbehandelten Zitrone

100 g Butter, 60 g Mehl, 4 Eiweiße

Außerdem:

1 Obstkuchenform mit 26 cm Durchmesser

Backpapier, Hülsenfrüchte, Puderzucker

1. Die Rosinen 1 Stunde im Kirschwasser einweichen. Mürbteig zubereiten, wie auf Seite 30 beschrieben. Zu einer runden Platte von 33 cm Durchmesser ausrollen und die Form damit auslegen. Den Rand sorgfältig andrücken, überstehende Teigreste abschneiden. Den Boden mehrmals mit einer Gabel einstechen und blindbacken, wie auf Seite 31 beschrieben.

2. Die Quarkmasse zubereiten, auf den Mürbteig geben und den Kuchen fertig stellen, wie in der Bildfolge rechts gezeigt.

a **Den passierten Quark,** die Eigelbe und die Hälfte des Zuckers in eine Schüssel geben und mit dem Schneebesen schaumig rühren.

b **Dafür einen möglichst** stabilen Schneebesen verwenden und die Quarkmischung rühren, bis sie locker und flaumig ist.

c **Die Zitronenschale** und das Salz zufügen. Die Butter zerlassen und unter den Quark rühren.

d **Das Mehl darübersieben** und noch mal durchrühren. Die eingeweichten Rosinen zufügen und alles gut vermengen.

e **Die Eiweiße** steif schlagen, dabei den restlichen Zucker einrieseln lassen. 1/4 des Eischnees unter die Quarkmasse rühren.

f **Dann den Rest** des Eischnees vorsichtig unterheben. In den vorgebackenen, etwas abgekühlten Teigboden füllen.

g **Die Oberfläche** glatt streichen und zum Rand hin abstreifen. Bei 150 bis 160 °C im vorgeheizten Ofen etwa 45 Minuten backen.

h **Abkühlen lassen,** mit Puderzucker besieben und mit einem glühenden Draht ein Gitter einbrennen.

Möhrentorte
Rüeblitorte

Selbst gemachte Möhren aus frischem Marzipan sind die beliebteste Dekoration der Rüeblitorte. Dafür die gefärbte Masse mit den Händen zu Möhren formen und mit einem Messerrücken einkerben.

Möhrentorte

Für den Teig:

250 g junge Möhren, 6 Eigelbe

250 g Zucker

1 Messerspitze Salz

abgeriebene Schale von 1 unbehandelten Zitrone

6 Eiweiße

300 g ungeschälte, geriebene Mandeln

100 g Mehl

Für die Glasur:

1/2 Eiweiß

80 g Puderzucker

2 cl Kirschwasser

Für die Marzipanmöhren:

200 g Marzipanrohmasse

100 g Puderzucker

rote und gelbe Speisefarbe

Angelika (kandierte Engelwurz)

Außerdem:

1 Springform oder 1 Tortenring mit 26 cm Durchmesser

Backpapier zum Auslegen

150 g Aprikotur

60 g gehobelte, geröstete Mandeln

1. Die Möhren putzen und sehr fein reiben, es dürfen keine großen Stücke oder Fäden dabei sein. In einer Schüssel die Eigelbe mit 1/3 des Zuckers, dem Salz und der Zitronenschale schaumig rühren. Die Eiweiße steif schlagen, dabei den restlichen Zucker einrieseln lassen und weiter schlagen, bis ein schnittfester Eischnee entstanden ist.

2. Die geriebenen Mandeln mit dem Mehl und den Möhrenraspeln vermischen. Unter den Eigelbschaum zunächst 1/3 des Eischnees heben und sehr gut vermischen. Dann den übrigen Eischnee darauf gleiten lassen und die Mandelmischung darüber streuen. Alles mit einem Holzlöffel ganz vorsichtig melieren.

3. Den Boden der Springform mit Backpapier auslegen oder den Tortenring mit Papier einschlagen und auf das Blech setzen. Die Masse einfüllen, glatt streichen und bei 190 °C im vorgeheizten Ofen etwa 60 Minuten backen. Den Kuchen über Nacht in der Form auskühlen lassen. Auf ein Backpapier stürzen, damit die glatte Unterseite nach oben kommt.

4. Die Oberfläche und den Rand des Kuchens mit der heißen Aprikotur gleichmäßig einstreichen. Für die Glasur das Eiweiß mit dem Puderzucker und dem Kirschwasser dickflüssig verrühren. Die Oberfläche des Kuchens mit der Glasur bestreichen und 2 Stunden antrocknen lassen. Den Rand mit den Mandeln bestreuen.

5. Für die Dekoration die Marzipanrohmasse mit dem Puderzucker schnell zu einem glatten Teig zusammenwirken. Mit der Speisefarbe vorsichtig auf den gewünschten Farbgrad einfärben. Die Masse in 16 Stücke teilen und daraus kleine Möhren formen. Kleine Stifte aus Angelika als Stiele einstechen. Die Torte mit den Marzipanmöhren garnieren.

Man sagt, die Rüeblitorte schmecke erst nach 2 bis 3 Tagen so richtig gut und saftig. Das stimmt vor allem dann, wenn sie vorher mit Aprikosenkonfitüre und einer Kirschwasserglasur »isoliert« wurde.

Eine raffinierte Ergänzung zum würzigen Kürbiskuchen ist mit ein wenig gemahlenem Ingwer aromatisierte Schlagsahne.

Kürbiskuchen

Mürbteig und Kürbis

Das folgende Rezept reicht für einen Kuchen samt Gitter, wie er im kleinen Bild rechts zu sehen ist. Verzichtet man auf das Gitter und bereitet einen Kuchen zu, wie ihn das große Bild zeigt, kann man entweder die Mengen für die Teigzutaten um 1/3 reduzieren oder man backt aus dem überschüssigen Teig Plätzchen, mit denen man den Kuchen nach dem Backen dekoriert.

Kürbiskuchen

Für den Teig:
300 g Mehl
150 g Butter
120 g gesiebter Puderzucker
1 Ei, 1 Messerspitze Salz
etwa 2 EL Wasser
Für die Kürbisfüllung:
900 g Kürbis
80 g Akazienhonig
2 Eier
je 1 Messerspitze gemahlener Zimt, gemahlener Ingwer, gemahlene Nelken und frisch geriebene Muskatnuss
2 cl Rum
20 g Pfeilwurzelmehl oder Speisestärke
Außerdem:
Obstkuchenform mit 24 cm Durchmesser
1 Eigelb mit etwas Wasser verquirlt, oder Puderzucker zum Besieben

1. Die angegebenen Zutaten rasch zu einem glatten Mürbteig verkneten, wie auf Seite 31 beschrieben, bei Bedarf noch etwas Wasser einarbeiten. Den Teig in Folie wickeln und 1 Stunde im Kühlschrank ruhen lassen.

2. In der Zwischenzeit den Kürbis schälen und von den Kernen sowie dem faserigen Inneren befreien. Es sollten danach noch 500 g Fruchtfleisch übrig bleiben. Dieses in Würfel schneiden und zusammen mit dem Honig, 2 Eiern, den Gewürzen, Rum und Stärke im Mixer cremig pürieren.

3. Den Teig 1/2 cm dick ausrollen, eine Fläche in der passenden Größe ausschneiden und die Form damit auslegen. Den Rand mit einer Teigkugel andrücken, überstehenden Teig abschneiden. Den Boden mit einer Gabel mehrmals einstechen. Die Kürbismasse einfüllen und die Oberfläche glatt streichen.

4. Restlichen Teig wieder 1/2 cm dick ausrollen und mit einem gezackten Teigrädchen in 1 cm breite, lange Streifen schneiden, diese als Gitter über die Füllung legen und mit verquirltem Eigelb bestreichen. Als Alternative daraus Plätzchen ausstechen.

5. Den Kürbiskuchen bei 200 °C im vorgeheizten Ofen 30 bis 35 Minuten backen. Die Plätzchen eventuell separat nach Sicht hellbraun mitbacken. Den Kuchen herausnehmen und mit Puderzucker besieben. Die Kuchenvariante ohne Gitter nach Belieben mit den Plätzchen dekorieren.

Mit einem Teiggitter bedeckt, sieht der Kürbiskuchen besonders festlich aus. Beim Ausschneiden der Teigstreifen sollte man allerdings möglichst exakt arbeiten, damit das Gitter so schön regelmäßig wird, wie hier zu sehen.

Frische Walnüsse von der neuen Ernte sollte man zum Backen verwenden, denn nur eine einzige, ranzige Nuss kann den ganzen Kuchen verderben.

Diese Walnusstorte bringt den Eigengeschmack der Nüsse besonders gut zur Geltung. Sie ist nicht so süß wie ihre berühmte Verwandte, die »Engadiner Nusstorte«, bei der die Nüsse mit Karamel gebunden werden. Das folgende Rezept ist für eine Form von 24 cm Durchmesser gedacht, kann aber auch auf zwei kleine Torten von 18 cm Durchmesser verteilt werden.

Walnusstorte

Für den Teig:

250 g Mehl

150 g Butter

120 g Zucker

5 Eigelbe

ausgeschabtes Mark von 1 Vanilleschote

1 Messerspitze Salz

Für die Füllung:

250 g Walnusskerne

150 g brauner Zucker (Farinzucker)

40 g zerlassene Butter

Für die Glasur:

1 Eiweiß, 30 g Zucker zum Bestreuen

Zum Garnieren:

Zucker, Walnüsse

Außerdem:

1 Springform von 24 cm Durchmesser

Puderzucker zum Besieben

1. Für den Mürbteig das Mehl sieben und in die Mitte eine Mulde drücken. Die Butter in Stücken, den Zucker, die Eigelbe, das Vanillemark und das Salz hineingeben. Zu einem Teig verarbeiten, wie auf Seite 31 beschrieben. Den Teig in Folie wickeln, mindestens 1 Stunde im Kühlschrank ruhen lassen.

2. Für die Kuchenfüllung die Walnusskerne in der Küchenmaschine fein hacken, dabei den braunen Zucker einrieseln lassen. Die zerlassene Butter zugießen und alles zu groben Krümeln verarbeiten.

3. Für den Boden 2/3 vom Teig auf einer bemehlten Arbeitsfläche 4 mm stark ausrollen. Die Form damit auslegen, dabei einen Rand formen. Die Füllung auf dem Teig verteilen. Den restlichen Teig ausrollen, über die Form legen und die Teigoberfläche mit dem Teigrand fest zusammendrücken. Den überstehenden Teig abschneiden. In die Mitte der Oberfläche einige Löcher stechen, damit der entstehende Dampf entweichen kann. Den Kuchen 30 Minuten kühl ruhen lassen.

4. Den Kuchen aus dem Kühlschrank nehmen und bei 190 °C im vorgeheizten Ofen 15 Minuten backen, dann die Temperatur auf 180 °C zurückschalten und in 25 bis 30 Minuten hellbraun backen. In der Zwischenzeit das Eiweiß leicht schaumig schlagen. Den Kuchen aus dem Ofen nehmen, sofort die Oberfläche mit dem Eiweiß bestreichen und dem Zucker bestreuen. Anschließend weitere 5 Minuten backen, bis die Oberfläche schön knusprig ist.

5. Den Kuchen auskühlen lassen und leicht mit Puderzucker besieben. Zum Garnieren etwas Zucker in einer kleinen Kasserolle schmelzen. Die Walnüsse eintauchen, herausnehmen und auf die Torte legen.

Frische Walnüsse vermischt mit Zucker und Butter in Mürbteig gebacken – eine köstliche und doch ganz einfache Torte, deren Rezept ursprünglich aus Frankreich stammt.

Leckere Vanillecreme, eingefüllt zwischen zwei knusprig gebackenen Mandelteigplatten: Damit die Creme nicht zerdrückt wird, schneidet man die obere Teigplatte noch warm in 12 Stücke.

Mandelkuchen
Focaccia di mandorla

In diesem Rezept aus Italien stecken die Mandeln gemahlen in dem zarten Mürbteig, der eine luftige Füllung umhüllt. Er schmeckt am besten, wenn er ganz frisch ist, denn dann besitzt die Füllcreme noch ihre volle Luftigkeit. Die angegebenen Mengen reichen für zwei Kuchen.

Mandelkuchen

Für den Teig:
250 g ungeschälte Mandeln
250 g Butter
250 g Zucker
250 g Mehl
Für die Füllung:
160 g Zucker
40 g Speisestärke
4 Eigelbe
1/2 l Milch
ausgeschabtes Mark von 1/2 Vanilleschote
3 Eiweiße
Außerdem:
1 Springform von 22 cm Durchmesser
Backpapier zum Auskleiden
gehobelte Mandeln
Puderzucker zum Bestauben

1. Für den Teig die Mandeln mit kochendem Wasser überbrühen, kurz ziehen lassen, kalt abschrecken und die Haut abziehen. In einem Multimixer zerkleinern. Nach und nach die restlichen Zutaten zufügen und mitmixen, bis ein weicher Knetteig entstanden ist. In Folie wickeln und 2 Stunden kühl ruhen lassen.

2. Den Teig auf einer großen Arbeitsfläche etwa 1/2 cm dünn ausrollen, mit dem Springformrand 4 Kreise in den Teig drücken und ausschneiden. Die 4 Böden nacheinander in zwei mit Backpapier ausgekleideten Springformen bei 190 bis 200 °C im vorgeheizten Ofen in 15 bis 17 Minuten blindbacken. Zwei der Böden noch heiß in je 12 Tortenstücke schneiden, alle Böden auskühlen lassen.

3. Für die Füllung 50 g Zucker mit der Speisestärke in eine Schüssel geben. Die Eigelbe und einige EL der Milch zufügen. Mit einem Schneebesen verrühren, es sollen keine Klümpchen entstehen. Die restliche Milch mit 50 g Zucker und dem Vanillemark aufkochen. Die angerührte Speisestärke langsam und kontinuierlich in die kochende Vanillemilch gießen, dabei ständig rühren. Mehrmals aufwallen lassen, bis die Milch eindickt.

4. In der Zwischenzeit die Eiweiße steif schlagen, dabei den restlichen Zucker einrieseln lassen, bis ein schnittfester Schnee entstanden ist. Unter die Vanillecreme heben und unter ständigem Rühren vorsichtig erhitzen, bis die Creme erneut aufwallt.

5. Die heiße Creme schnell auf die beiden vollständigen Böden streichen, da sie kalt nicht mehr streichfähig ist. Mit den in Stücke geschnittenen Böden bedecken. Mit den Mandeln bestreuen, mit dem Puderzucker bestauben und noch am gleichen Tag servieren.

→ Info

Mandeln sind im botanischen Sinn keine Nüsse, sondern die Steinfrüchte des Mandelbaumes, der zur Familie der Rosengewächse gehört. Man unterscheidet drei Arten, Bittermandel, süße Mandel und Krachmandel, alle drei sind essbar. Ungeschälte süße Mandeln sind qualitativ besser als geschälte, die braune Haut lässt sich durch kurzes Überbrühen mit Wasser leicht entfernen.

Mohnkuchen schön saftig

Mit Mohn wird vor allem in Osteuropa viel gebacken, und die Länder der ehemaligen k.u.k.-Monarchie kennen besonders interessante Rezepte mit den Samen der blauen Kapselfrüchte. Dazu gehört auch dieser Mohnkuchen, der wie eine Biskuitmasse zubereitet wird. Als Dekoration dienen einige Marzipanblätter und frische Zesten einer unbehandelten Zitrone, aber auch bittere Schokolade verträgt sich geschmacklich mit dem Mohn sehr gut.

Mohnkuchen

150 g Butter

200 g Puderzucker

abgeriebene Schale von 1/2 unbehandelten Zitrone

2 cl brauner Rum

1 Messerspitze Salz

6 Eigelbe

6 Eiweiße

200 g gemahlener Mohn

50 g Mehl

30 g Weizenpuder

Außerdem:

1 Springform von 26 cm Durchmesser

Butter und Brösel für die Form

1. Die Butter mit 1/3 des Zuckers cremig rühren. Die abgeriebene Zitronenschale, den Rum und das Salz zugeben und gut untermischen. Die Eigelbe nur nacheinander zugeben, darauf achten, dass jedes gut untergerührt ist, bevor das nächste folgt.

2. Die Eiweiße steif schlagen, dabei den restlichen Zucker einrieseln lassen, bis ein schnittfester Schnee entstanden ist. In einer weiteren Schüssel den Mohn, das Mehl und den Weizenpuder gut miteinander vermengen.

3. Zunächst nur etwa 1/3 des Eischnees unter die Buttermasse rühren. Dann den Rest in die Schüssel geben und die Mohn-Mehl-Mischung darüberstreuen. Alles vorsichtig untermelieren, bis eine glatte Masse entsteht. Die Springform mit Butter ausstreichen und mit Bröseln ausstreuen. Die Masse in die Form einfüllen.

4. Die Mohntorte bei 190 °C im vorgeheizten Ofen in 45 bis 50 Minuten backen. 30 Minuten in der Form auskühlen lassen, erst dann den Formrand lösen und auf ein Gitter stürzen. Mit Folie abdecken und über Nacht ruhen lassen.

5. Die Torte bedarf eigentlich keiner weiteren Dekoration. Einfach mit Puderzucker besiebt und von etwas leicht gesüßter Schlagsahne begleitet schmeckt sie wunderbar.

6. Variante: Sehr fein passt zu dieser Torte auch eine Marzipan-Schokoladen-Decke. Dafür die Oberfläche und die Seiten dünn mit warmer Aprikosenkonfitüre einstreichen. Dann wie auf Seite 49 beschrieben mit einer dünn ausgerollten Marzipanschicht abdecken und mit Kuvertüre überziehen.

Nur mit Puderzucker besiebt, schmeckt die Mohntorte einfach herrlich, aber auch leicht gesüßte Schlagsahne passt hervorragend dazu.

Ob Ornamente oder ein einfaches Muster – die Törtchen lassen sich mit Hilfe einer Schablone oder eines Gitters sehr wirkungsvoll mit Puderzucker verzieren.

Törtchen mit Orangen und Mandeln

Bei diesem Rezept steckt die Schokolade im Teig, in der Füllung sind Orangen und Mandeln versteckt. Der Mürbteig wird zunächst in kleinen Förmchen blindgebacken, die Füllung folgt dann in einem zweiten Backvorgang. Die angegebenen Mengen reichen für 6 kleine Törtchen.

Orangen-Mandel-Törtchen

Für den Schokoladenteig:

140 g Mehl

100 g Butter, in Stücken

60 g Puderzucker

25 g Kakaopulver

1 Eigelb, 1 Messerspitze Salz

Für die Füllung:

75 g Bitterorangenkonfitüre

2 Eier

100 g ungeschälte Mandeln, gemahlen

1/2 TL Backpulver

90 g Zucker

50 ml Sahne

Außerdem:

6 Tortelettförmchen

Backpapier und Linsen zum Blindbacken

Puderzucker zum Besieben

9 Mandeln, geschält und halbiert

1 TL Puderzucker

1. Für den Teig das Mehl auf eine Arbeitsfläche häufen. In die Mitte eine Mulde drücken und Butter, Puderzucker, Kakaopulver, Eigelb und Salz hineingeben. Die Zutaten mit einer Gabel vermischen, dabei etwas Mehl einarbeiten. Mit einer Palette oder einem großen Messer das Mehl von außen zur Mitte schieben, dabei die Zutaten grob vermengen und zu feinen Krümeln hacken. Erst jetzt mit den Händen rasch zu einem glatten Teig verkneten. Zu einer Kugel formen und, in Folie gehüllt, 1 Stunde kühl ruhen lassen.

2. Den Mürbteig auf einer bemehlten Arbeitsfläche dünn ausrollen und die Förmchen damit auslegen. Den Teigrand jeweils mit den Fingern oder einer Teigkugel andrücken, überstehende Teigränder abschneiden, den Teigboden mit einer Gabel mehrmals einstechen und weiterverfahren wie im Foto rechts oben gezeigt. Die Tortelettböden bei 180 °C im vorgeheizten Ofen etwa 15 Minuten blindbacken. Herausnehmen und das Backpapier sowie die Linsen entfernen.

3. Für die Füllung die Bitterorangenkonfitüre mit den Eiern in einer Schüssel verrühren. Die gemahlenen Mandeln, das Backpulver, den Zucker und die Sahne unterrühren. Die Füllung gleichmäßig in die vorgebackenen Förmchen verteilen und bei 180 °C im vorgeheizten Ofen etwa 20 Minuten backen. Nach der Hälfte der Backzeit die Förmchen mit Pergamentpapier abdecken, damit die Oberfläche nicht zu dunkel wird.

4. Die Orangen-Mandel-Törtchen aus dem Ofen nehmen, etwa 5 Minuten abkühlen lassen, vorsichtig aus den Förmchen nehmen und durch ein Gitter oder eine Schablone mit Puderzucker besieben. Die Mandelhälften mit dem Puderzucker vermischen, in einem Pfännchen karamelisieren lassen und die Törtchen damit garnieren.

Die Form mit einem passend zurechtgeschnittenen Backpapier auskleiden und die Linsen einfüllen.

Mit zwei Fingern Vertiefungen in geringen Abständen tief, bis auf den Boden, in den Teig drücken.

Die Butter mit einem Spritzbeutel und Lochtülle Nr. 6 in kleinen Tupfen auf den Teig spritzen.

Die Mandeln gleichmäßig auf der Kuchenoberfläche verteilen. Zucker und Zimt darüber streuen.

Sächsischer Butterkuchen

Die Blechkuchen sind es in erster Linie, die Sachsen als Kuchenland so berühmt gemacht haben. Der schlichte Butterkuchen ist dafür das beste Beispiel. Und man weiß nicht so recht, ob die Sachsen so große Kaffeeliebhaber wurden, weil dort so feine Kuchen gebacken werden, oder ob sie so delikates Gebäck erfanden, um ihren geliebten Kaffee nicht ohne süße Begleiter trinken zu müssen.

Sächsischer Butterkuchen

Für den Hefeteig:

400 g Mehl

25 g Hefe

1/8 l lauwarme Milch

30 g Zucker

70 g lauwarm zerlassene Butter

1/2 TL Salz, 2 Eier

Für den Belag:

300 g Butter

1/4 TL Salz

150 g gehobelte Mandeln

150 g Zucker

1/4 TL gemahlener Zimt

Außerdem:

1 Backblech

1. Für den Hefeteig das Mehl in eine Schüssel sieben und in die Mitte eine Mulde drücken. Die Hefe in der Milch auflösen, etwas Zucker zugeben und in die Mehlmulde gießen. Dünn mit Mehl bestauben, die Schüssel bedecken und den Vorteig an einem warmen, zugfreien Ort gehen lassen.

2. Sobald die Oberfläche Risse zeigt, den restlichen Zucker, die Butter, das Salz und die Eier zugeben und zu einem glatten Teig schlagen, bis er Blasen wirft und sich vom Schüsselrand löst. Den Teig auf einer bemehlten Arbeitsfläche gleichmäßig dick in Blechgröße ausrollen. Auf das ungefettete Backblech legen, mit einem Tuch zudecken und erneut gehen lassen.

3. Für den Belag die Butter mit dem Salz schaumig rühren. Mit den Fingern Vertiefungen in geringen Abständen in den Teig drücken, wie in der Bildfolge links gezeigt. Sie sollen bis auf den Boden reichen, damit sie sich durch das Gehen des Teigs nicht wieder schließen können. Die Butter mit einem Spritzbeutel und Lochtülle Nr. 6 auf den Teig spritzen, unabhängig von den Vertiefungen, in die die Butter beim Backen ohnehin hineinläuft. Die Mandeln auf der Kuchenoberfläche verteilen. Den Zucker mit dem Zimt mischen und großzügig über den Kuchen streuen.

4. Den Kuchen bei 220 °C im vorgeheizten Ofen 5 Minuten backen, die Hitze auf 200 °C reduzieren und weitere 12 bis 15 Minuten backen. Der Kuchen soll oben knusprig braun, aber innen schön weich sein. In handliche Schnitten von 10 x 6 cm Größe schneiden. Wen wundert es, dass dazu eine heiße Tasse Kaffee die ideale Ergänzung ist.

Frisch aus dem Ofen schmeckt er am besten. Dann kommt die geschmackliche Kombination von Hefeteig, den karamelisierten Mandeln und frischer Butter besonders gut zur Geltung.

Zweifarbige Streusel auf saftiger Quarkunterlage: Diese sorgt dafür, dass der Kuchen nicht zu trocken gerät. Mit diesem Rezept ist er schnell gemacht und schmeckt prima.

Streuselkuchen mit Mohn oder Quark

Mohnstreuselkuchen

Für den Quark-Öl-Teig:

150 g Schichtkäse oder abgetropfter Quark

5 EL Milch, 6 EL Öl

80 g Zucker

1 Prise Salz, 3 TL Vanillezucker

300 g Mehl

3 TL Backpulver

Für den Mohnbelag:

250 g frisch gemahlener Mohn

3/8 l Milch, 80 g Zucker

30 g Butter, 1 kleines Ei

50 g Vanillepuddingpulver

Für die Streusel:

350 g Mehl, 200 g Zucker

200 g Butter, 1 Prise Salz

1 Messerspitze gemahlener Zimt

Außerdem:

Butter für das Blech

1. Für den Teig Schichtkäse oder Quark durch ein feines Sieb in eine Schüssel streichen. Mit der Milch, dem Öl, dem Zucker, Salz und Vanillezucker verrühren. Die Hälfte des Mehls unterrühren. Das restliche Mehl mit dem Backpulver mischen, sieben und unterkneten.

2. Den Teig auf einer bemehlten Arbeitsfläche gleichmäßig dick in Blechgröße ausrollen, auf ein leicht gefettetes Backblech legen und an den Rändern etwas hochdrücken.

3. Den Mohn mit 1/4 l Milch, dem Zucker und der Butter aufkochen. Ei und Puddingpulver mit der restlichen Milch verrühren, in die Mohnmasse einrühren und einmal aufkochen lassen. Beiseite stellen und abkühlen lassen.

4. Für die Streusel das Mehl mit dem Zucker, Salz und Zimt vermischen. Die Butter zerlassen und unter ständigem Rühren in dünnem Strahl einlaufen lassen. Den Teig mit den Händen zu Streuseln reiben.

5. Die Mohnmasse auf dem Kuchenboden verteilen und glatt streichen. Die Streusel darüberkrümeln und den Kuchen bei 200 °C im vorgeheizten Ofen auf der mittleren Schiene etwa 45 Minuten backen. Herausnehmen, etwas abkühlen lassen und in Stücke schneiden.

Quarkstreuselkuchen

Für den Teig:

125 g weiche Butter

100 g Zucker, 3 TL Vanillezucker

1 Prise Salz, 1 Ei

250 g Mehl

1 1/2 TL Backpulver

Für den Quarkbelag:

500 g Schichtkäse oder abgetropfter Quark

1 EL Vanillepuddingpulver

100 g Zucker, 1 kleines Ei

abgeriebene Schale von 1/2 unbehandelten Zitrone

Für die hellen Streusel:

40 g Zucker, 60 g Mehl

3 TL Vanillezucker

40 g weiche Butter

Für die Schokoladenstreusel:

50 g Zucker, 60 g Mehl

3 TL Kakaopulver

40 g weiche Butter

1. Die Butter mit dem Handrührgerät cremig rühren. Zucker, Vanillezucker, Salz sowie das Ei einarbeiten. Das mit dem Backpulver vermischte Mehl dazusieben und mit den Knethaken des Handrührgerätes unterrühren, so dass ein krümeliger Teig entsteht.

2. Den Teig auf ein ungefettetes Backblech geben und mit bemehlten Händen festdrücken, an den Rändern jeweils etwas hochdrücken.

3. Den Quark für den Belag durch ein Sieb in eine Schüssel streichen. Puddingpulver und Ei einrühren. Den Zucker und die abgeriebene Zitronenschale untermischen.

4. Für die hellen Streusel Zucker, Mehl, Vanillezucker sowie die weiche Butter mit den Händen rasch zu Krümeln reiben. Für die Schokoladenstreusel Zucker, Mehl, Kakaopulver und die weiche Butter ebenso rasch zu Krümeln reiben.

5. Den Quarkbelag auf dem Teigboden verteilen. Die hellen und die dunklen Streusel gleichmäßig darüberstreuen und den Kuchen bei 190 °C im vorgeheizten Ofen 30 bis 35 Minuten backen.

Fruchtig

Alles mit Obst

Kuchen, Torten und Törtchen mit Obst sind einfach unschlagbar, deshalb füllen sie hier auch ein eigenes Kapitel. Von Apfelstrudel über Beeren-Mandel-Kuchen (im Bild links) bis Zwetschgendatschi finden Sie hier viele klassische und moderne Rezepte für Obstkuchen zum Nachbacken.

Birnenkuchen mit Vanillecreme

Die Birnen für diesen Kuchen sollten reif, saftig und makellos sein, damit man Druckstellen nicht sieht. Einen Vorrat an Mürbteig – idealerweise portionsweise verpackt – in der Tiefkühltruhe zu haben, ist gerade in der Obstsaison von Vorteil, damit ist ein Kuchen schnell gebacken. Deshalb kann man mit den hier angegebenen Zutaten gleich 2 Kuchenböden backen.

Birnenkuchen mit Vanillecreme

750 g Mehl

380 g Butter

260 g gesiebter Puderzucker

1 Messerspitze Salz

2 Eier

Für die Vanillecreme:

1/4 l Milch

Mark von 1/4 Vanilleschote

60 g Zucker

2 Eigelbe, 20 g Speisestärke

Für den Guss:

50 g Marzipanrohmasse

2 Eier, 100 ml Sahne

30 g Zucker

Außerdem:

1 Obstkuchenform von 24 cm Durchmesser

1 kg Birnen

1 l Wasser

Saft von 1 Zitrone

100 g Zucker

gehackte Pistazien, Puderzucker

1. Aus den angegebenen Zutaten einen Mürbteig zubereiten, wie auf Seite 30 beschrieben. Den Teig im Durchmesser etwas größer ausrollen als die Form und diese damit auslegen. Den Rand etwas überstehen lassen und Rillen hineindrücken, wie im Bild unten links gezeigt.

2. Aus den angegebenen Zutaten eine Vanillecreme herstellen, wie auf Seite 44 beschrieben, und in den Boden füllen, wie im zweiten Bild unten gezeigt.

3. Die Birnen schälen, halbieren und das Kerngehäuse entfernen. Wasser mit Zitronensaft und Zucker aufkochen und die Birnen einige Minuten darin köcheln lassen. Die Früchte in einem Sieb gut abtropfen lassen und die Torte mit den Birnenhälften belegen, wie im dritten Bild zu sehen.

4. Für den Guss Marzipanrohmasse mit 1 Ei cremig rühren. Dann erst das zweite Ei einarbeiten, Sahne und Zucker unterrühren und alles gut vermengen. Den Guss über die Torte gießen und diese bei 190 °C im vorgeheizten Ofen 40 bis 45 Minuten backen.

Den Rand etwas überstehen lassen, mit einem Kneifer Rillen eindrücken.

Vanillecreme in den Boden einfüllen, gleichmäßig verteilen und glatt streichen.

Die abgetopften Birnenhälften dicht nebeneinander auf die Vanillecreme setzen.

Wer die feine Birnentorte noch dekorieren will, bestreut sie kurz vor dem Servieren mit gehackten Pistazien und bestaubt sie außerdem leicht mit Puderzucker.

Törtchen mit frischen Himbeeren sind zwar ein einfaches Gebäck, aber eine Delikatesse. Dazu verhelfen ein feiner Mürbteig, Mandelcreme und natürlich frische, wirklich reife Himbeeren.

Himbeertörtchen auf Mandelcreme

Himbeertörtchen

Für 10 bis 12 Stück:
400 g Mehl
200 g Butter
110 g Puderzucker
1 Eigelb
1/4 TL Salz
Für die Mandelcreme:
300 ml Milch, 60 g Zucker
1 Messerspitze Salz
2 Eigelbe
30 g Speisestärke
2 Eiweiße
150 g Marzipanrohmasse
80 g geschälte, geriebene Mandeln
Für den Belag:
400 g frische Himbeeren
Außerdem:
Tortelettförmchen von 10 cm Durchmesser
Backpapier und Hülsenfrüchte zum Blindbacken
Puderzucker zum Besieben

1. Für den Mürbteig das Mehl auf eine Arbeitsfläche sieben und in die Mitte eine Mulde drücken. Die Butter in Stücken, den Puderzucker, das Eigelb und das Salz hineingeben. Zu einem Mürbteig verarbeiten, wie auf Seite 30 beschrieben. Den Teig in Folie gewickelt 1 bis 2 Stunden im Kühlschrank ruhen lassen.

2. Den Teig auf einer bemehlten Arbeitsfläche dünn ausrollen und die Tortelettförmchen damit auslegen, dabei die Teigränder an die Formen drücken und die überstehenden Ränder abschneiden. Blindbacken, wie auf Seite 31 beschrieben. Dafür das Backpapier einlegen und die Hülsenfrüchte einfüllen. Bei 220 °C im vorgeheizten Ofen 10 Minuten backen. Die Hülsenfrüchte und das Papier entfernen.

3. Für die Creme die Milch mit 1/4 des Zuckers und dem Salz zum Kochen bringen. Die Eigelbe mit der Speisestärke verrühren und einige Löffel von der warmen Milch darunter rühren. Diese Mischung unter ständigem Rühren mit einem Schneebesen unter die köchelnde Milch rühren, bis diese bindet. Kräftig durchrühren und die Creme einige Male aufwallen lassen. Parallel dazu die Eiweiße zu steifem Schnee schlagen, dabei den restlichen Zucker einlaufen lassen. Den steifen Eischnee unter die kochende Creme rühren und sofort vom Herd nehmen.

4. Die Marzipanrohmasse mit 2 bis 3 Löffeln der heißen Creme streichfähig verrühren. Nach und nach die restliche Creme darunter geben. Es sollen keine Klümpchen vorhanden sein. Zuletzt die geriebenen Mandeln unterrühren. Die Mandelcreme in die Förmchen verteilen und glatt streichen.

5. Die Himbeeren dicht aneinander auf die Creme setzen und dick mit Puderzucker besieben. Die Törtchen unter den vorgeheizten Grill schieben und gratinieren, bis sich ein guter Teil des Puderzuckers in Karamel verwandelt hat.

→ Tipp

Himbeeren sollte man so wenig wie möglich waschen, da Wasser sie unnötig auslaugt. Himbeeren aus dem eigenen Garten brauchen im Idealfall gar nicht gewaschen zu werden. Am besten erntet man sie bei trockenem Wetter. Doch auch gekaufte Früchte nur kurz abbrausen, abtropfen lassen und vorsichtig trocken tupfen.

Ein flacher Obstkuchen mit wenig Teig und vielen frischen Früchten. In diesem Rezept werden sie mit einer Eier-Sahne-Mischung übergossen, die das Fruchtaroma noch betont.

Aprikosenkuchen süß und fruchtig

Die ideale Form für einen flachen Obstkuchen aus Mürbteig ist eine niedrige »Pieform« mit schrägem Rand und einem Durchmesser von 30 cm. Es kann auch eine Springform von 26 bis 28 cm Durchmesser verwendet werden, dabei wird der Kuchen aber etwas höher.

Aprikosenkuchen

300 g Mehl

200 g Butter

100 g Puderzucker

1 Eigelb

1/4 TL Salz

Für den Belag:

600 g frische Aprikosen

1 Ei

100 ml Sahne

50 g Zucker

50 g ungeschälte, grob gehackte Mandeln

Außerdem:

1 Pieform von 26 cm Durchmesser

Backpapier und Hülsenfrüchte zum Blindbacken

Puderzucker zum Besieben (oder 80 g Aprikotur)

1. Für den Mürbteig das Mehl auf eine Arbeitsfläche sieben und in die Mitte eine Mulde drücken. Die Butter in Stückchen, den Puderzucker, das Eigelb und das Salz hineingeben. Mit einer Gabel oder den Fingern die Zutaten zerdrücken und vermischen, dabei etwas Mehl einarbeiten. Mit einer Palette das Mehl von außen zur Mitte schieben, bis die Zutaten grob vermengt sind. Alles zu feinen Krümeln hacken. Mit den Händen mehr drücken als kneten, bis ein glatter Teig entsteht. Den Teig schnell zu einer Kugel verarbeiten, damit er nicht brandig wird. In Folie wickeln, 1 Stunde im Kühlschrank ruhen lassen.

2. Den Teig 3 mm stark ausrollen und in die Form legen. Mit einer Teigkugel oder den Fingern den Rand andrücken. Die überstehenden Teigränder mit einem Messer abschneiden. Den Teig blindbacken, wie auf Seite 31 beschrieben. Dafür ein entsprechendes Stück Backpapier in die mit dem Teig ausgelegte Form einlegen und die Hülsenfrüchte einfüllen. Bei 200 °C im vorgeheizten Ofen 15 Minuten blindbacken. Das Backpapier und die Hülsenfrüchte entfernen.

3. In der Zwischenzeit für den Belag die Früchte waschen, abtrocknen, einmal durchschneiden und die Steine entfernen. Für die Eier-Sahne-Mischung das Ei, die Sahne und den Zucker miteinander verquirlen.

4. Die Aprikosen mit der Wölbung nach oben nebeneinander ohne Zwischenräume auf den vorgebackenen Teig legen und mit der Eier-Sahne-Mischung übergießen. 20 Minuten im vorgeheizten Ofen bei 190 °C backen. Herausnehmen, die Mandeln auf dem Kuchen verteilen und den Teigrand mit Alufolie abdecken. In weiteren 10 Minuten fertig backen. Den Kuchen nach Belieben mit Puderzucker besieben oder mit Aprikotur bestreichen.

Erst wenn die Aprikosen richtig reif und süß sind, sollte man diesen saftigen Kuchen backen.

Die Äpfel waschen, schälen, vierteln und das Kerngehäuse entfernen.

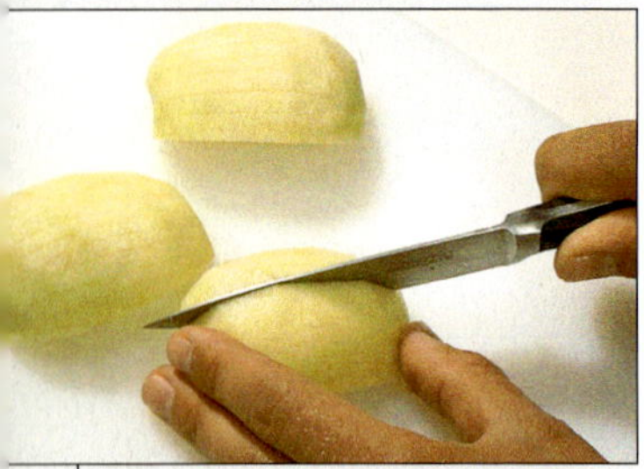

Die Viertel auf der Außenseite der Länge nach ein-, aber nicht durchschneiden.

Die Apfelstücke im Kreis von außen nach innen auf dem Teig verteilen.

Den Zucker mit den Eiern, der Sahne und der Zitronenschale verrühren.

Die Sahne-Mischung über die Äpfel gießen und gleichmäßig verlaufen lassen.

Zwei Kuchen mit Äpfeln

Apfelkuchen mit Mandelstiften

200 g Mehl, 2 EL kaltes Wasser

1 Prise Salz, 150 g kalte Butter, in Stücken

Für die Füllung:

350 g säuerliche Äpfel

850 g feines Apfelmus

1 Päckchen Vanillepuddingpulver

80 g Aprikosenkonfitüre

2 cl Aprikot-Brandy

30 g gestifelte Mandeln

Außerdem:

1 Springform von 24 cm Durchmesser

Butter und Puderzucker

1. Die Teigzutaten rasch zu einem Mürbteig verkneten, wie auf Seite 30 beschrieben. In Folie einschlagen und 30 Minuten im Kühlschrank ruhen lassen. Den Teig etwa 1/2 cm stark ausrollen, die gefettete Form damit auslegen, einen 4 cm hohen Rand anbringen und festdrücken. Den Boden mehrmals einstechen.

2. Für die Füllung 4 bis 5 EL Apfelmus mit dem Puddingpulver verrühren. Das restliche Apfelmus unterrühren und auf dem Kuchenboden verteilen.

3. Äpfel schälen, vierteln, Kerngehäuse entfernen und in Scheiben schneiden. Kranzförmig auf dem Boden verteilen. Aprikosenkonfitüre erhitzen, passieren und mit dem Brandy verrühren. Mit einem Pinsel die Äpfel damit bestreichen. Die Mandelstifte darüber streuen.

4. Bei 200 °C im vorgeheizten Ofen 45 Minuten backen. Leicht abkühlen lassen, aus der Form nehmen und auf einem Kuchengitter, eventuell über Nacht, stehen lassen. Vor dem Servieren mit Puderzucker besieben.

Apfelkuchen nach Elsässer Art

220 g Mehl, 110 g Butter

50 g Puderzucker, 1 Eigelb, 1 Prise Salz

Für den Belag und den Guss:

1 kg säuerliche Äpfel

2 EL Zitronensaft

100 g Zucker, 3 Eier, 1/8 l Sahne

abgeriebene Schale von 1 unbehandelten Zitrone

Außerdem:

1 Obstkuchenform von 28 cm Durchmesser

Puderzucker zum Besieben

1. Aus den angegebenen Zutaten einen Mürbteig herstellen, wie auf Seite 30 beschrieben. Den Teig zu einer Kugel formen, in Folie wickeln und 1 Stunde kühl ruhen lassen.

2. Auf einer Arbeitsfläche zu einer runden, 3 mm starken Platte ausrollen und die Obstkuchenform damit auslegen. Den Rand festdrücken und überstehenden Teig abschneiden.

3. Die Äpfel waschen, vierteln, Kerngehäuse entfernen und fächerförmig einschneiden, wie in der Bildfolge links gezeigt. Mit Zitronensaft beträufeln. Äpfel auf dem Mürbteigboden verteilen Den Eierguss herstellen und über den Apfelkuchen gießen, wie in den unteren beiden Bildern links beschrieben.

4. Den Kuchen bei 190 °C im vorgeheizten Ofen etwa 30 Minuten backen. Herausnehmen, etwas abkühlen lassen und noch lauwarm aus der Form nehmen. Vor dem Servieren mit Puderzucker besieben.

Zwei verschiedene Apfelkuchen – einmal mit einem Eierguss, einmal mit Apfelmus und Mandelstiften –, doch schön saftig sind sie alle beide. Zum Backen sind leicht säuerliche Apfelsorten am besten, wie Cox Orange oder Boskop.

Knusprige Hülle mit saftiger Füllung: Noch warm aus dem Ofen und in Begleitung einer Vanillesauce kommt der feine Geschmack von frischem Apfelstrudel am besten zur Geltung.

Apfelstrudel mit Vanillesauce

Die Herstellung des Teiges, dessen Qualität das Resultat maßgeblich beeinflusst, erfordert etwas Fingerspitzengefühl. Strudelteig muss geschmeidig sein, sonst lässt er sich nicht genügend ausziehen. Dabei spielt nicht zuletzt die verwendete Mehlsorte eine Rolle, am besten eignet sich ein glattes Weizenmehl.

Apfelstrudel

150 g Mehl, 1 Prise Salz
2 EL Pflanzenöl, 80 ml Wasser
Pflanzenöl zum Einreiben des Teiges, Mehl zum Bestauben
Für die Füllung:
1,2 kg säuerliche Äpfel (Cox Orange)
60 g Butter, 80 g Semmelbrösel
70 g zerlassene Butter
80 g Zucker, 1 TL gemahlener Zimt
50 g Rosinen, 40 g Walnüsse, gehackt
Für die Vanillesauce:
1/2 l Milch, 1/2 Vanilleschote
6 Eigelbe, 100 g Zucker
Außerdem:
50 g zerlassene Butter zum Bestreichen
Puderzucker zum Besieben

1. Für den Teig das Mehl auf eine Arbeitsplatte sieben. In die Mitte eine Mulde drücken, Salz und Öl hineingeben, mit der Hand etwas verrühren, nach und nach das Wasser zugießen und alles in etwa 10 Minuten zu einem geschmeidigen Teig verkneten. Zu einer Kugel formen, die Oberfläche mit Öl bepinseln. Den Teig auf einem mit Mehl bestaubten Blech mindestens 30 Minuten ruhen lassen.

2. In der Zwischenzeit die Äpfel schälen und vierteln. Das Kerngehäuse entfernen und die Apfelstücke in sehr dünne Scheiben schneiden oder hobeln.

3. In einem Pfännchen die Butter zerlassen, die Semmelbrösel darin hell anbräunen und erkalten lassen.

4. Ein großes Tuch auf einem Tisch ausbreiten. Am besten nimmt man dafür ein gemustertes, denn am durchscheinenden Muster kann man später gut erkennen, ob der Teig gleichmäßig dünn ausgezogen ist. Das Tuch mit Mehl bestauben und den Teig darauf mit einem Rollholz der Länge und Breite nach so weit wie möglich ausrollen, dann von Hand ausziehen. Dafür greift man unter den Teig und zieht ihn nach und nach von der Mitte nach außen, bis er hauchdünn ist.

5. Den Strudelteig mit Butter bestreichen, mit Semmelbrösel bestreuen und mit den Äpfeln füllen, wie in der Bildfolge rechts gezeigt. Strudel durch Anheben des Tuches von der belegten Seite her vorsichtig aufrollen, dabei immer wieder nachfassen, damit er schön fest wird. Den Strudel auf ein gebuttertes Blech legen, die Oberfläche mit zerlassener Butter bestreichen. Bei 200 °C im vorgeheizten Ofen etwa 30 Minuten backen.

6. Für die Vanillesauce die Eigelbe und den Zucker mit dem Schneebesen langsam cremig rühren, bis sich der Zucker aufgelöst hat. Milch und Vanilleschote aufkochen. Die Schote herausnehmen, das Mark in die heiße Milch streifen. Die Vanillemilch langsam unter die Eigelbmasse rühren. In eine Kasserolle umfüllen und unter Rühren erhitzen, bis die Sauce dickflüssig wird, sie darf aber nicht kochen. Die Sauce durch ein feines Sieb passieren. Den Strudel noch heiß in Stücke schneiden, mit Puderzucker besieben und mit Vanillesauce servieren.

Den Strudelteig mit zerlassener Butter bestreichen, das vordere Drittel mit den Semmelbröseln bestreuen.

Die Äpfel auf dem vorderen Drittel verteilen. Zucker, Zimt, Rosinen und Nüsse mischen und über die Äpfel streuen.

Die Teigränder etwa 1,5 cm breit einschlagen und den Strudel von der belegten Seite her vorsichtig aufrollen.

Beerenkuchen bunt gemischt

Beeren-Mandel-Kuchen

Für den Mürbteig:

65 g weiche Butter, 40 g Zucker

etwas abgeriebene Schale von 1 unbehandelten Zitrone

2 bis 3 EL Milch

60 g ungeschälte, gemahlene Mandeln

90 g Mehl

Für die Vanillecreme:

60 g Zucker, 20 g Speisestärke

2 Eigelbe

1/4 l Milch, 1/4 Vanilleschote

Puderzucker zum Besieben

60 g grob zerbröselte Amaretti

Für den Guss:

1/2 TL Agar-Agar

1/8 l Weißwein

1/8 l Apfelsaft, 25 g Zucker

Für den Belag:

60 g passierte Himbeerkonfitüre

600 g gemischte Beeren, verlesen und geputzt (Erdbeeren, Himbeeren, Brombeeren, Heidelbeeren)

Außerdem:

1 heller Biskuitboden (24 cm Durchmesser und 1 cm Höhe)

1 Tortenring von 24 cm Durchmesser

30 g geröstete Mandelblättchen

1. Für den Teig Butter, Zucker, Zitronenschale und Milch verrühren. Mandeln und Mehl unterkneten. 1 Stunde kühl stellen. Auf einer bemehlten Arbeitsfläche zu einer runden Platte von 24 cm Durchmesser ausrollen. Auf ein Backblech legen, mehrmals einstechen. Bei 200 °C im vorgeheizten Ofen 10 bis 15 Minuten backen. Vom Blech nehmen, abkühlen lassen.

2. Die Vanillecreme zubereiten, wie auf Seite 44 gezeigt. Mit Puderzucker besieben, lauwarm abkühlen lassen und 2 EL davon beiseite stellen. In die restliche Creme die Amarettibrösel einrühren.

3. Den Mürbteigboden auf eine Tortenplatte legen und mit dem Tortenring umschließen. Mit der Himbeerkonfitüre bestreichen. Den Biskuitboden auflegen, leicht andrücken und mit der Vanillecreme bestreichen. Die verlesenen und geputzten Beeren darauf verteilen.

4. Für den Guss Agar-Agar mit 2 bis 3 EL Wein verrühren. Wein, Apfelsaft und Zucker aufkochen, Agar-Agar einrühren, aufwallen und etwa 2 Minuten kochen lassen. Den Guss lauwarm über den Beeren verteilen und erstarren lassen. Den Tortenring entfernen, den Kuchenrand mit den 2 EL Vanillecreme bestreichen und mit Mandelblättchen dekorieren.

Beerenkuchen vom Blech

Für den Rührteig:

150 g weiche Butter

140 g Zucker, 3 TL Vanillezucker

5 Eier, 2 cl Apricot Brandy

50 g frisch gemahlener Mohn

150 g geschälte, gemahlene Mandeln

200 g Mehl, 2 gestrichene TL Backpulver

Für den Belag:

700 g gemischte Beeren (z.B. rote und schwarze Johannisbeeren, Brombeeren, Heidelbeeren, Stachelbeeren)

250 g Aprikosen

Außerdem:

Butter und Semmelbrösel für das Blech

100 g passierte Aprikosenkonfitüre

50 g gehobelte, geröstete Mandeln

1. Für den Teig die Butter cremig rühren, nach und nach Zucker und Vanillezucker unterrühren. Nacheinander die Eier und den Brandy einrühren. Mohn, Mandeln, Mehl und Backpulver vermischen und unter die cremige Butter rühren. Den Teig auf ein gefettetes, mit Semmelbröseln ausgestreutes Blech streichen.

2. Für den Belag die Aprikosen mit kochendem Wasser überbrühen, häuten, halbieren und entsteinen. Die Beeren verlesen und putzen. Alle Beeren in einem Sieb unter fließendem Wasser waschen und auf Küchenpapier gut abtropfen lassen. Beeren und Aprikosen auf dem Teig verteilen.

3. Bei 200 °C im vorgeheizten Ofen auf der mittleren Schiene 30 bis 35 Minuten backen. Die Konfitüre erhitzen und den Kuchen damit bestreichen. Mit Mandelblättchen bestreuen.

Was der Garten oder der Obststand hergeben, kommt mit auf diesen fröhlichen Obstkuchen, bei dem die Aprikosen sonnig herausleuchten.

Frisch aus dem Ofen und noch warm schmeckt der Traubenkuchen besonders gut. Er kann aber natürlich auch kalt serviert werden.

Traubenkuchen mit Sauerrahm-Guss

Im Spätsommer und Herbst bieten sich süße Trauben für die unterschiedlichsten Desserts an. Dieser Kuchen, mit knusprigem Teig und Trauben unter feinem Sauerrahm-Guss, wird zum Abschluss unter dem Grill noch leicht karamelisiert.

Traubenkuchen

Für den Mürbteig:
110 g Mehl
75 g Butter
20 g Puderzucker
1 Eigelb
1 Prise Salz
Mark von 1/4 Vanilleschote
Für den Belag:
250 g kleine, weiße Trauben
Für den Guss:
250 g saure Sahne (10 % Fett), 1 Ei
30 g Zucker
Mark von 1/4 Vanilleschote
Außerdem:
1 Obstkuchenform von 18 cm Durchmesser
Backpapier und Hülsenfrüchte zum Blindbacken
1 Eigelb zum Bestreichen
Puderzucker zum Besieben
gezuckerte Trauben zum Garnieren

1. Für den Mürbteig das Mehl auf eine Arbeitsfläche sieben. In die Mitte eine Mulde drücken. Die Butter in Stücken, den Puderzucker, das Eigelb, das Salz und das Vanillemark hineingeben. Die Zutaten zunächst mit einer Gabel zerdrücken, dann mit einer Palette oder einem großen, breiten Messer zu feinen Krümeln hacken. Erst jetzt alles mit den Händen zu einem glatten Teig verkneten. Dabei rasch arbeiten, damit der Teig nicht zu warm wird. Er gerät sonst brüchig und lässt sich nicht mehr so gut verarbeiten. In Folie wickeln und 1 Stunde im Kühlschrank ruhen lassen.

2. Den Teig auf einer bemehlten Arbeitsfläche ausrollen und die Kuchenform damit auslegen. Den Teigrand mit einer Kugel aus Teig oder mit den Händen an die Form drücken und den überstehenden Teig abschneiden. Den Teigboden mit einer Gabel mehrmals einstechen.

3. Backpapier zurechtschneiden, auf den Teig legen, Hülsenfrüchte darauf verteilen und den Teigboden bei 220 °C im vorgeheizten Ofen 10 Minuten blindbacken. Herausnehmen, Backpapier und Hülsenfrüchte entfernen. Den Teigboden mit dem verquirlten Eigelb bestreichen und nochmals 5 Minuten backen.

4. Die Trauben gründlich waschen, gut abtropfen lassen und abzupfen. Den vorgebackenen Teigboden gleichmäßig mit den Beeren belegen. Für den Guss die saure Sahne, das Ei, den Zucker und das Vanillemark gut miteinander verrühren und gleichmäßig über die Trauben verteilen. Bei 200 °C im vorgeheizten Ofen etwa 35 Minuten backen.

5. Aus dem Ofen nehmen und mit viel Puderzucker besieben. Den Kuchen unter dem vorgeheizten Grill gratinieren, bis ein guter Teil des Puderzuckers karamelisiert ist. Mit gezuckerten Trauben garnieren und servieren.

→ Info

Traubensorten gibt es viele – man unterscheidet nach Farbe und zwischen kernhaltigen und kernlosen Sorten. Für den Frischverzehr werden solche mit großen, knackigen Beeren, viel Saft und Süße bevorzugt. Bislang liegen weiße Trauben im Verbrauch weit vorn. Aufgrund ihrer wertvollen Inhaltsstoffe sind blaue Trauben aber auch zunehmend gefragt.

Vollwertkuchen mit Obst nach Wahl

Ob mit Kirschen, Pflaumen oder Aprikosen, mit allen Steinobstsorten ist dieser Obstkuchen – ofenfrisch und noch lauwarm serviert – immer ein Hochgenuss.

Vollwertkuchen

Für den Teig:
150 g weiche Butter
100 g brauner Zucker, 1 Ei
50 g geschälte, fein gemahlene Mandeln
2 bis 3 EL Sahne
1 Prise Salz, 1 Prise gemahlener Zimt
1 TL abgeriebene Schale von 1 unbehandelten Zitrone
300 g fein gemahlener Dinkel
1/2 TL Backpulver
30 g Sonnenblumenkerne
25 g Vollkornhaferflocken
Für den Belag:
500 g Steinobst (wie Kirschen, Pflaumen oder Aprikosen)
Außerdem:
Springform von 26 cm Durchmesser
Butter für die Form

1. Für den Teig in einer Schüssel die weiche Butter mit dem Zucker cremig rühren, das Ei hinzufügen und einarbeiten. Die gemahlenen Mandeln einrühren. Die Sahne, das Salz, den Zimt sowie die Zitronenschale unterrühren. Das Dinkelmehl mit dem Backpulver vermischen, auf die Masse geben und alles mit den Fingern zu einem krümeligen Teig verreiben. Mit Folie bedecken und den Krümelteig 1/2 Stunde in den Kühlschrank stellen.

2. Die Springform mit Butter fetten und mit der Hälfte der Sonnenblumenkerne ausstreuen. 2/3 des Krümelteigs in die Form geben und mit den Fingern zu einem Boden zusammendrücken, dabei einen etwa 1 cm hohen Rand formen. Die Haferflocken auf den Teigboden streuen.

3. Die Früchte waschen, entstielen, entsteinen und abtropfen lassen. Die Früchte auf dem Boden verteilen. Das restliche Drittel des Teigs als Streusel darüber bröseln und mit den restlichen Sonnenblumenkernen bestreuen.

4. Den Kuchen bei 190 °C auf der mittleren Schiene in den vorgeheizten Ofen schieben und in etwa 35 Minuten goldbraun backen.

Der Obstkauf

Wichtig ist, beim Einkauf jeweils auf die Qualität des Obstes zu achten. So sollte man grundsätzlich zu Kirschen mit Stiel greifen, da diese sich etwas länger halten. Aufgeplatzte Früchte sind meist schon leicht überreif und eignen sich nicht mehr so gut zum Backen. Es ist besser, Kirschen immer erst nach dem Waschen zu entstielen und entsteinen, damit sie nicht ausbluten.

Werden Aprikosen verwendet, sollten die Früchte keine Druckstellen aufweisen, diese verfärben sich schnell bräunlich. Feiner wird der Kuchen noch, wenn man die Aprikosen vor dem Backen häutet. Dazu die ganzen Früchte kurz mit heißem Wasser überbrühen und die Haut abziehen.

Auch bei Pflaumen sollte schon beim Einkauf auf gute Qualität geachtet werden. So darf das Fruchtfleisch nicht zu weich sein, auf Daumendruck aber leicht nachgeben. Der intensive Geruch sowie die leicht faltige Fruchthaut am Stielende kennzeichnen vollreife Früchte. Wer den Obstkuchen weniger süß und lieber etwas säuerlicher mag, wählt entsprechend »grünere« Exemplare dafür aus, deren Fruchtfleisch dann meist noch etwas fester ist.

Die Streusel sind bei diesem Rezept nicht nur auf, sondern auch unter dem Obst, dessen Teig so krümelig ist, dass er sich kaum ausrollen lässt.

Frisch aus dem Ofen noch lauwarm zum Kaffee serviert, so schmecken fruchtige Hefeblechkuchen einfach am besten.

Hefekuchen mit frischen Früchten

Ein leichter Genuss zum Kaffee ist der gedeckte Hefeobstkuchen. Am besten schmecken leicht säuerliche Früchte wie Johannisbeeren oder Stachelbeeren – womöglich selbst gepflückt aus dem eigenen Garten.

Stachelbeerkuchen

Für den Hefeteig:

250 g Mehl, 30 g Zucker

1 Prise Salz, 20 g frische Hefe

abgeriebene Schale von 1 unbehandelten Zitrone

30 g zerlassene Butter

1/8 l lauwarme Milch, 1 Eigelb

Für den Belag:

40 g Zwiebackbrösel

500 g reife rote Stachelbeeren

500 g grüne Stachelbeeren

Für den Guss:

150 g weiche Butter

100 g Zucker, 4 Eier

50 g Mehl, 1 Prise Salz

1/8 l Sahne

Außerdem:

Butter und Puderzucker

1. Aus den angegebenen Zutaten einen Hefeteig zubereiten, wie auf Seite 36 beschrieben. Den gut gegangenen Teig ausrollen und auf ein gefettetes Blech legen. Mit einem Tuch bedecken und nochmals 15 Minuten gehen lassen.

2. Die Zwiebackbrösel aufstreuen. Die Beeren putzen, waschen, sehr gut abtropfen lassen. Den Kuchenboden gleichmäßig mit den Stachelbeeren belegen.

3. Für den Guss die Butter, den Zucker und die Eier verrühren. Mehl, Salz und Sahne nacheinander untermischen und die Masse über die Beeren verteilen.

4. Den Kuchen bei 200 °C im vorgeheizten Ofen auf der unteren Schiene 45 Minuten backen. Herausnehmen und abkühlen lassen. Mit Puderzucker besieben und noch lauwarm servieren.

Johannisbeerkuchen, gedeckt

Für den Hefeteig:

500 g Mehl, 30 g frische Hefe

1/4 l lauwarmes Wasser

40 ml Pflanzenöl, 1 Prise Salz

Für den Belag:

je 400 g rote und schwarze Johannisbeeren

100 g Hagelzucker

Außerdem:

Fett für das Blech

1 Eigelb zum Bestreichen

20 g zerlassene Butter

1. Für den Hefeteig das Mehl in eine Schüssel sieben und in die Mitte eine Mulde drücken. Die Hefe hineinbröckeln, mit der Hälfte des Wassers auflösen und etwas Mehl vom Rand untermischen. Den Ansatz mit Mehl bestauben. Die Schüssel mit einem Tuch abdecken und an einen warmen, zugfreien Ort stellen. Den Vorteig gehen lassen, bis die Oberfläche Risse zeigt.

2. Inzwischen die Johannisbeeren von den Stielen streifen, waschen und auf einem Küchentuch gut abtropfen lassen.

3. Das restliche Wasser mit dem Öl und Salz vermischen und zum Vorteig gießen. Mit einem Holzspatel alles gut vermengen. Den Teig mit den Händen so lange schlagen, bis er Blasen wirft und sich gut von der Schüsselwand löst. Er soll glatt und elastisch sein.

4. Den Teig halbieren und zu 2 Platten ausrollen. Eine Teigplatte auf ein gefettetes Blech legen und die Hälfte der Beeren darauf verteilen. Mit der Hälfte des Hagelzuckers bestreuen, den Rand mit Eigelb bestreichen. Mit der 2. Teigplatte bedecken und die Früchte gut einschließen. Die Ränder festdrücken. Die restlichen Beeren auf dem Kuchen verteilen, die obere Teigplatte mehrmals mit einem Holzstäbchen anstechen.

5. Den Kuchen mit einem Tuch bedecken und erneut etwa 20 Minuten gehen lassen. Die Oberfläche mit der zerlassenen Butter bestreichen. Den Kuchen mit dem restlichen Hagelzucker bestreuen und bei 200 °C im vorgeheizten Ofen 30 bis 40 Minuten backen. Noch lauwarm servieren.

Fruchtige Streuselkuchen

Obendrauf knusprige Streusel, darunter ein saftiger Belag mit Aprikosen und Quark.

Rezepte wie die beiden folgenden können nach Belieben variiert werden: Abwandlungen sind durchaus erlaubt, ja sogar erwünscht. So kann man das passende Obst ganz nach Jahreszeit auswählen oder auch mal die Heidelbeeren des zweiten Kuchens mit dem Quarkbelag des ersten kombinieren, ganz nach Belieben.

Streuselkuchen mit Quark und Aprikosen

Für den Hefeteig:

300 g Mehl

20 g frische Hefe

150 ml lauwarme Milch

20 g zerlassene Butter, 1 Ei

30 g Zucker, 1 Prise Salz

Für den Quarkbelag:

600 g Quark (20 % Fett i. Tr.)

120 g Zucker, 60 g zerlassene Butter

25 g Speisestärke

1 Prise Salz, 2 Eier

abgeriebene Schale von 1/2 unbehandelten Zitrone

Für das Aprikosenkompott:

1 kg Aprikosen

250 g Zucker

400 ml Wasser

Saft von 1 Zitrone

2 cl Aprikosengeist

Für die Streusel:

350 g Mehl, 200 g Zucker, 200 g Butter

Außerdem:

Butter für das Blech

Puderzucker zum Besieben

1. Aus den angegebenen Zutaten einen Hefeteig herstellen, wie auf Seite 36 beschrieben. Alle Zutaten für den Quarkbelag gut miteinander verrühren.

2. Die Aprikosen für das Kompott in kochendem Wasser blanchieren, häuten, halbieren und von den Steinen befreien. Den Zucker mit Wasser und Zitronensaft zum Kochen bringen und 2 bis 3 Minuten köcheln lassen. Die Aprikosen einlegen und 8 bis 10 Minuten darin garen. Die Hitze dabei knapp unter dem Siedepunkt halten. Zum Schluss den Aprikosengeist zugießen. Die Aprikosen nach dem Erkalten in einem Sieb gut abtropfen lassen.

3. Ein Backblech fetten, den Teig ausrollen, darauf legen und mehrmals mit einer Gabel einstechen. Mit der Hälfte des Quarkbelags bestreichen. Mit den Aprikosenhälften belegen und den Rest der Quarkmasse gleichmäßig darauf verteilen. Den Kuchen nochmals 30 Minuten gehen lassen.

4. Inzwischen die Streusel zubereiten. Dazu Mehl, Zucker und Butter vermengen und zwischen den Fingern krümelig reiben. Gleichmäßig über den Kuchen verteilen. Bei 180 °C im vorgeheizten Ofen 35 bis 40 Minuten backen. Vor dem Servieren die Streusel mit Puderzucker besieben.

Heidelbeerkuchen

Für den Hefeteig:

Zutaten wie im Rezept links

Für den Belag:

1 kg Heidelbeeren

Für die Streusel:

350 g Mehl, 200 g Zucker

1/2 TL gemahlener Zimt

200 g zerlassene Butter

Außerdem:

Butter für das Blech

Puderzucker

1. Aus den angegebenen Zutaten einen Hefeteig herstellen, wie auf Seite 36 beschrieben.

2. Den Hefeteig in der Größe des Blechs ausrollen, auf das gefettete Blech legen und mehrmals mit einer Gabel einstechen.

3. Die Heidelbeeren verlesen, waschen, gut abtropfen lassen und den Teig damit belegen.

4. Aus Mehl, Zucker, Zimt und der Butter Streusel zubereiten, wie links beschrieben, und diese gleichmäßig über die Heidelbeeren verteilen. Den Kuchen nochmals etwa 15 Minuten gehen lassen, dann bei 220 °C im vorgeheizten Ofen 30 Minuten backen. Vor dem Servieren mit Puderzucker besieben.

Im Spätsommer haben sie Saison: saftige Zwetschgenkuchen, üppig belegt mit den reifen, violetten Früchten. Wie viele traditionelle Rezept ist auch dieses ganz einfach in der Zubereitung.

Pflaumenkuchen
Zwetschgendatschi

Pflaumenkuchen vom Blech gibt es in vielen Regionen, aber nur in Bayern und Schwaben wird der Hefekuchen liebevoll »Datschi« genannt. Die Pflaumensaison beginnt zwar schon im Juli, aber für einen echten Zwetschgendatschi sollte man den August noch abwarten. Denn erst dann gibt es die richtigen »Datschi-Zwetschgen«. Sie müssen sonnengereift, süß und dennoch trocken sein, damit sie sich gut aufschneiden lassen.

Zwetschgendatschi

Für den Hefeteig:

500 g Mehl

30 g frische Hefe

1/4 l lauwarme Milch

40 g Butter

1 Ei

50 g Zucker

1/4 TL Salz

Für den Belag:

1,5 kg Zwetschgen

Für die Streusel:

350 g Mehl

200 g Zucker

200 g Butter

Außerdem:

1 Backblech und Butter zum Ausfetten

50 g gehobelte Mandeln

1. Das Mehl in eine Schüssel sieben und in die Mitte eine Mulde drücken. Die Hefe hineinbröckeln und mit der Milch auflösen. Den Vorteig mit etwas Mehl bestauben. Die Schüssel mit einem Tuch bedecken und an einem warmen Ort gehen lassen, bis die Oberfläche Risse zeigt.

2. Die Butter zerlassen und zum Vorteig geben. Das Ei, den Zucker und das Salz zufügen. Von der Mitte aus mit dem Mehl zu einem trockenen Teig verschlagen, bis er glatt ist und sich von der Schüsselwand löst. Erneut zudecken und an einem warmen, zugfreien Ort gehen lassen, bis der Teig das doppelte Volumen erreicht hat.

3. Für den Belag die Zwetschgen waschen, abtrocknen, halbieren und die Steine herauslösen. Die Hälften vierteln, dabei aber nicht ganz durchschneiden, damit sie noch zusammenhängen. Nur so lassen sie sich beim Auflegen mühelos überlappen. Das Backblech mit Butter ausfetten. Den Teig ausrollen, auflegen, mehrmals mit einer Gabel einstechen und mit den Zwetschgen belegen.

4. Für die Streusel Mehl, Zucker und Butter vermengen und zwischen den Fingern krümelig reiben. Mit den Mandeln über die Zwetschgen verteilen. Den Teig nochmals weitere 15 Minuten gehen lassen.

5. In den auf 200 °C vorgeheizten Ofen schieben und 20 bis 30 Minuten backen. Herausnehmen und mit Puderzucker besieben.

Mit Puderzucker bestaubt und frisch vom Blech ist der saftige Pflaumenkuchen ein Genuss.

Ein Guss aus Eiern, Sahne und Zucker mildert bei der Johannisbeertarte die Säure der Früchte ebenso wie der Puderzucker, mit dem der Kuchen besiebt wird.

Aus Frankreich
Tarte mit Beeren

Raffiniert im Geschmack und doch einfach in der Zubereitung: das Richtige für heiße Tage. Der Teig ist bei beiden Rezepten der gleiche, aber Guss und Belag unterscheiden sich. Statt einer großen Tarte kann man jeweils auch vier Torteletts mit 12 cm Durchmesser backen.

Johannisbeer-Tarte

Für den Mürbteig:

220 g Mehl, 110 g kalte Butter, in Stücken

50 g gesiebter Puderzucker

1 Prise Salz, 1 Eigelb

Für den Belag:

500 g rote Johannisbeeren

3 Eier, 100 g Zucker

1/8 l Sahne

Außerdem:

Tarteform von 28 cm Durchmesser

Puderzucker zum Besieben

1. Aus den angegebenen Zutaten einen Mürbteig zubereiten, wie auf Seite 30 beschrieben.

2. Den Teig auf einer leicht bemehlten Arbeitsfläche zu einer entsprechend großen, runden Platte ausrollen, die Form damit auslegen und rundum andrücken. Den überstehenden Rand abschneiden und den Teigboden mehrmals mit einer Gabel einstechen.

3. Die Johannisbeeren von den Rispen streifen, waschen und auf Küchenpapier abtropfen lassen. Die Beeren auf dem Teig verteilen. Die Eier mit dem Zucker und der Sahne verrühren und über die Johannisbeeren gießen. Bei 190 °C im vorgeheizten Ofen etwa 30 Minuten backen.

4. Den Kuchen abkühlen lassen, bis er nur noch lauwarm ist, dann aus der Form nehmen und mit Puderzucker besieben.

Tarte mit karamelisierten Himbeeren

Für den Mürbteig:

Zutaten wie im Rezept links

Für den Belag:

500 g Himbeeren

1/4 l Milch, 2 Eigelbe

20 g Speisestärke, 100 g Zucker

4 cl Himbeergeist, 80 g Mandelmakronen

2 Eiweiße

Außerdem:

Tarteform von 28 cm Durchmesser

Puderzucker zum Besieben

1. Aus den angegebenen Zutaten einen Mürbteig zubereiten und blindbacken, wie auf Seite 30 und 31 gezeigt.

2. Für den Belag aus Milch, Eigelben, Speisestärke und 30 g Zucker eine Konditorcreme zubereiten, wie auf Seite 44 beschrieben.

3. Die Creme mit Puderzucker besieben und abkühlen lassen. Durch ein Sieb streichen, mit Himbeergeist und den zerbröselten Mandelmakronen vermischen. Die Eiweiße mit dem restlichen Zucker zu steifem Schnee schlagen und unter die Creme ziehen.

4. Die Creme auf den vorgebackenen Boden streichen und mit den verlesenen Himbeeren belegen. Großzügig mit Puderzucker besieben und unter den vorgeheizten Grill stellen, bis der Zucker karamelisiert ist.

Himbeeren schmecken einfach köstlich, doch sollten sie nach dem Pflücken bald verarbeitet werden.

Geschälte Orangenscheiben verleihen der Tarte mehr Süße, weil der bittere Ton der Schale wegfällt. Sie sind auch weicher und daher besser zu verarbeiten.

Orangen-Tarte mit Mandelcreme

Eine Creme mit zartem Mandelaroma auf knusprigem Mürbteig ist die Basis für dieses klassische französische Gebäck. Oft werden dafür die Orangen mit der Schale – natürlich nur von unbehandelter Ware – verwendet. Das ergibt einen sehr kräftigen, aber auch deutlich bitteren Geschmack. Im folgenden Rezept werden geschälte Orangen empfohlen – die Tarte ist damit süßer und zarter im Geschmack.

Orangen-Tarte

Für den Mürbteig:

190 g Mehl, 80 g Butter

50 g Puderzucker

1 Ei, 1 Prise Salz

Für die Creme:

70 g Marzipanrohmasse, 1 Eiweiß

2 cl Amaretto, 40 g Puderzucker

2 Blatt Gelatine, 200 ml Milch

ausgeschabtes Mark von 1/2 Vanilleschote

60 g Zucker, 2 Eigelbe, 20 g Speisestärke

Für den Belag:

1 kg Orangen

125 g Zucker, 1/8 l Wasser

Außerdem:

120 g Orangenmarmelade, 60 ml Wasser

1 Maraschinokirsche

Tarteform von 28 cm Durchmesser

Backpapier und Hülsenfrüchte zum Blindbacken

1. Für den Mürbteig alle Zutaten verarbeiten, wie auf Seite 30 gezeigt. Den Teig in Folie wickeln und mindestens 1 Stunde kühlen.

2. Den Teig 3 mm stark ausrollen, in die Form legen. In 25 Minuten bei 200 °C im vorgeheizten Ofen blindbacken, wie auf Seite 31 gezeigt.

3. Für die Creme die Marzipanrohmasse mit dem Eiweiß, dem Amaretto und dem Puderzucker zu einer absolut glatten Masse verrühren. Die Gelatine in etwas kaltem Wasser einweichen. Die Milch mit dem Vanillemark und dem Zucker aufkochen. Die Eigelbe mit der Speisestärke und 1 bis 2 EL der heißen Milch verrühren. Unter Rühren in die Milch gießen und mehrmals aufwallen lassen. Vom Herd nehmen, die ausgedrückte Gelatine unterrühren und dabei auflösen. Die Creme fast erkalten lassen, dabei ab und zu umrühren, damit sich keine Haut bildet. Die Marzipanmasse unterrühren. Auf den Kuchenboden geben.

4. Die Orangen schälen und dabei möglichst sorgfältig die bittere weiße Innenhaut abziehen. Die Orangen mit einem Sägemesser oder am besten mit einer Aufschnittmaschine in gleichmäßig dünne – 3 mm starke – Scheiben schneiden. Den Zucker mit dem Wasser erhitzen und die Orangenscheiben schuppenartig hineinlegen. Nach 1 Minute wieder vom Herd nehmen, zudecken und langsam auskühlen lassen. Die völlig kalten Scheiben herausnehmen und die Oberfläche der Torte überlappend belegen.

5. Die Orangenmarmelade mit dem Wasser in einer kleinen Kasserolle 2 bis 3 Minuten kochen, durch ein feines Sieb streichen und die Orangenscheiben damit bestreichen. In die Mitte der Tarte zur Dekoration eine Maraschinokirsche setzen.

→ Info

Orangen müssen vollreif geerntet werden, denn sie reifen, einmal gepflückt, nicht mehr nach. Ihren Reifezustand erkennt man übrigens nicht an der Schalenfarbe, sondern am Verhältnis zwischen Zucker und Säure, also erst nach dem Kosten. Orangen enthalten zahlreiche Mineralstoffe, sind aber vor allem wichtige Vitamin-Lieferanten.

Stachelbeeren mit süßem Baiser

Nur wirklich reife Früchte eignen sich zum frischen Verzehr. Vor der Verarbeitung trennt man mit einem scharfen Messer Stiel und Blütenansatz ab.

Wenn die Stachelbeeren so richtig reif sind, schmecken sie frisch ganz hervorragend. Direkt aus dem Garten werden sie im Hochsommer auch zu Kompott und Konfitüre eingekocht oder zu leckeren Kuchen verarbeitet.

Stachelbeerkuchen

Für den Mürbteig:

150 g Mehl

100 g Butter

50 g Zucker

1 Eigelb

ausgeschabtes Mark von 1/2 Vanilleschote

Für den Belag:

700 g grüne Stachelbeeren

1/8 l Wasser

200 g Zucker

60 g Speisestärke

40 g geschälte, geriebene Mandeln

Für die Baiserhaube:

3 Eiweiße

150 g Zucker

Außerdem:

1 Springform von 26 cm Durchmesser

Backpapier und Hülsenfrüchte zum Blindbacken

1. Für den Teig das Mehl auf eine Arbeitsfläche sieben und in die Mitte eine Mulde drücken. Die Butter in Stücken, den Zucker, das Eigelb und das Vanillemark hineingeben. Zu einem Mürbteig verarbeiten, wie auf Seite 30 beschrieben. Den Teig in Folie hüllen und mindestens 1 Stunde im Kühlschrank ruhen lassen.

2. Den Teig auf einer bemehlten Arbeitsfläche ausrollen, in die Form legen und einen 3 cm hohen Rand formen. Blindbacken, wie auf Seite 31 gezeigt. Dafür das Backpapier einlegen und die Hülsenfrüchte einfüllen. Bei 200 °C im vorgeheizten Ofen 10 Minuten backen. Die Hülsenfrüchte und das Papier entfernen.

3. Für den Belag die Stachelbeeren waschen und putzen. In einer Kasserolle das Wasser mit dem Zucker aufkochen. Die Beeren zufügen und bei kleiner Hitze 15 Minuten köcheln. Für die Garnitur 15 Stachelbeeren schon nach 10 Minuten herausnehmen. Alle anderen Beeren in einem Sieb ablaufen lassen. Den aufgefangenen Saft erneut aufkochen. Die Speisestärke mit etwas kaltem Wasser anrühren und den Saft damit binden. Etwas abkühlen lassen. Die Stachelbeeren und Mandeln in den Guss rühren, auf dem vorgebackenen Boden verteilen und die Oberfläche glatt streichen.

4. Für die Baiserhaube die Eiweiße steif schlagen, dabei den Zucker einrieseln lassen und weiterschlagen, bis der Eischnee schnittfest ist. In einen Spritzbeutel mit Sterntülle Nr. 10 füllen und ein Gitter sowie Rosetten auf den Kuchen spritzen.

5. Den Kuchen bei 190 °C im vorgeheizten Ofen in 20 Minuten bräunen. Aus dem Ofen nehmen und abkühlen lassen. Aus der Form lösen und mit den zur Seite gelegten Stachelbeeren garnieren.

Von Juni bis August reifen in den Gärten die Stachelbeeren; damit beginnt auch die Zeit der Stachelbeerkuchen. In diesem Rezept bildet die Süße des Baisers einen reizvollen Kontrast zur Säure der Früchte.

Es muss nicht immer Torte sein – aus diesem Rezept lassen sich auch kleine Zitronentörtchen zubereiten. Die angegebenen Zutaten reichen für 12 Förmchen von 8 bis 10 cm Durchmesser.

Zitronentorte mit Baiserhaube

Diese Torte schmeckt erfrischend, ist leicht und luftig, also genau richtig für die warme Jahreszeit. Das Rezept lässt sich übrigens auch zu einer Orangentorte umwandeln. Etwas Zitronensaft ist dann zur geschmacklichen Abrundung trotzdem nötig. Als Kuchenform eignet sich eine Pieform von 26 cm mit gewelltem Rand und losem Boden.

Zitronentorte

Für den Mürbteig:

220 g Mehl, 110 g Butter

50 g Puderzucker

1 Eigelb

1 Messerspitze Salz

Für die Zitronencreme:

1/4 l Milch

30 g Zucker, 3 Eigelbe

30 g Speisestärke

Saft von 1 Zitrone

abgeriebene Schale von 2 unbehandelten Zitronen

Für die Baisermasse:

5 Eiweiße, 150 g Zucker

100 g Puderzucker

Außerdem:

1 Pieform von 26 cm Durchmesser

Backpapier und Hülsenfrüchte zum Blindbacken

1. Für den Teig das Mehl in eine Schüssel sieben und in die Mitte eine Mulde drücken. Die Butter in Stücken, den Puderzucker, das Eigelb und das Salz hineingeben und zu einem Mürbteig arbeiten, wie auf Seite 30 beschrieben. Den Teig zu einer Kugel formen, in Folie wickeln und mindestens 1 Stunde im Kühlschrank ruhen lassen.

2. Den Teig ausrollen und die Kuchenform damit auslegen. Die Ränder andrücken und den überstehenden Teig abschneiden. Den Boden blindbacken, wie auf Seite 31 beschrieben. Das Backpapier in die Form legen, die Hülsenfrüchte einfüllen und den Teig bei 190 °C etwa 15 Minuten backen. Die Hülsenfrüchte und das Papier entfernen, den Boden in nochmals 10 bis 15 Minuten hellbraun backen.

3. Für die Zitronencreme die Milch mit dem Zucker aufkochen. Die Eigelbe mit der Speisestärke verrühren, 1 bis 2 EL der heißen Milch darunterrühren und mit dieser Mischung die Milch binden, das heißt, unter ständigem Rühren mit dem Schneebesen die Milch einige Male aufwallen lassen. Zitronensaft und -schale darunter rühren.

4. Parallel zur Zitronencreme die Eiweiße in einer völlig fettfreien Schüssel zu Schnee schlagen, dabei den Zucker einrieseln lassen und weiterschlagen, bis ein steifer, schnittfester Eischnee entstanden ist. Mit einem Holzspatel den gesiebten Puderzucker unterheben. Die Hälfte dieses Eischnees auf dem Herd mit dem Schneebesen unter die Zitronencreme rühren und das Ganze nochmals aufwallen lassen.

5. Die heiße Zitronencreme auf den gebackenen Mürbteigboden geben und die Oberfläche glatt streichen. Den restlichen Eischnee auf die Torte streichen und die Oberfläche mit dem Tortenmesser wellenförmig aufrauen. Unter dem Grill oder bei Oberhitze im vorgeheizten Ofen überbacken, bis der Schnee hellbraun ist.

Schon im Altertum waren Zitronen in Griechenland heimisch. Sie gehören noch heute zu den beliebtesten Zutaten dieser Küche.

Erdbeerkuchen mit Frischkäse

Erdbeeren schmecken einfach unwiderstehlich. Innerhalb der kurzen Saison kann man gar nicht genug davon essen.

Falls man für die Käsecreme keinen Frischkäse dieser Fettstufe bekommt, kann man stattdessen auch einen trockenen Speisequark oder Schichtkäse mit 20 % Fett i.Tr. verwenden.

Erdbeer-Käsekuchen

Für den Mürbteig:

180 g Mehl

65 g Puderzucker

95 g Butter

1 Eigelb

Für das Rotweingelee:

1/4 l Rotwein

1/2 TL Agar-Agar

1/2 TL Zimt

40 g Zucker

Für die Frischkäsecreme:

4 Blatt weiße Gelatine

2 Eigelbe

abgeriebene Schale von 1/2 unbehandelten Zitrone

100 g Zucker, 1 Prise Salz

1/8 l Milch, 1/4 l Sahne

250 g Frischkäse (20 % Fett i. Tr.)

Außerdem:

480 g frische Erdbeeren

Kakaopulver

1 Springform von 24 cm Durchmesser

Backpapier, Linsen zum Blindbacken

1. Aus den angegebenen Zutaten einen Mürbteig herstellen, wie auf Seite 30 beschrieben, und mindestens 30 Minuten kühl ruhen lassen.

2. Den Boden der Springform zum Blindbacken mit Backpapier auslegen. Den Teig zu einem Kreis mit einem Durchmesser von 27 cm ausrollen, in die Form legen, mehrmals mit einer Gabel einstechen. Einen Teigrand von 1,5 cm Höhe anlegen und leicht festdrücken. Backpapier einlegen, mit Linsen bedecken und den Mürbteigboden bei 200 °C im vorgeheizten Ofen etwa 20 Minuten blindbacken. Den Boden in der Form auskühlen lassen, Backpapier und Linsen herausnehmen.

3. Für das Rotweingelee 3 EL Rotwein mit dem Agar-Agar verrühren. Den restlichen Rotwein mit Zimt und Zucker erhitzen, gelösten Agar-Agar unterrühren und die Mischung etwa 2 Minuten köcheln lassen. Erdbeeren waschen und putzen. Die Früchte vierteln und den vorgebackenen Boden damit belegen. Das etwas abgekühlte Rotweingelee mit einem Esslöffel gleichmäßig über die Erdbeeren verteilen. In den Kühlschrank stellen, bis das Gelee fest geworden ist.

4. Für die Frischkäsecreme die Gelatine in kaltem Wasser einweichen. Eigelbe, Zitronenschale, Zucker, Salz sowie Milch verrühren und auf einem warmen Wasserbad so lange mit einem Holzlöffel verrühren, bis die Mischung eine cremige Konsistenz erhält. Vom Wasserbad nehmen und die ausgedrückte Gelatine darin auflösen.

5. Die Sahne steif schlagen. Den Frischkäse in einer Schüssel mit der Eigelbcreme verrühren und die geschlagene Sahne vorsichtig unterheben. Den Boden aus dem Kühlschrank nehmen, die Käsemasse auf dem erstarrten Gelee verteilen und glatt streichen.

6. Die Torte für weitere 2 Stunden in den Kühlschrank stellen. Herausnehmen, vorsichtig aus der Form lösen und mit einer dichten Schicht Kakaopulver besieben.

Der Tortenboden weicht nicht durch und bleibt schön mürbe, wenn man ihn mit Biskuitbröseln bestreut oder mit einer Oblate passender Größe belegt, bevor die Erdbeeren aufgelegt werden.

Fruchtige Sahneroulade

Die eingeweichte Gelatine unter Rühren in dem Saft auflösen, den Rum zugießen und etwas abkühlen lassen.

Die geschlagene Sahne mit dem Schneebesen vorsichtig unterrühren.

Zarter Biskuitteig und das Aroma exotischer Früchte sind ein bewährter Klassiker der Konditorenkunst. Die sahnig gefüllte Biskuitroulade ist, schön dekoriert, ein optimales Dessert, wenn Sie einmal viele Gäste haben, denn sie reicht für 10 Personen.

Fruchtige Sahneroulade

Für den Biskuit:
6 Eigelbe
80 g Zucker
1 Messerspitze Salz
1/2 TL abgeriebene Schale von 1 unbehandelten Zitrone
4 Eiweiße
70 g Mehl
20 g Speisestärke
Für die Frucht-Sahne-Creme:
Saft von 2 Orangen, abgeriebene Schale von 1 unbehandelten Orange
Saft von 1 Limette
2 Maracujas
120 g Zucker, 5 Blatt weiße Gelatine
20 ml brauner Rum
3/8 l Sahne, steif geschlagen
Außerdem:
Pergamentpapier
Puderzucker zum Besieben
Erdbeeren zum Garnieren

1. Für den Biskuit die Eigelbe mit 1/4 des Zuckers, Salz und Zitronenschale schaumig rühren. Die Eiweiße zu sehr steifem, schnittfestem Schnee schlagen, dabei den restlichen Zucker einrieseln lassen. Die Eigelbmasse unter den Schnee heben, die Mehl-Stärke-Mischung darübersieben und unterziehen.

2. Die Biskuitmasse gleichmäßig auf einem mit Pergamentpapier belegten Blech (etwa 36 x 42 cm) verstreichen. Bei 230 bis 240 °C im vorgeheizten Ofen in 8 bis 10 Minuten (unter Sicht) hellbraun backen. Herausnehmen, den Biskuit am Papierrand sofort vom Blech ziehen, auf ein leicht angefeuchtetes Tuch stürzen, mit einem feuchten Tuch bedecken und abkühlen lassen.

3. Eine unbehandelte Orange unter warmem Wasser abbürsten und die Schale abreiben. Fruchtfleisch der Maracujas auslösen. Orangen und Limette auspressen und den Saft zusammen mit der Orangenschale und dem Maracuja-Fruchtfleisch aufkochen. Mit dem Zucker 3 bis 4 Minuten weiterkochen, durch ein feines Sieb passieren.

4. Für die Sahnecreme die eingeweichte und gut ausgedrückte Gelatine unter Rühren in dem Fruchtsaft auflösen, wie in der Bildfolge links gezeigt. Den Rum zugießen und etwas abkühlen lassen. Die Sahne steif schlagen und mit dem Schneebesen vorsichtig unterheben.

5. Vom Biskuit das Papier abziehen, die Creme gleichmäßig darauf verstreichen, etwas fest werden lassen und den Biskuit von der Längsseite her aufrollen. Kühl stellen.

6. Die Biskuitroulade mit Puderzucker besieben und mit einem glühenden Draht ein Muster einbrennen. Die Roulade in Scheiben schneiden und mit Erdbeeren dekorieren.

So wird professionell dekoriert: In den dichten Puderzucker wird mit einem heißen Metallstab ein Muster in die Sahneroulade eingebrannt.

Quark-Obst-Kuchen

Fruchtige Quarkschnitten

Fruchtige Quarkschnitten

Für den Mürbteig:
300 g Mehl, 200 g Butter
100 g Puderzucker, 1 Prise Salz, 1 Eigelb
Für die Quarkcreme:
8 Blatt weiße Gelatine, 1/8 l Milch
180 g Zucker, 1 Prise Salz
abgeriebene Schale von 1 unbehandelten Zitrone
4 Eigelbe, 1/2 l Sahne
500 g Quark (20 % Fett i. Tr.)
Für den Belag:
1 Dose Pfirsichhälften (470 g)
250 g Himbeeren, 250 g Brombeeren
200 g rote Johannisbeeren
200 g Heidelbeeren
Außerdem:
Alufolie, Puderzucker zum Besieben

1. Aus den angegebenen Zutaten einen Mürbteig zubereiten, wie auf Seite 30 beschrieben. Den Teig auf Blechgröße ausrollen, auf das Blech legen und mit einer Gabel mehrmals einstechen. Bei 200 °C im vorgeheizten Ofen etwa 10 Minuten backen. Herausnehmen und auskühlen lassen. Den Boden vom Blech lösen und mit einer Manschette von etwa 7 cm Höhe aus vierfach gefalteter Alufolie umschließen.

2. Für die Quarkcreme die Gelatine in kaltem Wasser einweichen. Die Milch mit Zucker, Salz, Zitronenschale und den Eigelben verquirlen. Unter ständigem Rühren einmal aufkochen lassen. Die gut ausgedrückte Gelatine in der heißen Creme auflösen und abkühlen lassen. Die Sahne steif schlagen und den Quark durch ein Sieb streichen. Sobald die Creme zu erstarren beginnt, Quark und Sahne unterheben.

3. Inzwischen die Pfirsichhälften in einem Sieb abtropfen lassen und etwa 1 cm groß würfeln. Die Beeren verlesen und mit den Pfirsichwürfeln vermischen. Die Hälfte der Früchte auf dem Boden verteilen.

4. Die Quarkcreme auf die Früchte streichen und den Kuchen in den Kühlschrank stellen. Sobald die Creme fest zu werden beginnt, die restlichen Früchte darauf verteilen. Den Kuchen kühlen, bis die Creme vollständig erstarrt ist. Vor dem Servieren mit Puderzucker besieben und in Schnitten von 8 x 5 cm schneiden.

Ob runde Torte oder fruchtige Schnitte: Die Verbindung von Quark mit Früchten ist ideal für erfrischende Kuchen.

Quark-Obst-Kuchen

Für den Biskuitteig:

3 Eigelbe, 65 g Zucker, 3 Eiweiße

50 g Speisestärke, 70 g Mehl

Für die Quarkcreme:

4 Blatt weiße Gelatine, 1/8 l Milch

100 g Zucker, 1 Prise Salz

Mark von 1 Vanilleschote

abgeriebene Schale von 1/2 unbehandelten Zitrone

2 Eigelbe, 1/4 l Sahne

250 g Quark (20 % Fett i. Tr.)

Für den Obstbelag:

1 Dose Aprikosen (240 g), 250 g Erdbeeren, 150 g Himbeeren, 100 g Johannisbeergelee

Außerdem:

1 Springform von 24 cm Durchmesser

1 Päckchen klarer Tortenguss, Tortenring

50 g geröstete Mandelblättchen

1. Aus den angegebenen Zutaten einen Biskuit zubereiten, wie auf Seite 34 beschrieben. Bei 200 °C im vorgeheizten Ofen 35 Minuten backen. Die Quarkcreme und Früchte zubereiten, wie im Rezept links beschrieben. Die Aprikosen in einem Sieb abtropfen lassen, den Saft auffangen. Abmessen, bei Bedarf mit Wasser auf 1/4 l auffüllen.

2. Den Biskuitboden mit Johannisbeergelee bestreichen und mit dem Tortenring umschließen. Die Quarkcreme darauf verteilen, glatt streichen und im Kühlschrank fest werden lassen. Die Beeren und die Aprikosen auf dem Kuchen arrangieren. Den Tortenguss mit dem Aprikosensaft zubereiten und den Kuchen damit überziehen. Den Rand mit den Mandelblättchen einstreuen.

→ Tipp

Wer die beiden Kuchen auf dieser Seite statt mit Pfirsichen oder Aprikosen aus der Dose lieber mit frischen Früchten zubereiten möchte, sollte die Früchte zumindest blanchieren und dann häuten oder vorher daraus ein Kompott kochen.

Nur reife und wirklich süße Früchte sollte man verwenden, wenn diese Torte optimal gelingen soll. In der Kombination mit dem Blätterteig wird man dann mit großem Genuss belohnt.

Orangen-Quarktorte

Für das Aroma der Orangencreme ist auch die Schale der Orangen wichtig, weshalb diese unbehandelt sein muss. Damit nur die äußere Schale in die Creme kommt, kann man sie, statt mit einer Reibe, mit Würfelzucker abreiben. Das ist zwar mühsam, garantiert aber, dass wirklich nichts von der leicht bitteren weißen Unterhaut den Wohlgeschmack der Creme stört.

Orangen-Quarktorte

300 g Blätterteig, tiefgekühlt
Für die Quarkcreme:
7 Blatt Gelatine
3 Eigelbe
120 g Zucker
1 Messerspitze Salz
3 unbehandelte Orangen (1/8 l Saft)
50 g Würfelzucker
1/8 l Milch
400 g trockener Quark (oder Schichtkäse)
1/2 l Sahne
Für den Zuckerguss:
Saft von 1 Orange (30 ml)
80 g Puderzucker
Außerdem:
1 Springform oder 1 Tortenring von 26 cm Durchmesser
12 Orangenfilets zum Garnieren

1. Den Blätterteig auftauen, grob würfeln und auf der bemehlten Arbeitsfläche wieder zu einem glatten Teig kneten. So geht er beim Backen nicht zu stark auf. Halbieren und 2 Böden von je 28 cm Durchmesser ausrollen. Jeweils auf ein mit Pergamentpapier belegtes Backblech legen, mehrmals einstechen. 1/2 Stunde ruhen lassen. In dem auf 220 °C vorgeheizten Ofen 10 bis 12 Minuten hellbraun backen. Dabei »schnurren« die Böden auf etwa 26 cm Durchmesser zusammen.

2. Für die Quarkcreme die Gelatine in etwas kaltem Wasser einweichen. Die Eigelbe mit dem Zucker in einer Kasserolle verrühren. Das Salz zugeben. Die Schale der gewaschenen Orangen mit dem Würfelzucker oder einer feinen Reibe sorgfältig abreiben und zugeben. Den Orangensaft und die Milch zugießen, mit einem Schneebesen kräftig durchrühren. Unter ständigem Rühren bis kurz vor dem Siedepunkt erhitzen. Die Gelatine ausdrücken und darin unter Rühren auflösen.

3. Den Quark in eine Schüssel geben, die leicht abgekühlte Creme darüber gießen und sofort kräftig mit dem Schneebesen zu einer glatten Creme durchrühren. Die Sahne steif schlagen und schnell unter die noch fast lauwarme Quarkcreme rühren.

4. Einen Boden in eine Springform legen oder mit einem Tortenring umstellen und die Creme einfüllen. Im Kühlschrank vollständig erstarren lassen. Für den Guss den Saft mit dem Puderzucker zu einer dünnflüssigen Glasur rühren und damit den zweiten Boden bestreichen. Trocknen lassen und in 12 Stücke teilen.

5. Die Torte aus der Form oder dem Ring lösen, den vorgeschnittenen Boden als Oberfläche darauf verteilen. Orangenfilets zubreiten, wie in der Bildfolge rechts gezeigt, und den Kuchen damit garnieren.

Mit einem kleinen, scharfen Messer die Schale der Orange von oben nach unten in Segmenten abschneiden.

Die Orange drehen, an den Häuten mit dem Messer einschneiden und die Filets herausheben.

Obstbaiser fruchtig und süß

Wem ein ganzes Blech Johannisbeer-Baiser zu viel erscheint, der halbiert einfach alle Zutatenmengen, bereitet den Teig ohne die Milch zu und backt ihn als Torte in einer Springform mit 26 cm Durchmesser. Beim Auskleiden mit dem Teig dabei einen etwa 3 cm hohen Rand formen.

Johannisbeer-Baiser

Für 1 Blech:
375 g Mehl
190 g kalte Butter
130 g Puderzucker
1 Eigelb, 1 EL Milch
Für den Belag:
300 g gemahlene Haselnüsse
150 g Zucker
2 cl brauner Rum
1/4 TL gemahlener Zimt
3 bis 4 Eiweiße
Für den Baiser:
4 Eiweiße, 200 g Zucker
800 g rote Johannisbeeren

1. Die Johannisbeeren in einem Sieb unter fließendem Wasser kurz waschen, abtropfen lassen und vorsichtig von den Rispen streifen.

2. Für den Mürbteig das Mehl auf eine Arbeitsfläche sieben und in die Mitte eine Mulde drücken. Die Butter in Stücken, den Puderzucker, das Eigelb und die Milch hineingeben und alle Zutaten mit den Händen rasch zu einem Teig verkneten. Zu einer Kugel formen, in Folie wickeln und 2 Stunden kühl ruhen lassen. Den Teig in Blechgröße gleichmäßig stark ausrollen und auf das Backblech legen, mit einer Gabel mehrmals einstechen.

3. Für den Belag die Haselnüsse mit Zucker, Rum, Zimt und 3 Eiweißen zu einer streichfähigen Masse verrühren. Nach Bedarf das 4. Eiweiß untermengen. Die Masse auf dem Teig verstreichen. Den Kuchen bei 220 °C im vorgeheizten Ofen auf der mittleren Schiene etwa 20 Minuten vorbacken, herausnehmen und auskühlen lassen.

4. Für die Baisermasse die Eiweiße steif schlagen, dabei nach und nach den Zucker einrieseln lassen. Die Johannisbeeren unterheben und die Masse auf den vorgebackenen, ausgekühlten Boden streichen. Den Kuchen bei 190 °C im vorgeheizten Ofen in 20 Minuten fertig backen.

Rhabarber-Baiser

Für den Rührteig:
125 g Butter, 125 g Zucker
1 Ei, 2 Eigelbe
50 g gesiebte Speisestärke
150 g Mehl
1 TL Backpulver
1 Prise Salz
1 Prise gemahlene Nelken
1/2 TL gemahlener Zimt
abgeriebene Schale von 1/2 unbehandelten Zitrone
Für den Belag:
500 g Rhabarber, geputzt, in 3 cm langen Stücken

In der Mitte ein Gitter, am Rand Rosetten – aus Baisermasse lassen sich attraktive Verzierungen spritzen.

Für den Baiser:
3 Eiweiße, 100 g Zucker
1 cl Zitronensaft
50 g flüssiger Blütenhonig
Außerdem:
1 Springform von 24 cm Durchmesser
2 bis 3 EL erwärmte Aprikotur zum Bestreichen
Butter, 20 g geröstete Mandelblättchen

1. Für den Teig die Butter, den Zucker, das Ei, die Eigelbe, die Speisestärke, das Mehl, das Backpulver und die Gewürze mit der Küchenmaschine zu einem glatten Teig verarbeiten. In die gefettete Springform füllen und die Oberfläche glatt streichen.

2. Die Rhabarberstücke auf dem Teig verteilen. Bei 190 °C im vorgeheizten Ofen 35 bis 40 Minuten backen. Aus dem Ofen nehmen und leicht abkühlen lassen. Aus der Form lösen.

3. Für die Baisermasse die Eiweiße mit dem Zitronensaft steif schlagen, dabei zuerst den Zucker einrieseln lassen, dann den Honig zufügen. Mit einem Spritzbeutel mit Sterntülle Nr. 12 ein Gitter auf die Kuchenoberfläche spritzen und dieses am Rand dekorativ mit Rosetten verzieren.

4. Bei starker Oberhitze oder unter dem Grill im vorgeheizten Ofen hellbraun werden lassen. Den Rand des Kuchens mit Aprikotur bestreichen und mit Mandelblättchen einstreuen.

Zweierlei Himbeertorte

Ein fruchtiger Traum in Rot und Rosa: Die Torten sind ein Muss, wenn Sie Himbeerliebhaber sind. Die Zutaten in diesem Rezept – Mürbteigböden, Mousse und Himbeerguss – reichen für 2 Torten, die sich lediglich in der Dekoration unterscheiden. Wenn Sie nur eine der Torten backen wollen, müssen Sie die Zutaten halbieren.

Himbeertorte

Für den Mürbteig:

300 g Mehl, 200 g Butter

100 g Zucker, 1 Prise Salz, 1 Eigelb

Für die Himbeermousse:

6 Blatt weiße Gelatine, 400 g Himbeeren

150 ml Rotwein, 8 cl Himbeerlikör

3 Eigelbe, 260 g Zucker

80 ml Wasser, 2 Eiweiße

300 ml Sahne

Für den Himbeerguss:
200 g Himbeeren, 350 ml Rotwein
1 1/4 TL Agar-Agar, 100 g Zucker
Zum Fertigstellen der 1. Torte:
1/4 l Sahne, 20 g Zucker
50 g Himbeeren
Zum Fertigstellen der 2. Torte:
500 g Himbeeren, 80 g Marzipanrohmasse
40 g Puderzucker, 50 g Aprikotur
1/4 l Sahne, 20 g Zucker
gehackte Pistazien
Außerdem:
2 Tortenringe von 24 cm Durchmesser
80 g passierte Himbeerkonfitüre
2 helle Biskuitböden von jeweils 24 cm Durchmesser und 1 cm Höhe

1. Den Mürbteig zubereiten, wie auf Seite 30 beschrieben. Halbieren und zu 2 runden Böden von je 24 cm Durchmesser ausrollen. Auf ein Backblech legen und mit einer Gabel mehrmals einstechen. Bei 180 °C im vorgeheizten Ofen in 8 bis 10 Minuten hellbraun backen. Auskühlen lassen. Jeden Boden auf eine Tortenplatte legen und jeweils mit einem Tortenring umschließen. Die Böden gleichmäßig mit der Himbeerkonfitüre bestreichen. Jeweils 1 Biskuitboden auflegen und etwas andrücken.

2. Die Himbeeren mit 50 ml Rotwein pürieren und durch ein Sieb streichen. 5 EL davon abnehmen, mit 2 cl Himbeerlikör verrühren und die Biskuitböden damit tränken.

3. Restliches Himbeermark, Wein und Likör zusammengeben und aufkochen. Die eingeweichte Gelatine gut ausdrücken und unter Rühren in der heißen Mischung auflösen. Die Eigelbe mit 80 g Zucker schaumig rühren und die noch heiße Himbeermischung unterziehen.

4. Den restlichen Zucker mit dem Wasser »zum Ballen kochen«, das heißt so lange, bis ein Tropfen des Sirups, den man in Eiswasser fallen lässt, sich zwischen den Fingern zu einer weichen Kugel formen lässt. Parallel dazu die Eiweiße steif schlagen. Den Zuckersirup in feinem Strahl in den Eischnee einlaufen lassen und weiterschlagen, bis die Baisermasse etwas abgekühlt ist. Unter die Himbeer-Eigelb-Mischung heben und alles abkühlen lassen. Sahne steif schlagen und unterziehen, sobald die Himbeercreme zu erstarren beginnt.

5. Die Creme zu gleichen Teilen auf die Biskuitböden verteilen und die Oberflächen glatt streichen. Die 1. Torte im Kühlschrank fest werden lassen. Die Creme der 2. Torte anziehen lassen, mit den Himbeeren belegen und ebenfalls im Kühlschrank fest werden lassen.

6. Für den Guss die Himbeeren mit 50 ml Rotwein pürieren und durch ein Sieb streichen. Agar-Agar mit 4 bis 5 EL Rotwein anrühren. Restlichen Wein mit Zucker und Himbeermark aufkochen. Agar-Agar einrühren und 2 Minuten kochen lassen. Möglichst weit abkühlen lassen – der Guss darf aber noch nicht erstarren – und die Hälfte des Gusses auf der 1. Torte glatt streichen. Mit dem restlichen Guss die Himbeeren der zweiten Torte überziehen. Den Guss auf beiden Torten fest werden lassen, dann die Tortenringe entfernen.

7. Zum Fertigstellen der 1. Torte die Sahne mit dem Zucker steif schlagen. Mit einem Spritzbeutel (Sterntülle Nr. 17) Rosetten auf die Torte spritzen und jede Rosette mit 1 Himbeere verzieren.

8. Für die 2. Torte Marzipanrohmasse und Puderzucker verkneten, zu einem Streifen von 4,5 cm Breite und 26 cm Länge ausrollen. Nach Belieben ein Muster eindrücken. Den Tortenrand mit erhitzter Aprikotur bestreichen. Den Marzipanstreifen um die Torte legen und etwas andrücken. Sahne und Zucker steif schlagen und mit dem Spritzbeutel (Sterntülle Nr. 17) Rosetten auf die Torte spritzen und diese mit Pistazien bestreuen.

Diese Torte bietet Himbeeren satt: als Belag, in der Mousse, in der Konfitüre zwischen den Böden und sogar im Guss.

Torten sahnig fein

Das Geheimnis des Tortenbackens wird in diesem Kapitel gelüftet. Einfache und raffinierte Ideen für bekannte Klassiker wie Sachertorte und Prinzregententorte, aber auch interessante moderne Rezepte, wie Joghurt-Krokant-Torte (im Bild links) oder Erdbeer-Sahne-Baiser muss man einfach einmal ausprobieren.

Holländer Kirschtorte

Herrlich knusprig sind die Böden, sahnig-fruchtig die Füllung. Ob wirklich in Holland der Ursprung dieser klassischen Sahnetorte liegt, bleibt dahingestellt, jedenfalls gehört sie zum Repertoire jeder feinen Konditorei in Deutschland.

Holländer Kirschtorte

400 g Blätterteig, tiefgekühlt

Für die Füllung:

1 Glas Sauerkirschen mit Saft (450 g Fruchteinwaage)

1 Messerspitze Zimt, 100 g Zucker

3 TL Speisestärke

3/4 l Sahne

Für die Glasur:

60 g Johannisbeerkonfitüre

80 g Fondant oder Eiweißglasur

Außerdem:

1 Springform von 26 cm Durchmesser

1. Der Blätterteig für diese Torte darf nicht zu stark aufgehen. Deshalb den Teig auftauen, in 8 bis 10 Stücke schneiden und auf einer bemehlten Unterlage wieder zusammenkneten. Auf diese Weise werden seine gleichmäßigen Teig- und Fettschichten zerstört, sodass er nicht mehr so stark aufgehen kann. Den Teig in 3 Stücke teilen, in Folie wickeln und 1 Stunde im Kühlschrank ruhen lassen.

2. Jedes Teigstück zu einem runden Boden von mindestens 28 cm Durchmesser ausrollen. Jeweils auf ein mit Backpapier belegtes Backblech legen, mehrmals einstechen. 1/2 Stunde ruhen lassen. In dem auf 220 °C vorgeheizten Ofen 10 bis 12 Minuten hellbraun backen. Dabei werden sie etwas kleiner, sodass sie etwa einen Durchmesser von 26 cm erreichen. Wenn nötig, die Böden noch zurechtschneiden.

3. Die Kirschen abtropfen lassen. Den aufgefangenen Saft mit Zimt und der Hälfte des Zuckers aufkochen. Die mit etwas Wasser angerührte Speisestärke einrühren und kurz aufkochen lassen. Die Kirschen, bis auf 12, zugeben und abkühlen lassen. Die Sahne mit dem restlichen Zucker steif schlagen.

4. Die Torte, wie in der Bildfolge unten gezeigt, zusammensetzen. Zum Schluss den vorgeschnittenen Boden aufsetzen und leicht andrücken. Mit Kirschen und Sahne garnieren.

Einen Boden in die Form legen, dünn mit Sahne bestreichen. Mit einem Spritzbeutel (Lochtülle Nr.12) 4 Sahneringe aufspritzen.

Die Sauerkirschen gleichmäßig zwischen die Sahneringe einlegen. Den zweiten Boden auflegen, leicht andrücken.

Eine zweite Sahneschicht bis zur Höhe des oberen Springformrandes einfüllen und sorgfältig glatt streichen.

Den Ring der Springform vorsichtig abnehmen und den Rand der Torte ringsherum gleichmäßig mit Sahne einstreichen.

Den letzten Boden auf der Unterseite mit heißer Konfitüre bestreichen, trocknen lassen und dünn mit Fondant glasieren.

Die Glasur antrocknen lassen und den Boden mit einem langen, feuchten Messer in einzelne Tortenstücke schneiden.

Die dekorativen Baisertupfen werden nur kurz überbacken, allerdings bei großer Hitze. Dabei darf man die Torte jedoch keine Minute aus den Augen lassen, damit sie nicht zu dunkel wird.

Aprikosen-Weincreme-Torte

Vin Santo, der Dessertwein aus der Toskana, verleiht dieser Torte ihr besonderes Aroma. Ist Vin Santo nicht erhältlich, kann man die Torte selbstverständlich auch mit vergleichbaren Dessertweinen zubereiten, etwa mit Marsala, Madeira, weißem Port oder einem Cream Sherry.

Aprikosen-Weincreme-Torte

250 g tiefgekühlter Blätterteig
Für das Aprikosenkompott:
500 g Aprikosen, 125 g Zucker
200 ml Wasser
Saft von 1/2 Zitrone
1 cl Amaretto
Für die Weincreme:
7 Blatt weiße Gelatine
1/8 l Vin Santo, 80 g Zucker
Saft von 1 Orange
3 Eigelbe
3/8 l Sahne, steif geschlagen
Für die Baiserhaube:
4 Eiweiße, 200 g Zucker
Außerdem:
1 Tortenring von 24 cm Durchmesser
Backpapier, Mehl
100 g gehobelte, geröstete Mandeln

1. Den Blätterteig auftauen lassen. Auf einer bemehlten Arbeitsfläche zu einem runden Boden von 28 cm Durchmesser ausrollen. Auf ein mit Backpapier belegtes Blech legen, mehrmals mit einer Gabel einstechen und 30 Minuten kühl ruhen lassen. Bei 200 °C im vorgeheizten Ofen in etwa 15 bis 20 Minuten hellbraun backen. Dabei »schnurrt« er etwas zusammen. Wenn nötig, den Boden mit Hilfe des Tortenrings in der richtigen Größe zuschneiden.

2. Die Aprikosen für das Kompott blanchieren, häuten, halbieren und entsteinen. Zucker, Wasser und Zitronensaft in einem Topf 2 bis 3 Minuten köcheln lassen. Die Früchte einlegen und in 8 bis 10 Minuten weich kochen. Vom Herd nehmen, den Amaretto einrühren. Die abgekühlten Früchte in einem Sieb gut abtropfen lassen.

3. Für die Weincreme die Gelatine in kaltem Wasser einweichen. Vin Santo, Zucker, Orangensaft und Eigelbe in einem Topf gut miteinander verrühren. Unter ständigem Rühren vorsichtig erwärmen und die Creme »zur Rose abziehen«, das heißt so lange erhitzen, bis sie leicht angedickt auf dem Kochlöffel liegenbleibt. Sie darf dabei jedoch keinesfall zu kochen beginnen.

4. Die Creme durch ein feines Sieb passieren, um eventuell vorhandene Klümpchen zu entfernen. Die ausgedrückte Gelatine in der noch warmen Creme auflösen. Diese abkühlen lassen, bis sie zu gelieren beginnt, dann die geschlagene Sahne unterheben.

5. Den Blätterteigboden auf eine Tortenplatte legen und mit dem Tortenring umschließen. Etwa 1/3 der Creme gleichmäßig darauf verteilen. Die Aprikosenhälften mit der Wölbung nach oben darauf setzen. Die restliche Creme einfüllen und glatt streichen.

6. Die Torte etwa 3 Stunden kühl stellen. Anschließend den Tortenring abnehmen. Für die Baiserhaube die Eiweiße in einer völlig fettfreien Schüssel mit 50 g Zucker steif schlagen, den restlichen Zucker einrieseln lassen und weiterschlagen, bis der Eischnee schnittfest ist.

7. Etwa 2/3 des Eischnees in einen Spritzbeutel mit Lochtülle Nr. 10 füllen und etwa 2 cm große Tupfen nebeneinander auf die Tortenoberfläche spritzen. Mit dem restlichen Baiser den Rand der Torte einstreichen. Im vorgeheizten Ofen bei Oberhitze oder unter dem Grill überbacken, bis die Spitzen der Tupfen hellbraun sind. Den Rand der Torte mit den Mandelblättchen einstreuen, einige davon auch auf die Oberfläche streuen.

Käsesahnetorte mit Früchten

Eine perfekte Käsesahnetorte ist eine Zierde für jede Kaffeetafel. Noch köstlicher kann sie werden, wenn man frische Früchte wie Himbeeren, Erdbeeren oder Brombeeren unter die Quark-Sahne-Creme zieht. Steinobst sollte man vorher blanchieren und häuten oder Obstkompott verwenden. Für die Creme darf der Quark nicht zu viel Molke enthalten. Vorsichtshalber kann man ihn 1 bis 2 Stunden in einem Tuch über einem Sieb abtropfen lassen.

Einfache Käsesahnetorte

Für den Mürbteig:

210 g Mehl, 1 Eigelb

60 g Puderzucker, 120 g Butter

Für die Käsesahne-Creme:

4 Eigelbe

200 g Zucker, 1 Prise Salz

abgeriebene Schale von 1 unbehandelten Zitrone

1/4 l Milch, 7 Blatt Gelatine

500 g abgetropfter Quark, 1/2 l Sahne

Außerdem:

1 Tortenring

Puderzucker zum Besieben

1. Das Mehl für die Böden sieben und in die Mitte eine Mulde drücken. Das Eigelb, den Puderzucker und die in Stücke geschnittene Butter hineingeben. Die Zutaten mit einem Messer oder einer Palette hacken, bis das Mehl vollständig untergearbeitet ist. Alles rasch verkneten, zur Kugel formen und in Folie wickeln. Den Teig mindestens 1 Stunde im Kühlschrank ruhen lassen.

2. Anschließend 2 Böden von je 26 cm Durchmesser ausrollen und diese bei 200 °C im vorgeheizten Ofen nach Sicht hellbraun backen. Einen Boden sofort in 12 oder 16 Stücke schneiden, beide Böden eventuell zurechtschneiden und auskühlen lassen.

3. Für die Creme Eigelbe, Zucker, Zitronenschale und Salz in einer Kasserolle verrühren. Die Milch zugießen, gut umrühren, auf den Herd stellen und die Masse bei mittlerer Hitze unter ständigem Rühren erhitzen. Parallel dazu die Gelatine in kaltem Wasser einweichen. Die Käsesahne-Creme zubereiten, wie in der Bildfolge rechts gezeigt.

4. Den ganzen Mürbteigboden in einen Tortenring mit 26 cm Durchmesser legen. Die Käsesahne-Creme darauf füllen und die Oberfläche glatt streichen. Die Torte für 2 Stunden in den Kühlschrank stellen. Erst dann den in Stücke geschnittenen Boden auflegen und die Torte mit Puderzucker besieben.

Käsesahnetorte mit Aprikosen

Zutaten für den Mürbteig und die Käsesahne-Creme wie im Rezept links

Für das Aprikosenkompott:

700 g Aprikosen

1/4 l trockener Weißwein

160 g Zucker

4 cl Aprikosengeist

Außerdem:

Puderzucker zum Besieben

1. Die Böden zubereiten, wie im Rezept links angegeben. Die Aprikosen blanchieren und häuten. Die Früchte halbieren und den Stein entfernen. Wein und Zucker unter Rühren aufkochen, bei reduzierter Hitze 2 bis 3 Minuten köcheln lassen. Den Aprikosengeist einrühren. Die Früchte in die Flüssigkeit legen und in dieser erkalten lassen. Herausnehmen und die Aprikosen gut abtropfen lassen.

2. Die Käsesahne-Creme zubereiten, wie links beschrieben. Einen Tortenring um den ganzen Tortenboden stellen und etwas Creme gleichmäßig darauf verteilen. Die Früchte mit der Schnittfläche nach unten darauf setzen, dabei einen Rand frei lassen. Restliche Creme darüber verteilen und glatt streichen.

3. Die Torte zusammen mit der Unterlage 2 bis 3 cm anheben und auf die Arbeitsfläche fallen lassen – dadurch entweichen vorhandene Luftbläschen. Für 2 Stunden in den Kühlschrank stellen. Den in Stücke geschnittenen Boden auflegen und die Torte mit Puderzucker besieben.

Die Masse so lange erhitzen, bis sie leicht angedickt auf dem Löffel liegenbleibt.

Die Gelatine in der Creme auflösen und diese durch ein feines Sieb seihen.

Den Quark durch ein Sieb passieren, die noch warme Creme in Portionen zugießen.

Jede Cremeportion mit einem Schneebesen sorgfältig unter den Quark rühren.

Die Sahne steif schlagen und vorsichtig unter die Quarkmasse ziehen.

Erdbeer-Rhabarber-Torte

Die Brandteigmasse mit einem Spritzbeutel in die vorgezeichneten Kreise spritzen. Dabei von der Mitte aus beginnen und spiralförmig nach außen führen.

Diese Fruchtmischung kommt bei einer Sahnetorte besonders gut zur Geltung, und die Böden aus luftigem Brandteig machen die Torte sehr locker. Sie darf nur nicht lange stehen, sonst werden die Böden weich und der angenehme Kontrast von Teig und Füllung geht verloren.

Erdbeer-Rhabarber-Torte

Für den Brandteig:

1/4 l Wasser, 125 g Butter
1 Prise Salz, 1 Prise Zucker
200 g Mehl
5 bis 6 Eier

Für die Rhabarber-Erdbeer-Füllung:

500 g Rhabarber
500 g Erdbeeren
6 Blatt rote Gelatine
2 TL Speisestärke
200 g Erdbeerkonfitüre
1 TL abgeriebene Schale von 1 Orange

Für die Sahnefüllung:

4 Blatt weiße Gelatine, 3/4 l Sahne
50 g Zucker, 4 cl Rum

Außerdem:

2 Backbleche, Backpapier
30 g gehobelte, geröstete Mandeln
2 Erdbeeren, 4 Rhabarberstücke
4 grüne Marzipanblättchen, Puderzucker

1. Den Brandteig zubereiten, wie auf Seite 33 beschrieben. Die Backbleche mit Backpapier auslegen und mit einem Bleistift 3 Kreise von je 24 cm Durchmesser aufzeichnen. Den Brandteig in einen Spritzbeutel mit Sterntülle Nr. 6 füllen und die Masse in die vorgezeichneten Kreise spritzen, wie links im Bild gezeigt. Dabei von der Mitte aus beginnen und spiralförmig nach außen führen, bis der aufgezeichnete Kreis ausgefüllt ist. Zwischen den Strängen einen Abstand von etwa 1 cm einhalten, da der Teig stark aufgeht.

2. Die Böden bei 220 °C im vorgeheizten Ofen in etwa 20 Minuten hellbraun backen. Aus dem Ofen nehmen, vom Papier lösen, auf Kuchengittern auskühlen lassen.

3. Für die Rhabarber-Erdbeer-Füllung den Rhabarber waschen, abziehen und in kleine Stücke schneiden. Die Erdbeeren putzen, waschen und halbieren. Die Gelatine in kaltem Wasser einweichen. Die Speisestärke mit wenig kaltem Wasser anrühren. In einer Kasserolle die Konfitüre aufkochen, die Rhabarberstücke zugeben und weich kochen. Die Erdbeeren unterrühren und die angerührte Speisestärke zugeben. Kurz aufkochen, die gut ausgedrückte Gelatine und die abgeriebene Orangenschale einrühren, abkühlen lassen.

4. Für die Sahnefüllung die Gelatine kalt einweichen, ausdrücken und heiß auflösen. Inzwischen die Sahne steif schlagen, dabei den Zucker einrieseln lassen, die etwas abgekühlte Gelatine und den Rum zugeben. 4/5 der Sahnemischung in einen Spritzbeutel mit großer Lochtülle füllen.

5. Um die Torte zusammenzusetzen, auf 2 Böden je 3 dicke Sahneringe spritzen und die Zwischenräume mit der Fruchtmischung ausfüllen. Diese Böden übereinander setzen und den dritten Boden darauf legen. Den Rand der Torte mit Sahne einstreichen und mit den Mandelblättchen bestreuen. Die restliche Sahne in einen Spritzbeutel mit Sterntülle füllen und einen Wellenrand aufspritzen. Die Torte mit Puderzucker besieben und ansprechend dekorieren.

Für den Kaffeetisch im Frühling ist diese Torte ideal. Aber reif sollten der Rhabarber und vor allem die Erdbeeren sein, damit sie wirklich süß sind.

In eine Hülle aus luftigem Baiser wird Schlagsahne mit Früchten gefüllt – ein Rezept, das es in Frankreich in vielen Variationen und Formen gibt und »Vacherin« genannt wird.

Erdbeer-Sahne-Baiser

Für dieses feine Rezept werden Ringe aus Baiser auf einen Baiserboden gesetzt, die sozusagen als Behälter für die Schlagsahne mit Früchten dienen. Die feinste Füllung ist sicher die mit Walderdbeeren, aber sie schmeckt auch mit Himbeeren, Heidelbeeren oder Brombeeren sehr gut. Nur richtig reif sollten die Früchte sein, damit sie die nötige Süße mitbringen.

Erdbeer-Sahne-Baiser

Für 2 Baiser-Torten:
8 Eiweiße
250 g Zucker
200 g Puderzucker
30 g Speisestärke
Für die Füllung:
400 g reife Erdbeeren
30 g Puderzucker
2 cl brauner Rum
3/4 l Sahne
35 g Zucker
ausgeschabtes Mark von 1/2 Vanilleschote
Außerdem:
2 bis 3 Backbleche
Backpapier zum Auslegen
Kakaopulver zum Besieben

1. Für die Baisermasse die Eiweiße in einer völlig fettfreien Schüssel zu Schnee schlagen, dabei den Zucker einrieseln lassen und weiterschlagen, bis ein absolut schnittfester Eischnee entstanden ist. Den Puderzucker mit der Speisestärke darüber sieben und mit einem Holzspatel unterheben, bis keine Klümpchen mehr sichtbar sind.

2. Die Backbleche mit Backpapier auslegen und mit einem Bleistift insgesamt 8 Ringe von 18 oder 20 cm Durchmesser vorzeichnen. Die Baisermasse in einen Spritzbeutel mit Lochtülle Nr. 11 füllen. Für jede Torte je 1 Boden aus eng aneinander liegenden Kreisen sowie 2 große einzelne Ringe spritzen, wie in dem Bild rechts oben zu sehen. Dann mit Sterntülle Nr. 8 zwei Gitter als Deckel spritzen.

3. Die Backbleche mit genügend Abstand in den auf 50 °C vorgeheizten Ofen schieben und einen Kochlöffel in die leicht offene Ofentür stecken, damit die Feuchtigkeit vollständig entweichen kann. Die Baiserstücke über Nacht im warmen Ofen lassen, damit sie vollständig durchtrocknen. Vorsichtig vom Papier lösen.

4. Die Erdbeeren putzen, waschen und trocknen. Die Früchte je nach Größe halbieren oder vierteln. In eine Schüssel geben, mit Puderzucker besieben, mit dem Rum beträufeln und 30 Minuten durchziehen lassen.

5. Die Sahne mit dem Zucker und dem Vanillemark steif schlagen. 1/4 davon in einen Spritzbeutel mit Lochtülle Nr. 5 bis 6 füllen und damit, wie in der Bildfolge rechts gezeigt, die Baiserringe auf den Böden befestigen. Die restliche Sahne mit den vorbereiteten Erdbeeren mischen und die Baiser-Hülle damit füllen. Die Oberfläche glatt streichen und zum Abschluss das Baisergitter aufsetzen. Mit Kakaopulver besieben und nach Wunsch garnieren.

Pro Torte werden 1 Boden und 2 Ringe mit Lochtülle Nr. 11 sowie 1 Gitter mit Sterntülle Nr. 8 gespritzt.

Die Ringe auf den Boden setzen und zum Halt jeweils etwas Schlagsahne dazwischen spritzen.

Die Sahne-Frucht-Mischung einfüllen. Die Oberfläche glatt streichen und das Baisergitter aufsetzen.

Rieslingtorte mit zarter Weincreme

Die Weinsorte ist letztlich ausschlaggebend dafür, wie die Weincreme schmeckt. Für eine gute Rotweincreme ist beispielsweise ein reiner Merlot geeignet, und für eine gute Weißweincreme ist ein deutscher Riesling fast unschlagbar. Seine deutliche Frucht gibt der Creme den gewünschten Charakter, und der wird nicht einmal durch die Säure der Zitrone und den Orangensaft beeinträchtigt.

Rieslingtorte

Für den Teig:

150 g Mehl

20 g Kakaopulver

1 Eigelb

2 EL Milch

75 g Butter, in grobe Stücke geschnitten

75 g Zucker

75 g geschälte, geriebene Mandeln

Für die Weincreme:

8 Blatt Gelatine

4 Eigelbe, 160 g Zucker

3/8 l Riesling

abgeriebene Schale und Saft von 1 unbehandelten Zitrone

Saft von 1 Orange

1/4 l Sahne

Außerdem:

2 Backbleche

1 Tortenring von 26 cm Durchmesser

Puderzucker zum Besieben

1. Für den Teig das Mehl mit dem Kakao sieben und in die Mitte eine Mulde drücken. Das Eigelb und die Milch hineingeben. Die Butter in grobe Stücke schneiden und mit dem Zucker und den Mandeln darüber verteilen. Alles zu feinen Krümeln hacken und diese von außen nach innen schnell zu einem glatten Teig kneten. Zu einer Kugel formen, in Folie wickeln und mindestens 1 Stunde im Kühlschrank ruhen lassen.

2. Den Teig auf einer bemehlten Arbeitsfläche 3 bis 4 mm stark zu 2 Böden von 26 cm Durchmesser ausrollen, auf 2 Backbleche legen, mehrmals einstechen und bei 200 °C im vorgeheizten Ofen 10 bis 12 Minuten backen. Sofort den schöneren der beiden Böden in 16 Stücke schneiden und mit Puderzucker besieben. Falls notwendig, die beiden Böden in der Größe noch zurechtschneiden.

3. Für die Weincreme die Gelatine in kaltem Wasser einweichen. Die Eigelbe mit dem Zucker verrühren. In eine Kasserolle geben und den Riesling, die abgeriebene Zitronenschale sowie den Zitronen- und Orangensaft zufügen. Bis kurz vor dem Siedepunkt erhitzen, damit die Eigelbe leicht abbinden, und dann vom Herd nehmen. Die ausgedrückte Gelatine unter Rühren in der heißen Creme auflösen.

4. Die Sahne steif schlagen. Mit dem Schneebesen locker unter die Weincreme heben, sobald diese zu stocken beginnt.

5. Den Tortenring um den ganzen Mürbteigboden stellen, die Weincreme einfüllen und glatt streichen. Im Kühlschrank fest werden lassen. Die Stücke des vorgeschnittenen Bodens darauf schieben. Nach Belieben mit Trauben garnieren und mit Puderzucker besieben.

Auf die Qualität des Weins kommt es an, wenn diese Weincreme wirklich gut schmecken soll. Es empfiehlt sich also, einen guten Tropfen einzukaufen.

→ Info

Weinschaumcremes – französisch Sabayon oder italienisch Zabiaone genannt – stellen eine große Familie dar. Ob mit trockenem Weißwein, schwerem Burgunder, süßem Marsala oder spritzigem Champagner, aus dem Grundrezept können mit nur geringen Abwandlungen eine ganze Reihe feinster Saucen und Desserts zubereitet werden.

Flockenschnitten
Brandteig und Sahne

Den Brandteig dünn auf die beiden vorbereiteten Bleche streichen. Bei 250 °C in 15 Minuten hellbraun backen.

Die Teigplatten von den Blechen lösen. Eine der beiden Platten in 3 Streifen von je 10 cm Breite schneiden.

Die zweite Teigplatte mit einem Messer mit Sägeschliff in kleine Stücke oder »Flocken« schneiden.

Teigstreifen mit der Sahne-Mischung bestreichen, aufeinander setzen, zum Schluss mit Flocken bestreuen.

Die Kombination aus Brandteig und Sahne ist uns vom Windbeutel her gut bekannt. Süß-saure Früchte wie die Himbeeren in diesem Rezept oder die Preiselbeeren in der Variante bringen einen weiteren geschmacklichen Akzent mit – ganz einfach delikat. Aber egal ob Torte oder Schnitten, das Gebäck schmeckt wirklich nur ganz frisch. Zum einen, weil die Sahne ohne Bindung nur begrenzt haltbar ist, und zum anderen, weil die Brandteigstreifen, die im knusprigen Kontrast zur fruchtig-cremigen Sahne stehen sollten, leider sehr schnell weich werden.

Flockenschnitten

Für den Brandteig:

200 ml Wasser
70 g Butter
1/2 TL Salz
1 TL Zucker
200 g Mehl, 5 Eier

Für die Füllung:

300 g frische Himbeeren
50 g Puderzucker
1 EL Rum
3/4 l Sahne
80 g Zucker

Außerdem:

Butter und Mehl für die Backbleche
1 EL Puderzucker zum Bestauben

1. Den Brandteig zubereiten, wie auf Seite 33 beschrieben und gezeigt. 2 Backbleche leicht fetten und mit Mehl bestauben. Je die Hälfte des Brandteigs dünn auf die vorbereiteten Bleche streichen. Bei 250 °C im vorgeheizten Ofen in 15 Minuten hellbraun backen. Die beiden Teigplatten vorsichtig von den Blechen lösen und erkalten lassen.

2. Eine der beiden Platten in 3 Streifen von je 10 cm Breite schneiden, wie in der Bildfolge links gezeigt. Die zweite Teigplatte mit einem langen Messer mit Sägeschliff in kleine, gleichmäßige Stücke beziehungsweise »Flocken« schneiden.

3. Für die Füllung die Himbeeren säubern, mit dem Puderzucker bestauben, mit dem Rum beträufeln und mit einer Gabel grob zerdrücken. Etwas durchziehen lassen.

4. Die Sahne mit dem Zucker steif schlagen. 2/3 davon mit der Himbeermasse vermischen. Einen Teigstreifen mit der Sahne-Himbeer-Mischung bedecken, den zweiten darauf setzen und wieder mit der Füllung bestreichen, zum Schluss den dritten Teigstreifen aufsetzen.

5. Die mit der Himbeersahne zusammengesetzten Teigstreifen rundum, also Oberfläche und Ränder, mit der restlichen Sahne einstreichen und mit den Flocken bestreuen. Die Oberfläche leicht mit Puderzucker bestauben. Möglichst innerhalb der nächsten 2 bis 3 Stunden servieren, damit der Brandteig noch kross ist.

Die Harmonie von kross gebackenem Brandteig und leicht gesüßter Sahne ist ein Genuss. Unter dem Namen »Flockensahne« findet man dieses Rezept auch als runde Torte in vielen Konditoreien.

Die harte Schale der Kokosnuss hat 3 »Augen«. Mit einem spitzen Gegenstand zwei davon aufschlagen.

Die Kokosmilch in ein Gefäß auslaufen lassen.

Die harte Schale mit einem Hammer sprengen und stückweise abbrechen.

Mit einem scharfen Messer die dünne braune Haut vom Fruchtfleisch entfernen.

Kokostorte mit Vanillecreme

Solche Torten ohne Butter oder Sahne sind deshalb in warmen Ländern höchst beliebt, weil sie keiner extremen Kühlung bedürfen. Diese Biskuittorte ist mit einer leichten Vanillecreme gefüllt und daher ein Genuss an sommerheißen Tagen.

Kokostorte

Für den Biskuit:
50 g frisches Kokosnuss-Fruchtfleisch
6 Eigelbe
120 g Zucker
1 Prise Salz
6 Eiweiße
100 g Mehl
100 g Biskuitbrösel
Zum Tränken:
50 g Zucker, 2 EL Wasser
2 cl Orangenlikör
2 cl brauner Rum
Für die Vanillecreme:
1/2 l Milch
1 Vanilleschote, längs aufgeschnitten
180 g Zucker
3 Eigelbe
45 g Speisestärke
3 Eiweiße
Zum Garnieren:
250 g frisches Kokosnuss-Fruchtfleisch
grüne Marzipanblätter
1 Cocktailkirsche
Außerdem:
1 Springform von 24 cm Durchmesser
Backpapier zum Auslegen

1. Für die Kokosraspeln die Kokosnuss aufschlagen, das Fruchtfleisch herauslösen, wie in der Bildfolge links beschrieben, und ganz fein reiben.

2. Für den Biskuit die Eigelbe mit der Hälfte des Zuckers und dem Salz schaumig rühren. Die Eiweiße zu Schnee schlagen, dabei den restlichen Zucker einrieseln lassen und weiterschlagen, bis ein absolut schnittfester Eischnee entstanden ist. Das Mehl mit den Biskuitbröseln und den ganz frischen Kokosnussraspeln mischen. Den Eischnee unter die Eigelbmasse ziehen und die Mehlmischung darunter heben.

3. Die Biskuitmasse in die am Boden mit Backpapier ausgelegte Form geben, die Oberfläche glatt streichen. Bei 190 °C im vorgeheizten Ofen 40 Minuten backen. Nach etwa 30 Minuten Stäbchenprobe machen. Den Biskuit über Nacht ruhen lassen. Dann zweimal durchschneiden, so dass 3 Böden entstehen: 2 Böden zur Seite legen.

4. Den dritten in Würfel schneiden und diese in eine Schüssel geben. Den Zucker mit dem Wasser aufkochen und 2 bis 3 Minuten sprudelnd kochen, abkühlen lassen. Orangenlikör und Rum zufügen. Damit die Biskuitwürfel tränken und zugedeckt mindestens 1 Stunde durchziehen lassen.

5. Für die Creme die Milch mit der Vanilleschote und etwa 1/3 des Zuckers aufkochen, die Vanilleschote herausnehmen, das Mark auskratzen und wieder in die Milch geben. Die Eigelbe mit der Speisestärke und 2 bis 3 EL der heißen Milch verrühren. Die angerührte Speisestärke unter Rühren in die kochende Milch gießen. Mehrmals aufwallen lassen.

6. Die Eiweiße zu steifem Schnee schlagen, dabei den restlichen Zucker einrieseln lassen. Den Eischnee vorsichtig unter die Vanillecreme rühren. Von der heißen Creme 1/4 zur Seite stellen, den Rest gut mit den getränkten Biskuitwürfeln vermengen.

7. Diese Mischung auf den ersten Biskuitboden geben und glatt streichen. Den zweiten Boden darauf setzen, die Torte mit der restlichen Creme einstreichen und abkühlen lassen. Großzügig und dicht mit den Kokosraspeln bestreuen und nach Wunsch garnieren.

Vanilletorte mit Schokoglasur

Ist diese feine Torte einmal fertig gestellt, sollte sie nicht mehr allzu lange stehen, denn ganz frisch schmecken Creme und Schokoladenglasur am besten. Die Böden können aber ruhig einen Tag im Voraus gebacken werden, sie halten sich sehr gut, wenn man sie, in Alufolie verpackt, kühl und trocken aufbewahrt. Zudem lassen sich Böden vom Vortag besser schneiden.

Vanilletorte

Für die Biskuitmasse:

7 Eier

120 g Zucker

100 g Mehl

50 g Speisestärke

50 g zerlassene, lauwarme Butter

Für die Vanillecreme:

2 Blatt weiße Gelatine

210 g Zucker

40 g Speisestärke

4 Eigelbe, 3 Eiweiße

1/2 l Milch, 1/2 Vanilleschote

Für die Schokoglasur:

340 g bittere Kuvertüre

300 ml Sahne, 40 g Butter

1 EL Zucker

Außerdem:

Backpapier

1 Tortenring von 26 cm Durchmesser

erhitzte Aprikosenkonfitüre

1/8 l Sahne, mit 20 g Puderzucker steif geschlagen

Marzipanblüten zum Garnieren

1. Für den Biskuit Eier und Zucker auf dem warmen Wasserbad schaumig schlagen, bis sich der Zucker gelöst hat. Die Masse darf dabei jedoch nur lauwarm werden. 5 bis 8 Minuten kalt schlagen, bis die Masse cremig ist und deutlich an Volumen zugenommen hat. Mehl und Speisestärke auf Pergamentpapier sieben, langsam auf die Eimasse rieseln lassen und vorsichtig mit einem Holzspatel unterziehen. Die Butter in dünnem Strahl zugießen und ebenfalls unterziehen.

2. Auf dem Backpapier 4 Kreise von 26 cm Durchmesser aufzeichnen. Die Biskuitmasse gleichmäßig auf den Kreisen verstreichen und die Böden nacheinander bei 200 °C im vorgeheizten Ofen nach Sicht etwa 5 Minuten backen. Sofort vom Papier nehmen und mit Hilfe des Tortenrings in Form schneiden.

3. Für die Vanillecreme die Gelatine in kaltem Wasser einweichen. 60 g Zucker mit der Stärke, den Eigelben und 1/4 der Milch verrühren. Die restliche Milch in einer Kasserolle mit weiteren 60 g Zucker und der aufgeschnittenen Vanilleschote sowie dem ausgeschabten Mark aufkochen. Die Eigelbmischung unter kräftigem Rühren in die heiße Milch gießen, einige Male aufwallen lassen, bis die Creme gebunden und der Stärkegeschmack verschwunden ist. Vom Herd nehmen und die gut ausgedrückte Gelatine unter Rühren darin auflösen.

4. Den restlichen Zucker mit 3 cl Wasser bei 116 bis 118 °C »zum Ballen kochen«, das heißt so lange kochen, bis ein Tropfen des Sirups sich zwischen zwei mit Eiswasser angefeuchteten Fingern zu einer weichen Kugel rollen lässt. Parallel dazu die Eiweiße zu steifem Schnee schlagen, den heißen Zuckersirup in dünnem Strahl einlaufen lassen und langsam unterschlagen. Die heiße Vanillecreme über den Eischnee gießen und mit einem Holzspatel vorsichtig unterziehen.

5. Den Tortenring um einen der Böden legen, 1/3 der Creme darauf verteilen. Den nächsten Boden auflegen und wieder mit Creme bestreichen, den 3. Boden ebenso. Mit dem 4. Boden abschließen und die Torte für eine Weile durchkühlen lassen. Die Oberfläche mit erhitzter Aprikosenkonfitüre bestreichen und wieder kühl stellen.

6. Die Kuvertüre für die Schokoladenglasur auf dem Wasserbad schmelzen. Die Sahne, die Butter und den Zucker mischen, mäßig erhitzen, zur Kuvertüre gießen und alles glatt rühren. Die Torte gleichmäßig mit der leicht abgekühlten so genannten Canache-Glasur überziehen, wie auf Seite 49 in Bildfolge d bis f zu sehen. Kleine Sahnetupfer aufspritzen und die Torte nach Wunsch dekorieren.

Die Vanilletorte wird zum Schluss mit einer glänzenden Schokoladenglasur – einer Canache – überzogen. Etwas üppig, zugegeben, aber der feine Geschmack lohnt unbedingt den Versuch.

Das Orangenaroma gibt der Joghurtcreme eine fruchtige Note. Wer möchte, kann die Torte zusätzlich mit einigen hübschen Orangenblüten garnieren.

Joghurt-Krokant-Torte

Joghurt-Krokant-Torte

Für den Teig:
5 Eigelbe
50 g gemahlene Mandeln
120 g Zucker
Mark von 1 Vanilleschote
1 Messerspitze gemahlener Zimt
1 TL abgeriebene Schale von 1 unbehandelten Zitronen
1 Prise Salz, 5 Eiweiße
80 g Mehl
20 g zerlassene Butter
Für den Mandelkrokant:
80 g Zucker
80 g geröstete, grob gehackte Mandeln
Für die Joghurtcreme:
8 Blatt weiße Gelatine
5 cl Orangensaft
abgeriebene Schale von 1 unbehandelten Orange
1 TL Orangenblütenwasser
90 g Zucker, 3/8 l Sahne
200 g Joghurt (3,5 % Fett)
Außerdem:
etwas Pflanzenöl, Pergamentpapier
1 Springform von 24 cm Durchmesser
Zesten von 1/2 unbehandelten Orange

1. Den Zucker für den Krokant in einer Stielkasserolle unter Rühren zu hellbraunem Karamel schmelzen. Die gerösteten Mandeln schnell unterrühren und die Kasserolle vom Herd nehmen. Den heißen, noch formbaren Krokant auf eine eingeölte Marmorplatte schütten, mit einem geölten Rollholz etwa 1 cm dick ausrollen und erkalten lassen. Die Hälfte des Krokants in einer Nussmühle fein reiben. Den restlichen Krokant zerstoßen.

2. Für den Teig die Eigelbe, die Mandeln, 20 g Zucker, das Vanillemark, den Zimt, die Zitronenschale und das Salz in einer Schüssel schaumig rühren. Die Eiweiße in einer fettfreien Schüssel zu Schnee schlagen, den restlichen Zucker einrieseln lassen und weiterschlagen, bis ein steifer Schnee entstanden ist.

3. Das Mehl sieben und mit dem gemahlenen Krokant vermischen. Den Eischnee vorsichtig unter die Eigelbmasse heben und die Krokant-Mehl-Mischung sowie die Butter unterziehen. Die Masse in die mit Pergamentpapier ausgelegte Springform füllen und glatt streichen. Im vorgeheizten Ofen bei 180 °C für 40 bis 45 Minuten backen.

4. Den Mandelbiskuit herausnehmen, 5 Minuten in der Form abkühlen lassen. Mit einem Messer vorsichtig den Rand lösen und den Boden vollständig auskühlen lassen. Den Tortenboden am nächsten Tag zweimal quer durchschneiden, so dass 3 Böden entstehen.

5. Für die Joghurtcreme die Gelatine in kaltem Wasser einweichen. Orangensaft, Orangenschale, Orangenblütenwasser und Zucker in einem Topf erwärmen, bis der Zucker geschmolzen ist. Die Gelatine gut ausdrücken, im Orangensirup auflösen und etwas abkühlen lassen. Die Sahne steif schlagen. Den Joghurt in einer Schüssel mit dem Sirup verrühren und die Sahne unterheben.

6. Zwei der Böden gleichmäßig mit je 1/3 der Joghurtcreme bestreichen, kühl stellen, bis die Creme zu erstarren beginnt. Die Böden aufeinander setzen, den dritten Boden darauf setzen. Oberfläche sowie Rand der Torte mit der restlichen Creme bestreichen und diese fest werden lassen. Die Torte ringsum gut mit dem zerstoßenen Krokant einstreuen. Die Oberfläche mit den Orangenzesten garnieren.

→ Info

Krokant ist eine Verbindung aus geschmolzenem Zucker und Nüssen, meist Mandeln. Gestoßener Krokant wird durch Zerschlagen einer ausgerollten und ausgekühlten Krokantplatte mit Hilfe eines Gewichtsteins oder eines Fleischklopfers hergestellt. Dafür den Krokant mit einem Ring umstellen, damit die Teilchen nicht umherspringen. Er findet vielfältige Verwendung als Zutat für Massen, Füllungen und zur Dekoration.

Bananentorte mit Schokoladensahne

Die Japonaisböden bestehen aus einer Baisermasse mit hohem Anteil an fein geriebenen Mandeln. Sie sind nicht weiter schwierig in der Herstellung, verlangen allerdings ein wenig Zeit. Denn sie werden nur kurz vorgebacken und trocknen dann über Nacht im Ofen weiter. Damit der in dieser Zeit entstehende Dampf entweichen kann, empfiehlt es sich, die Ofentür einen Spalt offen zu lassen. Das geht ganz einfach, indem man einen Kochlöffel in die Tür klemmt.

Bananentorte

Für die Japonaisböden:

5 Eiweiße

160 g Zucker

65 g Mandeln, geröstet und gerieben

65 g Kokosraspel, geröstet

25 g Mehl

50 g Puderzucker

1/2 TL Vanillezucker

Für die Schokoladensahne:

550 ml Sahne

150 g Halbbitterkuvertüre

2 cl brauner Rum

Außerdem:

Backpapier für die Bleche

650 g Bananen für die Füllung

60 g geröstete Kokosraspel zum Bestreuen

etwas Kakao zum Besieben

1/2 Banane, 1 Cocktailkirsche

1. Zwei Bleche mit Backpapier auslegen und darauf 3 Kreise von 24 cm Durchmesser aufzeichnen.

2. Für die Japonaisböden die Eiweiße schlagen, bis sie schaumig und weiß sind. Zunächst wenig Zucker einrieseln lassen und den Schnee steif schlagen. Den restlichen Zucker einrieseln lassen und weiterschlagen, bis sich die Kristalle aufgelöst haben. Die Mandeln, die Kokosraspel, das gesiebte Mehl und den mit Vanillezucker vermischten Puderzucker so vorsichtig unter den Eischnee heben, dass dieser möglichst wenig an Volumen verliert.

3. Die Masse auf die vorgezeichneten Kreise verteilen und glatt streichen. Bei 190 °C im vorgeheizten Ofen etwa 5 Minuten vorbacken. Die Hitze auf 50 °C reduzieren und die Japonaisböden über Nacht im Ofen trocknen lassen.

4. Für die Schokoladen-Sahne-Creme die Sahne in einer Kasserolle aufkochen, die Hitze reduzieren und die zerkleinerte Kuvertüre unter ständigem Rühren in der heißen Sahne schmelzen. Den Rum zugießen und die Kasserolle vom Herd nehmen. Die Schokoladen-Sahne-Mischung mit dem Mixer homogenisieren und über Nacht in den Kühlschrank stellen.

5. Die Japonaisböden vorsichtig vom Papier lösen und auskühlen lassen. Die Schokoladensahne steif schlagen. Einen Boden auf eine Tortenunterlage setzen und etwas Schokoladen-Sahne-Creme mit einer Palette darauf verstreichen.

6. Die Bananen für die Füllung schälen, quer in etwa 1 1/2 cm breite Scheiben schneiden und gleichmäßig auf der Creme verteilen. Die Bananen mit einer dünnen Schicht Creme bedecken. Den zweiten Boden auflegen und nur mit Creme bestreichen. Mit dem dritten Boden – Unterseite nach oben – abdecken und die Torte für 1 Stunde in den Kühlschrank stellen.

7. Einen Springformboden auflegen und die Torte an dessen Rand entlang glatt schneiden. Die Oberfläche und den Rand mit der restlichen Creme bestreichen, ringsum mit Kokosraspeln bestreuen. Die Oberfläche mit Kakao besieben.

8. Die Banane zur Dekoration in 1/2 cm dicke Scheiben schneiden, mit Zitronensaft beträufeln, damit sie nicht braun wird. Die Torte mit Bananenscheiben und der Cocktailkirsche verzieren.

Japonaisböden, denen Kokosraspel noch eine ungewöhnliche Nuance verleihen, sind das Geheimnis des zarten und zugleich knusprigen »Innenlebens« dieser Torte.

Schokoladen-Trüffel-Torte

Schokoladen-Trüffel-Torte

Für den Schokoladenbiskuit:
100 g bittere Kuvertüre oder 1 Tafel halbbittere Schokolade, gehackt
50 g Butter, 120 g Puderzucker
5 Eigelbe, 5 Eiweiße
120 g Mehl
50 g gemahlene Mandeln
Für die Canache-Creme:
550 ml Sahne
150 g bittere Kuvertüre
2 cl Cognac
Zum Beträufeln der Böden:
50 g Zucker, 8 cl Wasser
1 TL Zitronensaft
2 cl Grand Marnier, 4 cl Cognac
Außerdem:
Springform von 24 cm Durchmesser
Butter und Brösel für die Form
150 g bittere Kuvertüre für die Schokoröllchen
1 EL dunkles Kakaopulver zum Besieben

1. Die Kuvertüre oder Schokolade für den Biskuit auf einem 40 °C warmen Wasserbad schmelzen und warm halten. Die Butter in einer Schüssel mit 1/3 des Puderzuckers und den Eigelben schaumig rühren. Die lauwarme Kuvertüre unterrühren.

2. Die Eiweiße mit dem restlichen Zucker steif schlagen. Zusammen mit dem gesiebten Mehl und den Mandeln locker unter die Schokoladen-Masse heben. Nur den Boden der Springform mit Butter bestreichen und mit Bröseln ausstreuen. Die Biskuitmasse einfüllen, die Oberfläche glatt streichen und bei 180 °C im vorgeheizten Ofen 30 bis 40 Minuten backen. Herausnehmen und den Biskuit am besten über Nacht auskühlen lassen.

3. Für die Canache-Creme die Sahne in einer Kasserolle aufkochen und die zerkleinerte Kuvertüre zufügen. Unter ständigem, gleichmäßigem Rühren die Kuvertüre in der heißen Sahne schmelzen, den Cognac einrühren. Die Creme mit dem Mixstab homogenisieren, abkühlen lassen, zudecken und am besten 24 Stunden in den Kühlschrank stellen. Kurz vor der Fertigstellung der Torte die Creme mit dem Handrührgerät aufschlagen.

4. Aus der Kuvertüre Schokoladenröllchen herstellen, wie links gezeigt. Die Röllchen kühl stellen. Nach dem Durchkühlen lassen sie sich in den eingeritzten Linien auseinander brechen.

5. Zum Beträufeln des Bodens Zucker und Wasser 2 bis 3 Minuten kochen, dann vom Herd nehmen. Zitronensaft, Grand Marnier und Cognac einrühren. Den Biskuit vom Vortag mit einem Messer vom Rand lösen, aus der Form nehmen und zweimal quer teilen, so dass sich 3 Böden ergeben.

6. Einen Boden auf die Tortenunterlage legen, mit einem 1/3 der Grand-Marnier-Mischung beträufeln und ein 1/3 der Canache-Creme darauf verstreichen. Den 2. Boden auflegen, ebenso mit der Flüssigkeit beträufeln und die Creme darauf verteilen. Den 3. und letzten Boden auflegen, mit der restlichen Flüssigkeit beträufeln. Die Oberfläche und den Rand der Torte mit der restlichen Creme bestreichen. Die Torte rundum mit Schokoröllchen bestreuen und 1/2 Stunde kühl stellen. Vor dem Servieren die Oberfläche mit Kakaopulver besieben.

Kuvertüre hauchdünn ausstreichen und beinahe fest werden lassen, mit einem Messer Streifen einritzen.

Einen Spachtel in flachem Winkel ansetzen und quer zu den parallel geritzten Streifen Röllchen abschaben.

Alles mit dunkler, herb-süßer Schokolade: der Biskuitboden, die Canache-Creme und die Dekoration – also etwas für echte Schoko-Fans.

Schokoladenbiskuit als Roulade oder Schnitte

Schokoladen-Roulade

Eine Buttercreme mit Cognac und Vanillearoma bildet die Füllung für diese attraktive Roulade, für die der Teig nicht einfach glatt gestrichen, sondern in Strängen aufs Blech gespritzt wird. Der hier beschriebene Schokobiskuit eignet sich mit seinem zarten Geschmack besonders gut für Rouladen, denn er wird nicht mit Kakaopulver, sondern mit Kuvertüre zubereitet.

Für den Schokoladenbiskuit:
8 Eiweiße, 180 g Zucker, 60 g Mehl
Mark von 1/2 Vanilleschote
100 g geschmolzene Kuvertüre, lauwarm
Für die Füllung:
100 g Zucker, 30 g Speisestärke
2 Eigelbe, 3/8 l Milch, Puderzucker
250 g Butter, 4 cl Cognac
Außerdem:
120 g Himbeerkonfitüre, durchpassiert
Backpapier, Kakaopulver, Puderzucker

1. Die Eiweiße zu steifem Schnee schlagen, den Zucker einrieseln lassen und weiterschlagen, bis der Schnee so fest ist, dass ein Messerschnitt sichtbar bleibt. Vanillemark einrühren und die Kuvertüre unterziehen. Zuletzt das gesiebte Mehl unterheben. Ein Backblech mit Backpapier auslegen und den Teig mit einem Spritzbeutel in Strängen aufs Blech spritzen, wie im Bild rechts oben gezeigt.

2. Den Biskuitteig bei 200 °C im vorgeheizten Ofen 10 bis 12 Minuten backen. Auf ein Backpapier stürzen und etwa 10 Minuten auskühlen lassen. Die Buttercreme zubereiten, wie auf Seite 45 beschrieben, und mit dem Cognac aromatisieren. Die Roulade bestreichen und aufrollen, wie in der Bildfolge rechts gezeigt. Die Roulade mit Kakaopulver und Puderzucker besieben und in 16 Stücke teilen.

Brombeer-Schoko-schnitten

Für die Schokoladencreme:

1/2 l Sahne, Mark von 1/2 Vanilleschote

150 g Kuvertüre, 4 cl brauner Rum

Für den Schokoladenbiskuit:

50 g Kuvertüre, 80 g weiche Butter

5 Eigelbe, 5 Eiweiße, 80 g Mehl

100 g Zucker, 1 Prise Salz

Für den Brombeersirup:

250 g frische Brombeeren, 150 g Zucker

2 EL Wasser, 1 EL Zitronensaft

4 cl Brombeerlikör, 2 cl brauner Rum

Außerdem:

Backpapier, 50 g geraspelte Kuvertüre

1 EL Kakaopulver, 150 ml Sahne

etwas Zucker, 16 Brombeeren

1. Die Schokoladencreme für dieses Rezept am besten bereits am Vortag zubereiten, da sie gut durchgekühlt sein muss. Die Sahne mit dem Vanillemark aufkochen Die zerkleinerte Kuvertüre unterrühren und unter Rühren in der Sahne schmelzen lassen; sie darf dabei nicht mehr aufkochen. Die Creme mit dem Mixstab glatt rühren. Abkühlen lassen, zudecken und für 24 Stunden in den Kühlschrank stellen.

2. Für den Schokoladenbiskuit die Kuvertüre schmelzen. Die weiche Butter mit dem Salz schaumig rühren und die Kuvertüre zufügen. So lange rühren, bis sich die Kuvertüre vollständig mit der Butter verbunden hat, dann nacheinander die Eigelbe einarbeiten. Die Eiweiße mit dem Zucker nicht ganz steif schlagen und unterziehen. Das Mehl sieben, einrieseln lassen und unterheben. Die Masse gleichmäßig auf das mit Backpapier ausgelegte Blech streichen. Bei 200 °C im vorgeheizten Ofen 12 bis 15 Minuten backen. Stürzen.

3. Die Brombeeren mit Zucker, Wasser und Zitronensaft unter Rühren zum Kochen bringen und etwa 20 Minuten köcheln lassen. Durch ein feines Sieb passieren. Den Sirup auffangen, abkühlen lassen und mit dem Likör und dem Rum verrühren.

4. Das Backpapier von dem abgekühlten Schokoladenbiskuit abziehen und diesen längs in 3 gleichmäßige Streifen von jeweils 10 cm Breite schneiden. Die gekühlte Schokoladensahne mit dem Handrührgerät aufschlagen und den Rum zufügen.

5. Einen Biskuitstreifen mit etwas Brombeersirup bepinseln und eine Schicht Creme aufstreichen. Zweiten Streifen auflegen, bepinseln und mit Creme bestreichen. Den letzten Streifen auflegen und tränken. Alles ringsum mit der restlichen Creme einstreichen, mit der geraspelten Kuvertüre bestreuen, mit Kakaopulver besieben. In 12 bis 16 Stücke schneiden. Zur Dekoration die Sahne mit etwas Zucker steif schlagen und jede Schnitte mit 1 Sahnetupfer und 1 Brombeere garnieren.

Die Masse in einen Spritzbeutel füllen, mit Lochtülle Nr. 9 in Strängen nebeneinander auf das Blech spritzen.

Den gebackenen Biskuit stürzen und auskühlen lassen. Das Papier abziehen und den Boden bestreichen.

Erst die Konfitüre, dann die Creme aufstreichen und die Roulade mit Hilfe des unteren Papiers aufrollen.

Für die Schwarzwälder Kirschtorte muss der Boden einen Tag vorher gebacken werden, damit er sich leichter schneiden lässt.

Schwarzwälder Kirschtorte

Diese klassische Sahnetorte aus Schokoladenbiskuit hat internationale Berühmtheit erlangt. »Blackforest« steht inzwischen weltweit für gute Torten, obwohl die Kuchen in den fernen Kontinenten oft nicht mehr viel mit der guten, alten »Schwarzwälder« zu tun haben.

Schwarzwälder Kirschtorte

Für den Biskuit:

7 Eier, 250 g Zucker
60 g Butter, 150 g Mehl
50 g Speisestärke
50 g Kakaopulver

Für die Füllung:

1 Glas Sauerkirschen mit Saft (450 g Fruchteinwaage)
40 g Zucker
1/2 Zimtstange
2 gehäufte TL Speisestärke
3/4 l Sahne
60 g Zucker

Zum Tränken und Dekorieren:

6 cl Kirschwasser
4 cl Läuterzucker
150 g Halbbitter-Schokolade
Puderzucker

Außerdem:

1 Springform von 26 cm Durchmesser
Backpapier zum Auslegen

1. Für den Biskuitteig die Eier mit dem Zucker im Wasserbad lauwarm schlagen. Herausheben und die Masse etwa 8 Minuten kalt schlagen, bis sie cremig geworden ist. In der Zwischenzeit die Butter erwärmen. Das Mehl, die Speisestärke und das Kakaopulver sieben und unter die Eiermasse heben. Zum Schluss die flüssige, warme Butter langsam unterziehen. Die Masse in die mit Backpapier ausgelegte Form füllen und die Oberfläche glatt streichen. Bei 190 °C im vorgeheizten Ofen 30 bis 35 Minuten backen. Über Nacht auskühlen lassen.

2. Für die Füllung die Sauerkirschen abseihen. 1/4 l des aufgefangenen Saftes mit Zucker und Zimt aufkochen, die Zimtstange herausnehmen. Die Speisestärke mit etwas kaltem Wasser anrühren und die Flüssigkeit damit binden. Einige Male kräftig aufkochen lassen. 16 Kirschen für die Garnitur zurückbehalten, die restlichen Kirschen zu dem aufgekochten Saft geben, vorsichtig umrühren, damit sie nicht zerdrückt werden. Erneut aufwallen lassen, vom Herd nehmen und auskühlen lassen.

3. Den Biskuitboden zweimal quer durchschneiden, sodass 3 Böden entstehen. Die Sahne mit dem Zucker steif schlagen. Zum Tränken der Biskuitböden Kirschwasser und Läuterzucker mischen. Die Torte zubereiten, wie in der Bildfolge rechts beschrieben.

4. Für die Schokoladenspäne von dem Schokoladenblock mit einem scharfen Messer feine Stücke abschaben, dabei das Messer nicht zu schräg halten, damit nicht ganze Schokoladenstücke herausbrechen. Für die Röllchen die Schokolade im Wasserbad schmelzen und mit einer Palette oder einem Messer hauchdünn auf eine glatte Arbeitsplatte – am besten Marmor – streichen und »fast« fest werden lassen; sie darf auf keinen Fall hart sein. Einen Spachtel im flachen Winkel ansetzen, auf die Unterlage drücken und jeweils 2 bis 3 cm vorschieben. Die Röllchen kühlen und fest werden lassen, bevor die Torte damit eingestreut wird.

Den 1. Boden mit Sahne bestreichen, 4 Sahneringe mit Lochtülle Nr. 10 aufbringen.

In die Zwischenräume die Kirschen dicht einlegen, Sahne darüber streichen.

2. Boden auflegen, tränken, darauf eine Sahneschicht und den 3. Boden geben, tränken.

Die Torte oben und an den Rändern gleichmäßig dick mit Sahne einstreichen.

Die Torte mit Schokoladenspänen, Sahnerosetten und Kirschen garnieren.

Zuger Kirschtorte

Den Biskuitboden mit dem Kirschsirup gleichmäßig tränken, sodass er gut in den Boden eindringt.

Eine dünne Schicht Buttercreme gleichmäßig auf den Biskuitboden streichen, den 2. Japonaisboden auflegen.

Die Torte oben und am Rand mit der restlichen Creme einstreichen, den Rand mit Mandelblättchen bestreuen.

Die Zuger halten ihr Kirschwasser für das beste der Welt, aber das sollte niemand daran hindern, die »Zuger Kirschtorte« mit einem anderen guten Kirschwasser zu machen. Die Kombination aus luftigem, feuchtem Biskuit mit den knusprigen Japonaisböden und dem Kirscharoma ist tatsächlich eine Delikatesse. Die Torte schmeckt übrigens auch mit Aprikosen- oder Himbeergeist vorzüglich.

Zuger Kirschtorte

Für den Biskuitboden:

4 Eier, 2 Eigelbe, 125 g Zucker

90 g Mehl, 40 g Speisestärke

70 g flüssige Butter

Für die Buttercreme:

150 g Butter

2 Eier, 1 Eigelb

100 g Zucker

2 cl Kirschwasser

Für die Japonaisböden:

4 Eiweiße, 150 g Zucker

100 g geröstete, geriebene Mandeln

2 EL Speisestärke, 50 g Puderzucker

Zum Tränken:

10 cl Läuterzucker, 10 cl Kirschwasser

Außerdem:

Backpapier

Puderzucker zum Bestauben

Mandelblättchen zum Bestreuen

1. Den Biskuit wie die Wiener Masse auf Seite 34 zubereiten, backen und den Boden über Nacht ruhen lassen.

2. Für die Buttercreme die Butter in einer Schüssel schaumig rühren. Die Eier, das Eigelb und den Zucker in einer Kasserolle auf dem Wasserbad warm aufschlagen. Aus dem Wasserbad herausnehmen, in Eiswasser setzen und weiter schlagen, bis die Masse wieder kalt ist. Unter ständigem Rühren portionsweise unter die Butter rühren. Das Kirschwasser einrühren.

3. Für die Japonaisböden die Eiweiße in einer fettfreien Schüssel weißschaumig schlagen. Etwas Zucker zusetzen und steif schlagen. Nach und nach den restlichen Zucker darunter schlagen, bis er völlig aufgelöst ist. Der Eischnee muss schnittfest sein. Die Mandeln mit der Speisestärke und dem Puderzucker vermischen und gut untermelieren, die Masse dabei aber nicht zu lange bearbeiten.

4. Auf Backpapier 2 Kreise von 24 cm Durchmesser zeichnen und die Masse mit der Winkelpalette aufstreichen. Bei 160 °C im vorgeheizten Ofen in etwa 30 Minuten hellbraun backen, dabei die Ofentür einen Spalt offen lassen, damit der Dampf entweichen kann. Noch warm mit einem scharfen, spitzen Messer auf die exakte Größe beschneiden.

5. Zum Tränken den Läuterzucker mit dem Kirschwasser mischen. Einen Japonaisboden mit der Buttercreme bestreichen. Die obere Kruste des Biskuitbodens abschneiden. Kräftig mit dem Kirschsirup tränken und mit dieser Seite nach unten auf den Japonaisboden legen. Die andere Seite tränken und weiterverfahren wie in der Bildfolge links gezeigt.

6. Die zusammengesetzte Torte kühlen. Die Oberfläche mit Puderzucker bestauben, mit einem Messerrücken das traditionelle Rautenmuster eindrücken und nach Belieben mit kandierten Kirschen garnieren.

»Nichts für Kinder« ist diese Schweizer Spezialität, in der Kirschen nur in Form von hochprozentigem Kirscharoma zu finden sind.

Hübsche Muster können mit dem Puderzucker auf die Törtchen gesiebt werden. Die passenden Schablonen dafür aus Papier herstellen, wie etwa die einfache Blüte rechts.

Mazarintorte mit Marzipan

Die Mazarintorte hat eine Hülle aus Mürbteig. Man kann zwar die mit Teig ausgelegten Formen sofort mit der Marzipanmasse füllen und backen, doch der Boden wird viel knuspriger und steht in einem besseren geschmacklichen Kontrast zur weichen Füllung, wenn er vorgebacken wird. Diesen Vorgang nennt man blindbacken; die Bildfolge rechts zeigt, wie es gemacht wird. Aus den gleichen Zutaten kann man statt der großen Torte auch 6 kleine Törtchen zubereiten. Dabei ändern sich nur Backzeiten und Backtemperatur.

Mazarintorte

Für 1 Torte oder 6 Törtchen:

220 g Mehl

150 g Butter

40 g Puderzucker

1 Eigelb, 1 Prise Salz

ausgeschabtes Mark von 1 Vanilleschote

Für die Füllung:

125 g Butter

100 g Marzipanrohmasse

70 g Puderzucker

2 Eier

80 g geschälte, geriebene Mandeln

abgeriebene Schale von 1 unbehandelten Zitrone

Außerdem:

1 Springform von 26 cm Durchmesser oder 6 Förmchen von je 10 cm Durchmesser

Backpapier und Hülsenfrüchte zum Blindbacken

1. Für den Teig das Mehl auf eine Arbeitsfläche sieben und in die Mitte eine Mulde drücken. Die Butter in Stücken, den Puderzucker, das Ei und die Gewürze hineingeben. Die Zutaten zunächst mit einer Gabel zerdrücken, mit einer Palette zu feinen Krümeln hacken und dann den Teig mit den Händen kurz kneten. In Folie wickeln, mindestens 1 Stunde im Kühlschrank ruhen lassen.

2. Den Teig dünn ausrollen, 1 großen Kreis von gut 26 cm Durchmesser oder 6 kleine Kreise von reichlich 10 cm Durchmesser schneiden, die Formen damit auslegen und mehrmals mit einer Gabel einstechen. Den Boden blindbacken, wie in der Bildfolge rechts gezeigt.

3. Für die Füllung die Butter mit der Marzipanrohmasse und dem Puderzucker schaumig rühren. Die Eier nacheinander zugeben und jedes einzelne gut unterarbeiten, bevor das nächste folgt. Zuletzt die Mandeln und die abgeriebene Zitronenschale unterziehen.

4. Die Masse in die vorgebackenen Mürbteigböden füllen und die Oberfläche glatt streichen. Bei 180 °C im vorgeheizten Ofen in etwa 25 bis 30 Minuten hellbraun backen. Etwas auskühlen lassen. Mit Puderzucker durch eine Schablone ein Muster aufsieben. Dafür ein dünnes Papier in der Größe der Törtchen in der Mitte falten und die Ornamente ausschneiden.

Den Teigrand andrücken und die überstehenden Teigränder abschneiden. Mit einer Gabel einstechen.

Backpapier einlegen und Hülsenfrüchte einfüllen. Bei 220 °C im vorgeheizten Ofen 10 Minuten blindbacken.

Die Hülsenfrüchte und das Papier entfernen. So bleiben die Teigränder stehen und der Boden bleibt flach.

Malakofftorte
luftig und leicht

Diese Biskuittorte kennt man in Österreich schon seit dem vorigen Jahrhundert, sie ist eine echte Alt-Wiener Kreation. Früher wurde sie sehr oft mit Buttercreme gefüllt, Schlagsahne ist da heute leichter. Am besten schmeckt sie mit selbst gebackenen Löffelbiskuits, denn die industriell gefertigten sind zu hart im Verhältnis zu der lockeren Creme. Vor dem Backen mit Puderzucker besieben, dann bekommen sie eine krosse Oberfläche und bleiben innen weich.

Malakofftorte

Für den Biskuitboden:

1/3 der Zutaten vom Grundrezept für die Wiener Masse Seite 34

Für die Löffelbiskuits:

6 Eigelbe, 130 g Zucker

4 Eiweiße

60 g Speisestärke

70 g Mehl

Puderzucker zum Besieben

Für die Creme:

6 Blatt Gelatine , 50 ml Milch

90 g Zucker

2 Eigelbe, 1 Prise Salz

ausgeschabtes Mark von 1 Vanilleschote

2 cl Orangenlikör

2 Eiweiße, 1/2 l Sahne

2 cl Rum, 2 cl Läuterzucker

Zum Garnieren:

1/4 l Sahne, 1 EL Zucker

80 g geröstete, gehobelte Mandeln

Zesten von 1 unbehandelten Orange

Außerdem:

1 Tortenring von 26 cm Durchmesser

1. Für die Löffelbiskuits die Eigelbe mit 1/4 des Zuckers schaumig rühren, der Zucker muss völlig aufgelöst sein. Die Eiweiße zu Schnee schlagen, dabei den restlichen Zucker einrieseln lassen. Die Speisestärke unter den steifen Eischnee ziehen. Dann die schaumig gerührten Eigelbe unterheben und zum Schluss das gesiebte Mehl, wie in der Bildfolge rechts oben gezeigt. Bei dem gesamten Vorgang ist es wichtig, dass die Masse steif bleibt und nicht an Volumen verliert, weil die »Löffel« sonst beim Backen die Form nicht halten.

2. Das Backblech mit 10 cm breiten Backpapierstreifen auslegen. Die Biskuitmasse in einen Spritzbeutel mit Lochtülle Nr. 7 füllen und »Löffel« mit zungenförmigen Enden aufspritzen, wie in der Bildfolge rechts zu sehen. Den Puderzucker in ein kleines Sieb geben und die Biskuits besieben. Bei 180 °C im vorgeheizten Ofen backen. Nach 8 bis 10 Minuten den Bräunungsgrad prüfen. Die Löffelbiskuits vom Papier lösen. Dafür die Streifen über die Kante einer Blechdose oder eines Tischs ziehen. So lösen sie sich von selbst, ohne zu brechen.

3. Einen Biskuitboden nach dem Grundrezept für die Wiener Masse Seite 34 zubereiten und backen. Zum Aufbau der Torte mit einem Tortenring oder dem Ring einer Springform von 26 cm Durchmesser umstellen.

4. Für die Creme die Gelatine in kaltem Wasser einweichen. Die Milch mit der Hälfte des Zuckers, den Eigelben, dem Salz und dem Mark der Vanilleschote unter Rühren im Wasserbad bis »zur Rose abziehen«, das heißt, mit dem Kochlöffel so lange bewegen, bis die Creme beginnt, dickflüssig zu werden. Sie soll auf dem Kochlöffel liegen bleiben und beim Daraufblasen sollen sich Kringel zeigen. Vom Herd nehmen, den Likör zugeben und kalt rühren.

5. Die Eiweiße mit dem restlichen Zucker zu steifem Schnee schlagen und auch die Sahne steif schlagen. Zuerst den Eischnee unter die Grundcreme ziehen, dann die Sahne. Von der Creme eine Schicht auf den Biskuitboden streichen. Darauf eine Schicht Löffelbiskuits legen.

6. Den Rum mit dem Läuterzucker verrühren und die Löffelbiskuits damit beträufeln, am besten geht dies mit einem Pinsel. Eine weitere Schicht Creme darüber streichen, erneut Löffelbiskuits darüber legen und mit Rum und Läuterzucker beträufeln. Die restliche Creme darüber streichen und die Torte im Kühlschrank fest werden lassen.

7. Für die Garnitur die Sahne mit dem Zucker steif schlagen, die Torte aus dem Ring lösen und damit einstreichen. 16 Stücke auf der Torte markieren, jeweils eine Sahnerosette aufspritzen und mit einem halben Löffelbiskuit garnieren. Rand und Oberfläche mit gerösteten und gehobelten Mandeln einstreuen und die Orangenzesten auflegen.

Zuerst die Speisestärke unter den Eischnee ziehen, dann die schaumigen Eigelbe.

Zum Schluss das gesiebte Mehl so unterheben, dass die Masse steif bleibt.

Mit einem Spritzbeutel »Löffel« mit zungenförmigen Enden auf Backpapier spritzen.

Die Biskuits mit Puderzucker besieben und im Ofen bei 180 °C backen.

Die Löffelbiskuits vom Papier lösen. Dafür am besten über einer Kante abziehen.

Mit ungesüßter Schlagsahne wird die Original-Sachertorte grundsätzlich serviert, so auch im Café des Hotel Sacher in Wien, aus dem die berühmte Torte stammt.

Sachertorte Wiener Klassik

Die österreichische Zuckerbäckerei darf sich glücklich schätzen, ein solches Gustostück in Form einer Torte zu besitzen, das zum Inbegriff von Wiener Gastlichkeit und Kaffeehauskultur geworden ist. Für diese Imagepflege haben die beiden alten Kontrahenten, das Hotel Sacher und die ehemalige Hofkonditorei Demel, gesorgt. Beide sind Monumente der österreichischen Konditorenkunst.

Sachertorte

Für den Schokoladenbiskuit:
120 g Halbbitter-Kuvertüre
100 g Butter
110 g Puderzucker
5 Eigelbe
ausgeschabtes Mark von 1/2 Vanilleschote
4 Eiweiße
50 g Mehl
120 g sehr fein geriebene Mandeln
Für die Schokodenglasur:
300 g Zucker
100 g Kuvertüre
60 g Kakaopulver, 1/8 l Wasser
Außerdem:
1 Springform oder 1 Tortenring von 22 cm Durchmesser
Butter und Brösel für die Form
200 g Aprikosenkonfitüre
2 bis 3 EL Wasser

1. Für den Schokoladenbiskuit die Kuvertüre im 40 °C warmen Wasserbad schmelzen und warm halten. Die Butter in einer entsprechend großen Schüssel mit 1/3 des Puderzuckers und den Eigelben schaumig rühren. Das Vanillemark und die lauwarme Kuvertüre unterrühren. Die Eiweiße mit dem restlichen Zucker steif schlagen und mit dem gesiebten Mehl und den Mandeln locker unterheben.

2. Nur den Boden – nicht den Rand – der Springform mit Butter ausfetten und mit Bröseln ausstreuen. Die Masse einfüllen und die Oberfläche glatt streichen. Bei 180 °C im vorgeheizten Ofen in 40 bis 50 Minuten backen.

3. Für die Schokoladenglasur den Zucker, die klein geschnittene Kuvertüre und das Kakaopulver in einer Kasserolle mit dem Wasser mischen und bis »zum starken Faden« kochen. Dieser Punkt ist erreicht, wenn die Glasur Fäden zieht. Vom Herd nehmen, in eine Schüssel gießen und mit einem Holzspatel die Glasur ständig in Bewegung halten – der Fachmann nennt es »tablieren« –, bis sie dickflüssig wird.

4. Den ausgekühlten Schokoladenbiskuit einmal durchschneiden, den einen Boden mit der Hälfte der Aprikosenkonfitüre bestreichen und den anderen darauf setzen. Die restliche Konfitüre mit dem Wasser einige Minuten kochen, passieren und damit die ganze Torte gleichmäßig einstreichen. Auf ein Kuchengitter setzen, mit der Schokoladenglasur überziehen und trocknen lassen. Die Original-Sachertorte wird nicht weiter verziert, sondern präsentiert sich in ihrer dunklen Schönheit.

→ Info

Kakaopulver gewinnt man, in dem der Kakaomasse Kakaobutter entzogen wird. Je nachdem, wieviel Fett noch im Pulver verblieben ist, unterscheidet man zwischen stark und schwach entölten Kakaos. Aus einer Formel auf den Packungen lassen sich die Inhaltsstoffe ablesen. Extrabittere Kuvertüre etwa hat die Formel 70/30/38, das bedeutet 70% Kakaomasse, 30% Zucker und 38% Gesamtfettgehalt.

Ein Überzug aus Kuvertüre ist bei der Prinzregententorte kein Muss. Wem die Glasur zu »knackig« ist, der kann die Torte auch mit zartschmelzender Canache-Glasur überziehen.

Dobostorte
Prinzregententorte

Die ungarische Dobostorte hat eine sehr enge Verwandte in Bayern: die Prinzregententorte. Bis auf den Überzug sind sie sich zum Verwechseln ähnlich: Dünne Biskuitböden werden mit feiner Schokoladenbuttercreme eingestrichen und übereinander gesetzt. Die bayerische, dem Prinzregenten Luitpold gewidmete Torte wird mit bitterer Schokolade überzogen. Für die Dobostorte dagegen wird die Decke mit einer Karamelschicht bestrichen.

Dobostorte

Für die Biskuitböden:

9 Eigelbe, 220 g Puderzucker

9 Eiweiße, 180 g Mehl

50 g Butter, geschmolzen

Für die Schokoladenbuttercreme:

300 g Butter, 1/2 l Milch

3 Eigelbe, 45 g Speisestärke

250 g Zucker, Mark von 1/2 Vanilleschote

50 g Kakaopulver, 120 g Kuvertüre

Für die Karamelglasur:

1 TL Butter, 150 g Zucker

einige Tropfen Zitronensaft

Außerdem:

1 Tortenring von 26 cm Durchmesser

1. Den Biskuitteig zubereiten, wie im Grundrezept auf Seite 35 beschrieben. Auf 7 Stück Backpapier Kreise von 26 cm Durchmesser zeichnen. Die Biskuitmasse in gleichen Portionen darauf verteilen und glatt streichen. Die Böden so schnell wie möglich nacheinander bei 220 °C im vorgeheizten Ofen backen. Unbedingt »nach Sicht« backen, da die dünnen Böden schnell verbrennen können. Sofort vom Blech nehmen. Mit Hilfe des Tortenrings und einem Messer die Böden in Form schneiden.

2. Für die Creme die Butter schaumig rühren. 2 EL Milch mit den Eigelben und der Speisestärke verrühren. Die restliche Milch mit dem Zucker, dem Vanillemark und dem Kakao aufkochen. Die angerührte Speisestärke unter ständigem Rühren zugeben und aufwallen lassen. Abkühlen lassen, durch ein Sieb streichen und nach und nach unter die schaumige Butter rühren. Die aufgelöste Kuvertüre zugeben.

3. Einen Boden mit der vom Papier abgezogenen Seite auf eine Tortenunterlage legen, etwas Creme aufstreichen. Einen weiteren Boden mit der Papierseite nach oben möglichst genau auflegen und fest andrücken. Das Papier abziehen. Erneut eine Schicht Creme darauf verstreichen. So weiterverfahren, bis alle Böden aufgelegt sind – den Schönsten für die Karameldecke zurückbehalten. Die Torte rundherum dünn mit der restlichen Creme einstreichen, im Kühlschrank fest werden lassen.

4. Für die Decke die Butter zerlaufen lassen, Zucker und Zitronensaft untermengen und unter Rühren zu hellem Karamel schmelzen. Sofort weiterarbeiten, wie rechts gezeigt.

Prinzregententorte

Alle Zutaten wie für Dobostorte außer der Glasur

Für die Glasur:

300 g temperierte Kuvertüre

Die Prinzregententorte wird in allen Schritten wie eine Dobostorte zubereitet. Nur wird zum Schluss statt der Karamelglasur die ganze Torte mit Kuvertüre überzogen.

Den warmen Karamel zügig und gleichmäßig mit einer Palette auf dem zurückbehaltenen Boden verstreichen.

Mit einem langen Tortenmesser in 16 Stücke teilen. Dieses vor jedem Schnitt durch ein Stück Butter ziehen.

Die karamelisierte Decke vorsichtig von der Unterlage lösen und Stück für Stück auf die Torte legen.

Kaffeetorte auf Mandelböden

Den 1. Boden auf eine Tortenunterlage legen, Kaffeecreme darauf geben und mit einer Palette verstreichen.

Den 2. Boden passgenau auflegen, ebenfalls mit Creme bestreichen und mit dem 3. Boden abdecken.

Die Torte in Form schneiden. Dafür einen Topfdeckel auf die Torte drücken und die Ränder glatt schneiden.

Die Japonaismasse ist besonders leicht und der Makronenmasse ähnlich, besteht sie doch nur aus Eiweiß, Zucker und Mandeln. Sie wird bei sehr niedriger Temperatur gebacken. Das folgende Rezept ist für 2 Torten von etwa 18 cm Durchmesser berechnet, die für 6 bis 8 Portionen reichen. Bei dieser Torte mit den empfindlichen Japonaisböden ist es sehr wichtig, dass sie frisch gegessen wird, möglichst noch am selben Tag, da die Böden sonst zu viel Feuchtigkeit aufnehmen und dadurch ihre Knusprigkeit verlieren.

Kaffeetorte

Für die Japonaismasse:

6 Eiweiße, 80 g Zucker

130 g fein geriebene Mandeln

80 g Puderzucker

20 g Mehl

100 g gehobelte Mandeln

Für die Kaffeecreme:

1/2 l Milch

10 g lösliches Kaffeepulver

120 g Zucker, 4 Eigelbe

40 g Speisestärke

300 g Butter

30 g Puderzucker

4 cl Tia Maria (Kaffeelikör)

Zum Garnieren:

60 g gehobelte, geröstete Mandeln

1/8 l geschlagene Sahne

Schokoladenröllchen

Außerdem:

2 Backbleche

Backpapier zum Auslegen

1. Für die Japnaisböden die Eiweiße zu steifem Schnee schlagen, den Zucker langsam einrieseln lassen und weiterschlagen, bis ein schnittfester Eischnee entstanden ist. Die geriebenen Mandeln mit dem Puderzucker und dem Mehl vermischen, vorsichtig unter den Eischnee heben, damit er möglichst wenig an Volumen verliert.

2. Die Backbleche mit Backpapier auslegen und darauf 6 Böden von 18 cm Durchmesser vorzeichnen. Die Japnaismasse darauf verteilen und möglichst glatte Böden aufstreichen. Mit den gehobelten Mandeln bestreuen und beide Bleche bei 150 °C in den vorgeheizten Ofen übereinander einschieben. Die Ofentür einen Spalt offen lassen, damit die Feuchtigkeit abziehen kann. Die Böden in 40 bis 50 Minuten ganz leicht hellbraun backen.

3. Für die Kaffeecreme die Milch mit dem Kaffeepulver und dem Zucker zum Kochen bringen. Die Eigelbe mit der Speisestärke verrühren, 2 bis 3 EL von der heißen Milch unterrühren. Unter ständigem Rühren mit einem Schneebesen in die kochende Milch einrühren, bis die Milch bindet. Kräftig rühren und einige Male aufkochen lassen. Die Creme in eine Schüssel umfüllen, die Oberfläche mit Puderzucker besieben, damit sich keine Haut bilden kann, und erkalten lassen. Die Butter mit dem Puderzucker schaumig rühren. Nach und nach die abgekühlte Creme unterrühren. Mit dem Kaffeelikör parfümieren.

4. Die Böden vorsichtig vom Papier lösen. 2 Torten herstellen, wie links gezeigt. Die Torten mit der restlichen Creme einstreichen und den Mandeln einstreuen. Nach Wunsch mit Sahne und Schokoladenröllchen garnieren.

Japonais ist eine leicht Masse, die nur aus Eiweiß, Zucker und Mandeln besteht. In der Kombination mit der Kaffeecreme entsteht ein delikates Resultat.

Die Karlsbader Oblaten sind an sich schon ein feines Gebäck, aber damit gibt man sich nicht zufrieden. Hier werden sie mit einer feinen Mandel-Vanille-Creme gefüllt.

Oblatentorte mit Mandelfüllung

Allein schon wegen ihrer runden Form war es nahe liegend, die Oblaten zu füllen und daraus eine Torte zu machen – und dafür gibt es einige Beispiele. Das folgende Rezept ist ein sehr feines. Den größten Erfolg mit seinen gefüllten Oblaten aber hatte der Wiener Zuckerbäcker Pischinger, der eine Mischung aus Haselnusskrokant und Butter zu einer feinen Füllcreme rührte und die Torte dann mit Schokolade überzog.

Oblatentorte

2 Pakete Karlsbader Oblaten (je 5 Stück)

Für die Füllung:

1/2 l Milch

80 g Zucker

1 Vanilleschote, längs aufgeschnitten

2 Eigelbe

40 g Speisestärke

50 g Marzipanrohmasse

250 g Butter

60 g Puderzucker

2 cl brauner Rum

160 g geschälte, geriebene Mandeln

Zum Garnieren:

Kuvertüre für Schokoladenspäne

Puderzucker zum Besieben

Maraschinokirschen

1. Für die Füllung die Milch mit dem Zucker zum Kochen bringen und die Vanilleschote zufügen. Sobald die Milch einmal kräftig aufgekocht ist, die Vanilleschote herausheben, das Mark auskratzen und wieder in die Milch geben. Die Eigelbe mit der Speisestärke und 1 bis 2 EL der heißen Milch verrühren. Die angerührte Eiercreme unter kräftigem Rühren mit dem Schneebesen in die Milch gießen und einige Male aufwallen lassen, bis die Vanillecreme richtig gebunden ist. In eine Schüssel füllen und die Oberfläche mit etwas Puderzucker besieben, damit sich keine Haut bildet.

2. Die Marzipanrohmasse mit der Hälfte der Butter verkneten. Die restliche Butter und den Puderzucker zugeben und mit dem Handrührgerät so lange verrühren, bis eine cremige Masse entstanden ist. Diese durch ein feines Sieb streichen. Zunächst den Rum und dann die geriebenen Mandeln zufügen und alles gut miteinander vermischen.

3. Die erkaltete Vanillecreme ebenfalls durch das Sieb streichen und Löffel für Löffel unter die Marzipan-Butter-Mischung rühren.

4. Die Oblaten gleichmäßig stark mit der Creme bestreichen und übereinander setzen. Die restliche Creme auf die Oberfläche streichen und mit einem Messer eine wellige Kontur entstehen lassen.

5. Schokoladenspäne herstellen, wie auf Seite 53 beschrieben. Zum Garnieren die Torte reichlich mit den Schokoladenspänen bestreuen, mit Puderzucker besieben und mit Maraschinokirschen belegen.

→ Info

Das böhmische Karlsbad ist heute noch berühmt für seine delikaten Oblaten, die ganz dünn mit einer Mandelmischung gefüllt sind. Inzwischen werden die Oblaten nicht mehr nur in Tschechien hergestellt, es gibt sie wohlverpackt fast auf der ganzen Welt. Schon im k.u.k.-Österreich hat man sie aber mit sehr unterschiedlichen Füllungen zu kleinen Torten »veredelt«.

Süße Aufläufe und Soufflés

Diese Gerichte können auch schon einmal das Mittagessen ersetzen, vorausgesetzt, man liebt es süß. Köstliches kommt aus dem Backofen, zum Beispiel Salburger Nockerln nach dem Originalrezept aus Österreich, Zitronensoufflé (im Bild links), Kirschauflauf oder der bayerische Scheiterhaufen.

Vollreife, süße Kirschen schmecken besonders gut zum Auflauf, aber es können auch Sauerkirschen sein. Ihr feines Aroma macht eine solch einfache Mehlspeise zur Delikatesse. Dazu passt sehr gut Vanillesauce.

Kirschenmichel
Fruchtiger Auflauf

Im Frühsommer, wenn es Kirschen im Überfluss gibt, ist der Kirschenmichel nicht nur Nachspeise, sondern auch ein beliebtes Hauptgericht. Kirschen – es können übrigens auch süße, reife Pflaumen sein – und altbackenes Weißbrot oder Brötchen sind die wesentlichen Zutaten. Die Eier bringen die nötige Bindung und Luftigkeit, und mit Mandeln, Kirschwasser oder anderen Gewürzen kann man dem Auflauf eine eigene Note geben.

Kirschenmichel

Für 6 Portionen:

4 Brötchen (200 g)

1/8 l Milch

750 g Süßkirschen (oder Sauerkirschen)

125 g weiche Butter

150 g Zucker

ausgeschabtes Mark von 1 Vanilleschote

1 Prise Salz

4 Eigelbe

50 g gehackte Mandeln

1 TL gemahlener Zimt

2 EL Kirschwasser

4 Eiweiße

Für die Vanillesauce:

6 Eigelbe

100 g Zucker

1/2 l Milch

ausgeschabtes Mark von 1/4 Vanilleschote

Außerdem:

Butter und Semmelbrösel für die Form

1. Die trockenen Brötchen klein würfeln und 15 Minuten in der Milch einweichen. Die Kirschen waschen, abtropfen lassen, entstielen und entsteinen.

2. Butter, Zucker, Vanillemark und Salz schaumig rühren und die Eigelbe zufügen. Nacheinander die Brotwürfel, die Mandeln, den Zimt und das Kirschwasser unterrühren. Die Eiweiße steif schlagen und unterziehen. Die Kirschen unterheben.

3. Eine Form mit Butter ausfetten und mit Semmelbröseln ausstreuen. Die Masse einfüllen. Bei 200 °C im vorgeheizten Ofen 45 bis 50 Minuten backen.

4. Inzwischen die Vanillesauce zubereiten. Die Eigelbe und den Zucker mit einem Schneebesen vermengen, dann cremig, aber nicht schaumig rühren. Die Milch mit dem Vanillemark aufkochen. Die noch heiße Milch portionsweise unter die Eigelbcreme rühren. In einen Topf umfüllen und unter ständigem Rühren bis »zur Rose abziehen«. Das heißt, die Sauce ist dann genügend erhitzt, wenn sie auf dem Kochlöffel leicht angedickt liegen bleibt oder sich beim Daraufblasen Kringel zeigen, die an die Form einer Rose erinnern. Sollten sich kleine Klümpchen gebildet haben, die Sauce durch ein feines Sieb passieren.

→ Info

Das Pflücken der Kirschen von Hand ist arbeitsintensiv. Daher zählen Kirschen leider nicht zu den preiswerten Obstarten. Gute Qualitäten werden stets mit Stiel geerntet, damit die Früchte nicht ausbluten. Einfacher und schneller geht das Abzupfen ohne Stiel, doch taugen solche Kirschen nur für die industrielle Verarbeitung oder zum Brennen von Kirschwasser.

Scheiterhaufen
Auflauf mit Äpfeln

Dieses sehr einfache ländliche Rezept kann als Hauptgericht oder, in kleineren Portionen, auch als Dessert zubereitet werden. In Südtirol kennt man einige Varianten: Unter anderem kann der Auflauf zum Schluss noch mit einer dicken Schicht Eischnee bestrichen und bei starker Oberhitze oder unter dem Grill überbacken werden. Dazu passt Vanillesauce, oder man serviert – wie in diesem Rezept – ein Sabayon dazu, also eine Weinschaumcreme, natürlich mit Südtiroler Weißwein.

Scheiterhaufen

6 Brötchen vom Vortag (250 g)
500 g Äpfel
100 geriebene Mandeln ohne Schale
100 g Sultaninen
1/2 l Milch
50 g Zucker
3 Eier
abgeriebene Schale von 1/2 unbehandelten Zitrone
1 Prise Salz
40 g Butter, in Flöckchen

Für die Weinschaumcreme:

1 Ei, 2 Eigelbe
120 g Zucker
1/4 l trockener Weißwein

Außerdem:

Butter für die Form

1. Die Brötchen in etwa 7 mm dicke Scheiben schneiden. Die Äpfel waschen, schälen, vierteln, das Kerngehäuse entfernen und das Fruchtfleisch in feine Scheibchen schneiden.

2. Eine feuerfeste Form mit Butter ausfetten. Zuerst eine Schicht Brötchenscheiben und darauf eine Schicht Apfelscheiben in die Form legen und diese gleichmäßig mit Mandeln und Sultaninen bestreuen. In dieser Reihenfolge alle Zutaten einschichten. Die letzte Schicht soll aus Brötchenscheiben bestehen.

3. Die Milch mit dem Zucker in einem entsprechend großen Topf erwärmen. Die Eier darin verquirlen, die Zitronenschale zufügen und salzen. Das Milch-Eier-Gemisch gleichmäßig über dem Auflauf verteilen und mit Butterflöckchen belegen. Bei 180 °C im vorgeheizten Ofen 30 Minuten backen.

4. Für das Sabayon die Eigelbe, das Ei und den Zucker in einer Schüssel mit einem Schneebesen cremig rühren. Die Schüssel in ein Wasserbad setzen, wobei das Wasser nicht kochen darf, sondern nur gerade unter dem Siedepunkt simmern soll. Den Weißwein unter Rühren langsam zugießen und mit dem Schneebesen kräftig schlagen, bis eine schaumige Creme entstanden ist, die etwa um das Doppelte an Volumen zugenommen hat. Die Schüssel aus dem Wasserbad nehmen und in eine größere, mit Eiswasser gefüllte Schüssel stellen. Mit dem Schneebesen weiterschlagen, bis die Sauce abgekühlt ist. Möglichst bald servieren.

Dieser süße Auflauf aus Brötchen und Äpfeln wird in den Alpenländern, vor allem in Tirol, gerne gegessen. Der Name Scheiterhaufen kommt sicherlich von den eingeschichteten Brötchenscheiben.

Rhabarber und Erdbeeren, eine Mischung, die sich bei Konfitüre gut bewährt hat. Der Rhabarber bringt die ausreichende Säure und die Erdbeeren das vollreife, süße Aroma.

Rhabarberauflauf

Dessert im Frühling

Rhabarberauflauf

Für 6 Portionen:
700 g Rhabarber
250 g Erdbeeren
Für den Teig:
3 Eigelbe
60 g Honig
2 cl Rum
100 g Butter
100 g Weizenvollkornmehl (Type 1050)
50 g geriebene Mandeln mit Schale
1/4 l Milch
3 Eiweiße
50 g Zucker
Für die Vanillesauce:
1/2 l Milch
40 g Zucker
1/2 Vanilleschote
10 g Speisestärke
2 Eigelbe
Außerdem:
Butter für die Form
Puderzucker zum Bestauben

1. Eine Pieform von 28 cm Durchmesser mit Butter ausfetten. Den Rhabarber waschen, die Fäden abziehen und die Stangen in 2 bis 3 cm große Stücke schneiden. Die Erdbeeren putzen, waschen, gut abtropfen lassen und halbieren. Beides in der Form verteilen.

2. Für den Teig Eigelbe, Honig und Rum gut vermischen. Die Butter zerlassen, einrühren. Mehl und Mandeln vermischen und abwechselnd mit der Milch unter die Buttermasse rühren. Die Eiweiße steif schlagen, dabei den Zucker nach und nach einrieseln lassen. Vorsichtig unter den Teig heben. Diesen über dem Obst verstreichen.

3. Den Auflauf bei 180 °C im vorgeheizten Ofen etwa 40 Minuten backen. Sollte die Oberfläche stark bräunen, mit Pergamentpapier oder Alufolie abdecken. Anschließend mit Puderzucker bestauben.

4. Während der Backzeit die Vanillesauce zubereiten. Dafür von der Milch 2 bis 3 EL zum Anrühren der Speisestärke abnehmen und den Rest mit dem Zucker und der Vanilleschote zum Kochen bringen. Die Vanilleschote aus der kochenden Milch herausnehmen, das Mark abstreifen und zurück in die Milch geben.

5. In der Zwischenzeit die Speisestärke mit der Milch und den Eigelben gut verrühren. Unter kräftigem Rühren mit dem Schneebesen die angerührte Stärke in die Milch geben und die Sauce damit binden. Einige Male aufwallen lassen, dann rühren, bis sie kalt ist.

Rhabarber wird wegen seiner extremen Säure entweder geliebt oder abgelehnt – da gibt es wohl keinen Kompromiss. Aber dieses Rezept könnte vielleicht so manchen Skeptiker überzeugen.

Mit Löffeln wird das weiche »Brot« frisch aus der Form verzehrt. Spoon bread – wie es in seiner amerikanischen Heimat heißt – kann auch in Portionsförmchen gebacken werden.

Löffelbrot
Sahniger Auflauf

Das Löffelbrot ist ein souffléartiger süßer Auflauf, der im Inneren noch feucht sein sollte. Charakteristisch ist die Verwendung von Maismehl, das in Amerika zu den wichtigsten Grundnahrungsmitteln zählt. Feigenkompott ist eine perfekte Ergänzung.

Löffelbrot

Für das Löffelbrot:

290 ml Sahne, 290 ml Milch

60 g Butter

60 g Honig

1/2 TL Salz

150 g Maismehl

6 Eigelbe

1 TL Backpulver

4 Eiweiße, 50 g Zucker

Für das Feigenkompott:

500 g Feigen

1/4 l Weißwein

Saft von 1/2 Zitrone und 1 Orange

100 g Zucker

Außerdem:

Butter für die Form

1/8 l Sahne

Mark von 1/4 Vanilleschote

20 g Zucker

Puderzucker zum Bestauben

1. Für das Löffelbrot in einen Topf Sahne, Milch, Butter, Honig und Salz geben. Bei geringer Hitze erwärmen und verrühren, bis die Butter geschmolzen ist. Nach und nach das Maismehl unterarbeiten und unter ständigem Rühren bei geringer Hitze etwa 20 Minuten quellen lassen.

2. Den Teig in eine Schüssel umfüllen. Die Eigelbe einzeln unterrühren. Das Backpulver einrühren. Die Eiweiße steif schlagen, dabei den Zucker langsam einrieseln lassen. Den Eischnee unter die Masse heben.

3. Eine Pieform von etwa 26 cm Durchmesser mit Butter ausfetten und die Masse einfüllen. Das Löffelbrot bei 190 °C im vorgeheizten Ofen 35 Minuten backen.

4. Für das Kompott die Feigen längs halbieren, dann vierteln und die Schale abziehen. Den Wein mit dem Zitronen- und Orangensaft und dem Zucker etwa 3 Minuten sprudelnd kochen. Die Feigenstücke in den Sud legen und 2 Minuten ziehen lassen.

5. Die Sahne mit dem ausgeschabten Vanillemark und dem Zucker halbsteif schlagen. Das abgekühlte Feigenkompott in Portionsschälchen anrichten und mit der geschlagenen Sahne garnieren. Den Auflauf aus dem Ofen nehmen und mit Puderzucker bestauben. Sofort servieren, dann schmeckt es am besten. Das Feigenkompott auf getrennten Tellern reichen.

→ Tipp

Die Farbe der verschiedenen Feigensorten reicht von Hellgrün bis Dunkelblau. Feigen sind sehr druckempfindlich, daher erfolgt die Ernte in Handarbeit. Um Feigen zu zerteilen, zunächst den Blütenansatz unten abschneiden. Mit einem scharfen Messer erst längs halbieren, dann vierteln. Mit dem Messer innen an der Schale entlangfahren und das Fruchtfleisch ablösen.

Pfirsichauflauf mit Baisergitter

Pfirsiche sind Saisonfrüchte, die im Hochsommer in bester Qualität zu uns auf die Märkte kommen. Ausgereifte Früchte entwickeln ein angenehmes Aroma. Mit ihrem relativ festen Fruchtfleisch eignen sie sich gut für Gerichte aus dem Ofen.

Pfirsichauflauf

1 kg Pfirsiche

3/8 l Weißwein (Beerenauslese)

100 g Zucker

abgeriebene Schale von 1/2 unbehandelten Zitrone

Für die Mandelcreme:

150 g Marzipanrohmasse

75 g Butter, 90 g Zucker

3 Eigelbe

75 g geschälte, geriebene Mandeln

15 g Speisestärke, 3 Eiweiße

Für die Baisermasse:

3 Eiweiße

150 g Zucker

Außerdem:

Butter für die Form

10 g gehobelte Mandeln

1. Die Pfirsiche in kochendem Wasser kurz blanchieren, herausnehmen und häuten. Die Früchte mit einem Messer an ihrer natürlichen Nahtstelle teilen und den Kern entfernen. Den Wein mit dem Zucker und der Zitronenschale in einem Topf um die Hälfte einkochen lassen. Die halbierten Pfirsiche darin 5 Minuten kochen, den Topf vom Herd nehmen und die Pfirsiche abkühlen lassen.

2. Für die Mandelcreme die Marzipanrohmasse mit der Butter und der Hälfte des Zuckers verkneten, die Eigelbe zugeben und alles mit dem Schneebesen schaumig rühren. Die geriebenen Mandeln mit der Speisestärke mischen und unterrühren. Die Eiweiße zu steifem Schnee schlagen, dabei den restlichen Zucker einrieseln lassen. Unter die Marzipan-Mandel-Masse heben.

3. Eine Auflaufform mit Butter ausfetten und 1/3 der Creme auf dem Boden verstreichen. Die Pfirsichhälften mit der Schnittfläche nach oben darauf legen.

4. Die restliche Mandelcreme in einen Spritzbeutel mit Lochtülle Nr. 8 füllen und zunächst in die Räume zwischen den Pfirsichhälften füllen, wie in der Bildfolge links gezeigt. Dann den gesamten Rest der Creme in Längsstreifen über die Pfirsiche spritzen. Bei 190 °C im vorgeheizten Backofen für 25 Minuten backen.

5. Für die Baisermasse die Eiweiße steif schlagen, dabei den Zucker nach und nach einrieseln lassen. Die Baisermasse in einen Spritzbeutel mit Sterntülle Nr. 12 füllen. Die Form aus dem Ofen nehmen und ein Baisergitter aufspritzen, wie im dritten Bild links gezeigt.

6. Mandelblättchen auf das Baiser streuen. Unter den vorgeheizten Grill stellen und 2 Minuten überbacken, bis das Baiser leicht hellbraun geworden ist.

Die Mandelcreme erst in die Räume zwischen den Pfirsichen spritzen.

Dann die Creme in Längsstreifen über die Pfirsiche spritzen und bei 190 °C backen.

Die Baisermasse zur Dekoration als diagonales Gitter auf die Oberfläche spritzen.

Fruchtige Pfirsiche auf einer Mandel-Marzipan-Creme, versteckt unter zartem Baiser – ein leckeres Dessert, das sich auch als Alternative zum Sonntagskuchen anbietet.

Rezepte für Sabayons (Weinschaumcremes) gibt es viele. Das Grundrezept sieht neben Eiern und Zucker Weiß- oder Süßwein vor. Wird jedoch ein kräftiger Rotwein verwendet, erhält der Sabayon einen vollmundigen Charakter, der hervorragend zum Kirschauflauf passt.

Kirschauflauf mit Rotwein-Sabayon

Süße, vollreife schwarze Kirschen sind das klassische Obst für dieses Gericht, das in seiner Heimat Frankreich »Clafoutis« heißt. Doch auch andere Obstarten wie die später reifenden Pflaumen, Aprikosen und im Winter sogar Äpfel eignen sich dafür. Die Auflaufmasse ist ein ganz einfacher Biskuitteig, der aber auch mit Eischnee aufgelockert, gewürzt und – passend zu den verwendeten Früchten – mit Obstbränden aromatisiert werden kann.

Kirschauflauf

Für den Auflauf:
4 Eier
80 g Zucker
ausgeschabtes Mark von 1 Vanilleschote
1 Messerspitze Salz
1 cl brauner Rum
140 g Mehl
380 ml Milch
500 g Kirschen, entsteint
Für das Rotwein-Sabayon:
6 Eigelbe
200 g Zucker
1/4 l Rotwein
Außerdem:
Butter für die Form
Puderzucker zum Besieben

1. Die Eier mit dem Zucker schaumig rühren. Das Vanillemark, das Salz und den Rum untermischen. Mit dem Schneebesen erst das Mehl, dann die Milch unterrühren.

2. Eine Auflaufform von 32 cm Länge mit Butter ausfetten und 1/3 der Auflaufmasse einfüllen. Die Kirschen gleichmäßig darauf verteilen und mit der restlichen Masse bedecken. Den Auflauf bei 180 °C im vorgeheizten Ofen 40 bis 45 Minuten backen.

3. Für das Rotwein-Sabayon die Eigelbe und den Zucker mit einem Schneebesen in einer Rührschüssel cremig rühren. Die Schüssel in ein Wasserbad setzen; das Wasser darf dabei nicht kochen, sondern soll gerade unter dem Siedepunkt gehalten werden. Den Rotwein nach und nach zur Eigelb-Zucker-Mischung gießen und mit dem Schneebesen schaumig schlagen, bis die Creme das Doppelte an Volumen erreicht hat.

4. Die Schüssel aus dem Wasserbad nehmen und in eine zweite Schüssel mit Eiswasser stellen. Die Weinschaumcreme mit dem Schneebesen weiterschlagen, bis sie abgekühlt ist. Das Eiswasser bewirkt dabei, dass die Creme schnell abkühlt, nicht zu sehr an Volumen verliert und so entsprechend schaumig bleibt.

5. Den Auflauf aus dem Ofen nehmen. Den Garzustand zur Sicherheit noch einmal mit einem Holzstäbchen prüfen. Der Auflauf ist fertig, wenn nichts mehr an dem Stäbchen kleben bleibt. Sofort mit Puderzucker besieben und heiß servieren. Das Sabayon dazu reichen.

→ Tipp

Süßkirschen schmecken frisch vom Baum am besten. Beim Einkauf erkennt man frische Ware am geraden, grünen und geschmeidigen Stiel. Lagern sollte man Kirschen möglichst nicht, sie halten nicht mehr als 2 bis 3 Tage. Sie lassen sich aber gut einfrieren (mit Stein) und dann gut in Aufläufen oder für Kuchen verwenden.

Salzburger Nockerln

Mehlspeise mit Tradition

Die weltweit bekannte Nachspeise wurde früher auf dem Herd gebacken, mit viel Geschick gewendet und dann im Ofen fertig gebacken. Bei der modernen und einfacheren Methode werden die Nockerln von Anfang an im Ofen gebacken. Unter einer zarten Kruste sollen sie noch cremig weich sein. Das ist der Grund, weshalb sie leider schnell zusammenfallen – sie sollten deshalb sofort serviert werden.

Salzburger Nockerln

6 Eiweiße

50 g Zucker

6 Eigelbe

40 g Mehl

ausgeschabtes Mark von 1/2 Vanilleschote

Für die Himbeersauce:

100 ml Rotwein (Blaufränkischer, Burgenland)

250 g vollreife frische Himbeeren

80 g Zucker

1 Stück Schale von einer unbehandelten Zitrone

Außerdem:

Butter für die Form

Puderzucker

1. Für die Himbeersauce den Rotwein in einer Kasserolle auf etwa 1/3 einkochen. Die Himbeeren pürieren und durch ein feines Sieb passieren. Den Zucker mit dem Rotwein und der Zitronenschale aufkochen, das Himbeerpüree zugeben und 3 bis 4 Minuten einkochen.

2. Die Eiweiße in einer großen Schüssel oder einem Schneekessel zu Schnee schlagen, dabei den Zucker langsam einrieseln lassen.

3. Die Eigelbe zunächst separat mit etwas Eischnee zu einer glatten Masse verrühren, ohne den übrigen Schnee zu berühren.

4. Das Mehl über den gesamten Eischnee sieben und das Vanillemark zugeben. Dabei sollten sowohl das Mehl als auch das Vanillemark so gleichmäßig über dem Eischnee verteilt werden, dass sie sich möglichst schnell unterrühren lassen. Mit dem Schneebesen Mehl, Vanillemark und Eigelb zu einem glatten Teig verrühren, dabei sollte sehr schnell und vorsichtig gearbeitet werden, damit der Eischnee so wenig wie möglich an Volumen verliert.

5. In einer feuerfesten Form die Butter zerlassen und die Form damit ausstreichen. Mit einem Teigschaber aus dem Schnee 3 Nockerln abstechen und diese in die Form umheben. Dabei sollte man darauf achten, dass die Nockerln ihre typische Form behalten, pyramidenförmig hoch aufragen und die Zwischenräume deutlich sichtbar bleiben.

6. Bei 220 °C die Salzburger Nockerln im vorgeheizten Ofen 2 bis 4 Minuten schön hellbraun backen. Herausnehmen, mit Puderzucker besieben und sofort servieren.

Frische Himbeersauce und Blaufränkischer aus dem österreichischen Burgenland sind eine Kombination, die diese Mehlspeise interessant und unverwechselbar machen.

Vanillesoufflé ein klassisches Rezept

Dieses Vanillesoufflé ist das Standardrezept für süße Soufflés überhaupt. Es eignet sich gut für Variationen, denn Fruchtauszüge oder Spirituosen können sein Aroma beliebig verändern.

Vanillesoufflé

1/4 l Milch

1/2 Vanilleschote

50 g Butter

50 g Mehl

5 Eiweiße

4 Eigelbe

70 g Zucker

Außerdem:

1 Souffléform von 18 cm Durchmesser und 1,3 l Inhalt

zerlassene Butter für die Form

Zucker zum Ausstreuen der Form

Puderzucker zum Besieben

1. Die Souffléform mit zerlassener, fast kalter Butter dünn ausstreichen. Den Zucker hineinstreuen und die Form mit beiden Händen drehen, bis er Rand und Boden lückenlos bedeckt. Den restlichen Zucker herausschütten.

2. Die Milch in einer entsprechend großen Kasserolle aufkochen. Die Vanilleschote längs aufschneiden und in der Milch einmal aufkochen. Die Schote herausnehmen, das Mark herauskratzen und in die Milch zurückgeben.

3. Die weiche Butter mit dem Mehl zusammenwirken, zu einer Rolle formen und in Stücke schneiden. Die Mehlbutterstücke nach und nach in die kochende Milch rühren. Die Soufflémasse in weiteren Schritten herstellen, wie in der Bildfolge unten gezeigt.

4. Das Soufflé im Wasserbad garen. Dafür die Form in ein 80 °C warmes Wasserbad setzen – der Wasserspiegel sollte mindestens bis zur halben Höhe der Form reichen – und bei 200 °C im vorgeheizten Ofen etwa 40 Minuten garen. Das Soufflé mit Puderzucker besieben und sofort servieren.

Die Mehlbutterstücke nacheinander in die kochende Milch rühren. Rühren, bis das Mehl die Flüssigkeit zu einer homogenen Masse gebunden hat.

Die Hitze abschalten und 1 rohes Eiweiß unter die noch heiße Masse rühren. Dabei schnell und kräftig glatt rühren, damit sich das Eiweiß vollständig verteilt.

Die Masse in eine Schüssel umfüllen und etwas abkühlen lassen. Die Eigelbe mit einem Schneebesen nacheinander unter die lauwarme Masse rühren.

In einer zweiten Schüssel den Zucker auf einmal zu den restlichen Eiweißen schütten. Mit dem Schneebesen zu steifem, cremigem Eischnee schlagen.

Den Eischnee vorsichtig unter die Masse melieren. Zuerst 1/4 des Eischnees mit dem Schneebesen unterrühren, dann den Rest mit dem Kochlöffel darunter heben.

Die fertige Soufflémasse bis etwa 1 cm unterhalb des Randes in die Souffléform füllen und im 80 °C warmen Wasserbad im vorgeheizten Ofen für 40 Minuten garen.

Die Soufflé-Förmchen mit Butter einfetten und mit Zucker ausstreuen. Seitenwände und Boden müssen lückenlos mit Zucker bedeckt sein.

Die Milch in eine Kasserolle gießen. Die Kuvertüre zerkleinern und zugeben. Das Kakaopulver dazusieben und unter Rühren aufkochen.

Die Mehlbutterstücke nacheinander in die kochende Schokoladenmilch rühren, bis das Mehl die Flüssigkeit vollständig zu einer homogenen Masse gebunden hat.

Schokoladensoufflé mit Erdbeersauce

Nur beste, bittere Schokolade sollte man für dieses Soufflé verwenden. Dafür kann man entweder dunkle Tafelschokolade oder Kuvertüre schmelzen. Das fruchtige Aroma von frischen Erdbeeren harmonisiert besonders gut mit dem bitteren Schokoladengeschmack.

Schokoladensoufflé

Für das Soufflé:

50 g weiche Butter, 50 g Mehl

1/4 l Milch

40 g Kuvertüre, 40 g Kakaopulver

5 Eiweiße, 4 Eigelbe

70 g Zucker

Für die Erdbeersauce:

250 g vollreife Erdbeeren

60 g Zucker, 6 cl Wasser

Saft und Zesten von 1/2 unbehandelten Orange, 2 cl brauner Rum

Außerdem:

zerlassene Butter, Zucker zum Ausstreuen

Puderzucker zum Besieben

1. Die Förmchen mit Butter und Zucker vorbereiten wie in der Bildfolge unten gezeigt.

2. Die Butter mit dem Mehl zusammenwirken, zu einer Rolle formen und in kleine Stücke teilen. Milch, Kuvertüre und Kakaopulver zusammen aufkochen, wie unten gezeigt. Die Mehlbutter unterrühren, dann die gebundene, homogene, noch heiße Masse vom Herd nehmen und 1 Eiweiß unterrühren.

3. Die Soufflémasse in eine Schüssel umfüllen und lauwarm abkühlen lassen. Die Eigelbe nacheinander unterrühren und den Eischnee unterheben, wie gezeigt. Die Soufflémasse in die Förmchen füllen und garen, wie angegeben.

4. Inzwischen die Erdbeersauce zubereiten: Die Früchte waschen, putzen, fein pürieren und durch ein Sieb streichen. Zucker und Wasser zum Kochen bringen, den Orangensaft und die Zesten einrühren und etwa 2 Minuten einkochen lassen. Den Rum zugießen. Erkalten lassen und mit dem Erdbeerpüree vermischen. Die Soufflés aus dem Ofen nehmen, mit Puderzucker besieben und sofort servieren.

1 Eiweiß unterrühren. Die Eigelbe nacheinander in die lauwarme Masse rühren, so lange weiterrühren, bis diese wieder glatt und cremig ist.

Zuerst etwa 1/4 des Eischnees mit dem Schneebesen vorsichtig unterrühren, damit die Masse leichter wird. Dann den restlichen Schnee mit dem Kochlöffel unterheben.

Die Soufflé-Förmchen bis etwa 1 cm unter den Rand füllen, in ein 80 °C warmes Wasserbad stellen und bei 200 °C im vorgeheizten Ofen 40 Minuten garen.

Mohnsoufflé mit Aprikosen

Der Mohnanbau hat in Europa eine lange Tradition. Entsprechend zahlreich sind die Rezepte, in denen die aromatischen Samen verarbeitet werden. Wichtig ist nur, frischen Mohn zu verwenden, da er recht empfindlich ist und leicht ranzig wird. Der Mohn wird am besten in einer speziellen Mohnmühle gemahlen. Man kann jedoch auch eine Mandel- oder Kaffeemühle dafür verwenden. In jedem Fall die Mühle anschließend gut mit einem Pinsel reinigen.

Mohnsoufflé

100 g gemahlener Mohn
1/8 l Milch , 4 Eigelbe
120 g Zucker
1 gestrichener TL gemahlener Zimt
25 g Speisestärke
3 Eiweiße

Außerdem:

400 g frische Aprikosen
50 g Marzipanrohmasse
zerlassene Butter für die Form
Zucker zum Ausstreuen
Puderzucker zum Besieben

1. Den Mohn mit der Milch in einem Topf zum Kochen bringen. Die Masse vom Herd nehmen, zudecken und für etwa 30 Minuten ausquellen und abkühlen lassen.

2. In der Zwischenzeit die Aprikosen in kochendem Wasser blanchieren, herausnehmen und die Haut abziehen. Die Früchte halbieren und die Kerne entfernen. Die Marzipanrohmasse in 5 mm große Würfel schneiden.

3. Für die Soufflémasse die Eigelbe, 20 g Zucker und den Zimt in einen Kessel oder eine Rührschüssel geben und mit einem Schneebesen schaumig rühren. Die Speisestärke unterrühren. Die Eiweiße zu steifem Schnee schlagen, dabei den restlichen Zucker langsam einrieseln lassen.

4. Eine Souffléform von 22 cm Durchmesser mit zerlassener, fast kalter Butter ausfetten und mit Zucker gleichmäßig ausstreuen, so dass die Seitenwände und der Boden lückenlos bedeckt sind. Den restlichen Zucker ausschütten.

5. Die abgekühlte Mohnmasse zu der Eigelbmischung in den Kessel geben und mit einem Schneebesen unterrühren, wie in der Bildfolge unten gezeigt. Den Eischnee vorsichtig unterheben, dabei darauf achten, dass er nicht an Volumen verliert.

6. Die Aprikosenhälften mit der Wölbung nach oben dicht an dicht in die Form legen. Die Marzipanwürfel darüber streuen. Dann die Mohnmasse gleichmäßig über die Aprikosen verteilen. Bei 160 °C im vorgeheizten Ofen 40 Minuten backen. Mit Puderzucker besieben und sofort servieren.

Die Mohnmasse zu der Eigelbmischung geben und gut unterrühren.

Den Eischnee unterheben, dabei darauf achten, dass er nicht an Volumen verliert.

Die Aprikosenhälften in die Form legen. Die Marzipanwürfel gleichmäßig darüber streuen.

Mohn und Marillen, wie die Aprikosen in Österreich heißen, sind dort eine beliebte Kombination. Das Mohnsoufflé ist ein köstliches Dessert über einer feinen Lage von Früchten.

Backt man das Soufflé in Portionsförmchen, bekommt jeder etwas mehr von der knusprigen Kruste, als wenn es in einer großen Form gebacken wird.

Zitronensoufflé mit Orangensauce

Dies erfrischende Dessert entwickelt mit vollreifen Früchten sein bestes Aroma. Die Zubereitung erfordert allerdings sorgfältiges Arbeiten und vor allem sofortiges Servieren, da die zarte Masse nach dem Backen leicht zusammenfällt.

Zitronensoufflé

Für 8 Portionen:
200 ml Milch
50 g Butter
50 g Mehl
4 Eiweiße
5 cl Zitronensaft
abgeriebene Schale von 1 unbehandelten Zitrone
2 cl Zitronenlikör
4 Eigelbe
40 g geriebene Mandeln ohne Schale
90 g Zucker
Für die Orangensauce:
200 ml frisch gepresster Orangensaft
90 g Zucker
Schale von 1 unbehandelten Orange, in Streifen geschnitten
3 cl Grand Marnier
Außerdem:
Butter und Zucker für die Förmchen
Puderzucker zum Besieben

1. Acht Portionsförmchen mit je 120 ml Inhalt mit zerlassener, fast kalter Butter ausfetten. Den Zucker hineinstreuen und die Formen mit beiden Händen drehen, bis die Ränder und die Böden lückenlos bedeckt sind. Den überschüssigen Zucker herausschütten.

2. Die Milch aufkochen. Die Butter mit dem Mehl zusammenwirken, zu einer Rolle formen und in kleine Stücke teilen. Die Mehlbutter nacheinander in die kochende Milch rühren, bis eine homogene Masse entstanden ist. Den Topf vom Herd nehmen und 1 Eiweiß unter die noch heiße Masse rühren. Zitronensaft, abgeriebene Zitronenschale und den Likör einrühren.

3. Die Masse in eine Schüssel füllen und etwas abkühlen lassen. Die Eigelbe nacheinander zugeben und mit dem Schneebesen so lange weiterrühren, bis die Masse wieder glatt und cremig ist. Die Mandeln unterrühren. Den Zucker auf einmal zu den restlichen Eiweißen schütten und steif schlagen. 1/4 des Eischnees mit dem Schneebesen vorsichtig unterrühren, den Rest mit dem Kochlöffel unterheben, so dass sich das Volumen nicht vermindert.

4. Die Soufflémasse bis etwa 1 cm unter den Rand in die Formen füllen. Diese in ein 90 °C heißes Wasserbad stellen, dabei soll der Wasserspiegel bis knapp zur halben Höhe der Förmchen reichen. Bei 200 °C im vorgeheizten Ofen etwa 30 Minuten backen.

5. Während der Backzeit die Orangensauce zubereiten: Den Saft durch ein Sieb in einen kleinen Topf gießen und mit dem Zucker und der in feine Streifen geschnittenen Orangenschale 3 bis 4 Minuten einkochen. Mit dem Grand Marnier verrühren und erkalten lassen. Das Soufflé aus dem Ofen nehmen, mit Puderzucker besieben und zusammen mit der Orangensauce sofort servieren.

Die Orangenschalen werden zusammen mit dem Saft gekocht. Wem sie zu bitter sind, der kann sie vor dem Servieren abseihen.

Das Mehl in die Butter einrühren und unter ständigem Rühren anschwitzen.

Die Milch nach und nach unterrühren, bis eine homogene Masse entstanden ist.

Honig, Sirup und Gewürze untermischen und 15 Minuten unter Rühren köcheln lassen.

Das Ei unterrühren, etwas abkühlen lassen. Die Eigelbe nacheinander einarbeiten.

Den steifen Eischnee mit einem Kochlöffel vorsichtig unter die Masse ziehen.

Lebkuchensoufflé
Weihnachtsdessert

Die ganze Palette der »weihnachtlichen Gewürze« verleiht dem lockeren Soufflé seinen typischen Geschmack. In den englischsprachigen Ländern nennt man es Gingerbread-Soufflé, da auch Ingwer zum Aroma beiträgt. Übrigens verlieren diese Gewürze, einmal gemahlen, recht schnell ihr Aroma. Sie sollten daher nicht zu lange auf Vorrat gehalten werden.

Lebkuchensoufflé

Für das Soufflé:

50 g Butter, 70 g Mehl

1/4 l Milch

35 g Honig

70 g Zuckerrübensirup

1 TL gemahlener Zimt

1 TL gemahlener Ingwer

1/2 TL gemahlene Nelken

1/2 TL gemahlener Piment

1/2 TL gemahlene Muskatnuss

1 Messerspitze gemahlener Kardamom

1 Ei, 4 Eigelbe

4 Eiweiße

90 g brauner Zucker

Für die Sauce:

200 g Preiselbeeren, 200 ml Wasser

100 g brauner Zucker

Saft und Schale von 1/2 unbehandelten Zitrone

Außerdem:

6 Souffléförmchen von je 200 ml Inhalt

Butter und brauner Zucker für die Förmchen

Puderzucker zum Besieben

1. Die Souffléförmchen mit Butter ausfetten und mit Zucker ausstreuen, bis die Ränder und die Böden lückenlos bedeckt sind. Den überschüssigen Zucker ausklopfen.

2. Für die Soufflémasse die Butter in einer Kasserolle zerlassen, das Mehl einrühren und unter ständigem Rühren hellbraun anschwitzen, wie in der Bildfolge links gezeigt. Die Milch nach und nach einrühren, bis eine homogene Masse entstanden ist. Den Honig und den Sirup untermischen und 15 Minuten unter ständigem Rühren köcheln lassen. Die gemahlenen Gewürze einstreuen.

3. Die Masse in eine Schüssel umfüllen, ein Ei unter die noch heiße Masse rühren und etwas abkühlen lassen. Die Eigelbe nacheinander in die noch lauwarme Masse einarbeiten. Die Eiweiße zu steifem Schnee schlagen, dabei den Zucker einrieseln lassen. Den Schnee mit einem Kochlöffel vorsichtig unter die Masse ziehen. Die Soufflémasse bis etwa 1 cm unter den Rand in die Förmchen einfüllen. Bei 180 °C im vorgeheizten Ofen 20 Minuten backen.

4. Für die Sauce die Preiselbeeren verlesen, gründlich waschen und abtropfen lassen. Die Beeren in einem Topf mit dem Wasser, dem Zucker, dem Zitronensaft und der Zitronenschale etwa 15 Minuten kochen lassen. Vom Herd nehmen, die Zitronenschale entfernen und die Preiselbeeren durch ein Sieb passieren.

5. Die gebackenen Soufflés aus dem Ofen nehmen, mit Puderzucker besieben und in den Förmchen sofort servieren. Die Preiselbeersauce extra dazu reichen.

In England und Amerika sind statt unserer kleinen, würzigen Preiselbeeren die milderen Cranberrys sehr beliebt. Es gibt sie bei uns in Dosen und gelegentlich sogar frisch.

Quiche und Pikantes

Herzhaftes und Würziges aus dem Backofen lässt sich sehr gut vorbereiten und schmeckt fantastisch. Sie finden in diesem Kapitel neben Kleinigkeiten wie Käse- und Knabbergebäck auch Rezepte für leckere Quiches, zum Beispiel mit Brokkoli und Schinken (im Bild links), Gemüsetörtchen und raffinierte Pizzen.

Profiteroles mit Käse gefüllt

Profiteroles mit Käse

Für den Teig:

1/8 l Flüssigkeit (halb Milch, halb Wasser)

60 ml Butter

1/4 TL Salz

110 g Weizenmehl Type 405

3 Eier

75 g frisch geriebener Hartkäse (etwa Gruyère)

Für die Käsecreme:

60 g Sahne

40 g rote Zwiebel

250 g Doppelrahmfrischkäse

1 EL gehackte Kräuter (wie Schnittlauch, Petersilie)

Salz, frisch gemahlener Pfeffer

Außerdem:

1 Ei, grobes Salz

Kümmel, Sesamsamen, Mohn

1. Den Brandteig zubereiten, wie in der Bildfolge unten gezeigt. Ein Backblech fetten. Die Brandmasse in einen Spritzbeutel mit Lochtülle Nr. 7 füllen und in Abständen von etwa 5 cm kleine Häufchen auf das Backblech spritzen. Die Profiteroles werden schön rund, wenn man dazwischen genügend Abstand lässt, dann haben sie Platz zum Aufgehen.

2. Die Kugeln mit Eigelb bestreichen und wahlweise mit Salz, Kümmel, Sesamsamen, Mohn oder Käse bestreuen. Die Profiteroles bei 200 °C im vorgeheizten Ofen 10 bis 12 Minuten backen. Herausnehmen und auskühlen lassen. Die Profiteroles schmecken auch ohne Füllung schon sehr gut, da der Teig Käse enthält.

3. Für die Käsecreme-Füllung die Sahne steif schlagen. Die Zwiebel schälen und in sehr feine Würfel schneiden. Die Kräuter fein hacken. Den Frischkäse in einer Schüssel mit einer Gabel etwas verrühren und die Sahne untermischen. Die Zwiebelwürfel und die Kräuter unterrühren, salzen und pfeffern.

4. Die Profiteroles-Bällchen quer durch die Mitte aufschneiden. Die Käsemasse in einen Spritzbeutel füllen und auf die unteren Hälften der Bällchen spritzen. Jeweils den passenden Deckel aufsetzen und die fertigen Profiteroles auf einer Platte anrichten.

Für den Brandteig die Milch, das Wasser, die Butter und das Salz in einem entsprechend großen Topf unter ständigem Rühren aufkochen.

Das gesiebte Mehl auf einmal in die kochende Flüssigkeit schütten, dabei ununterbrochen kräftig weiterrühren.

So lange rühren, bis sich die Masse als Kloß vom Topf löst (abbrennt) und eine weiße Haut den Topfboden überzieht.

Die Masse in eine Schüssel umfüllen, etwas abkühlen lassen. 1 Ei unterrühren, bis es sich völlig mit der Masse verbunden hat.

Das zweite Ei unter die Masse rühren und erst, wenn es vollständig untergearbeitet ist, auch das letzte Ei unter Rühren einarbeiten.

Zuletzt den frisch geriebenen Käse unter die Brandteigmasse rühren und einarbeiten. Die Masse sollte gleichmäßig glänzen.

Wenn Freunde abends zu einem Glas Wein oder Bier vorbeikommen, ist dies pikante Kleingebäck dazu eine gute Idee. Es schmeckt am besten noch warm aus dem Ofen.

Pikantes Käsegebäck

Es lohnt sich, dieses Käsegebäck auf Vorrat herzustellen. Man kann es nämlich hervorragend einfrieren und ohne Qualitätsverlust kurz vor dem Verzehr noch mal aufbacken. Außerdem lässt es sich für einige Tage in einer gut verschlossenen Dose aufbewahren. So kann man die herzhaften »Kekse« auch Überraschungsgästen jederzeit servieren.

Mürbes Käsegebäck

Für etwa 75 Stück:

150 g weiche Butter

180 g frisch geriebener Greyerzer

1/2 TL Salz

1 TL edelsüßes Paprikapulver

100 ml Sahne

250 g Weizenmehl Type 405

1/2 TL Backpulver

Außerdem:

2 Eigelbe

1 EL Milch

Mohnsamen

Kümmelsamen

gehackte Pistazien

weiße und schwarze Sesamsamen

grobes Salz

abgezogene, halbierte Mandeln

1. Für den Teig die Butter, den Käse, Salz und Paprikapulver in eine Rührschüssel geben. Die Sahne dazu gießen und alles zu einer glatten Masse verarbeiten, wie in der Bildfolge rechts oben gezeigt. Es dürfen keine Butterstücke mehr sichtbar sein.

2. Mehl und Backpulver auf eine Arbeitsfläche sieben. Eine Mulde eindrücken, die Käsemasse darauf geben und alles krümelig verreiben. Zu einem glatten Teig verkneten, dabei möglichst rasch arbeiten, denn der Mürbteig wird sonst zu brüchig. Den Teig zu einer Kugel formen, in Klarsichtfolie wickeln und für etwa 2 Stunden im Kühlschrank ruhen lassen. Noch besser ist es, ihn über Nacht im Kühlschrank zu belassen.

3. Den Teig auf einer leicht bemehlten Arbeitsfläche mit einem Rollholz etwa 3 bis 4 mm dick ausrollen, wie im vierten Bild rechts gezeigt. In verschiedenen Formen ausstechen. Die Plätzchen auf ein ungefettetes Backblech legen, denn der Teig enthält genug Fett, um ein Ankleben zu verhindern.

4. Die Eigelbe mit der Milch verquirlen, die Plätzchen damit bestreichen und nach Belieben mit Mohn, Kümmel, Pistazien, Sesam oder Salz bestreuen oder mit Mandeln belegen. Bei 200 °C im vorgeheizten Ofen 12 bis 15 Minuten backen. Herausnehmen, vor dem Servieren auf einem Kuchengitter etwas auskühlen lassen.

Die Sahne in die Schüssel gießen und alles zu einer glatten Masse verarbeiten.

Mehl und Backpulver auf eine Arbeitsfläche sieben, die Käsemasse dazugeben.

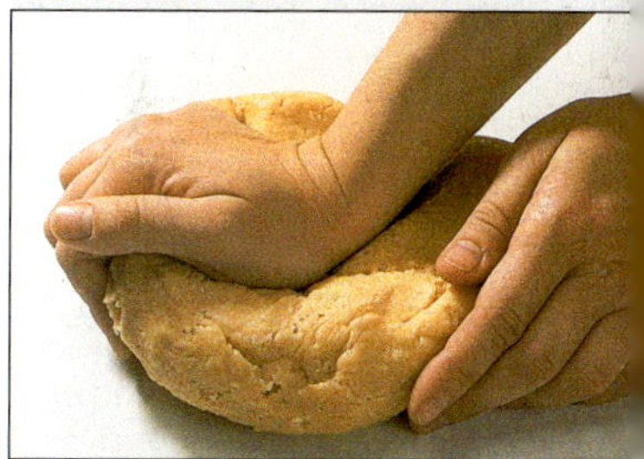

Zu einem glatten Teig verkneten, dabei möglichst rasch arbeiten.

Den Käse-Mürbteig mit einem Rollholz etwa 3 bis 4 mm dick ausrollen.

Beliebige Formen ausstechen und auf ein ungefettetes Backblech legen.

Knabbergebäck aus Käseblätterteig

Blätterteig wird heute in guter Qualität fertig in jedem Supermarkt angeboten. Wer das Käsegebäck mit selbst gemachtem Teig ausprobieren will, dem sei das folgende Rezept empfohlen. Da sich der Blitzblätterteig aber nicht gut in kleinen Mengen herstellen lässt, bäckt man das Käseknabbergebäck am besten gleich für eine größere Runde.

Blitzblätterteig

250 g Mehl

200 g Butter

1/2 TL Salz (3 g)

1. Das Mehl auf eine Arbeitsfläche sieben und eine Mulde in die Mitte drücken. Die in Stücke geschnittene Butter auf den Rand legen und das Salz darüber streuen. 110 ml Wasser vorsichtig in die Mulde gießen. Wasser und Mehl mit der Hand verrühren, bis ein zäher Teig entstanden ist. Die Butter schnell unterkneten, aber nicht vollständig einarbeiten.

2. Den Teig zu einem Rechteck ausrollen. Ein Drittel über das andere schlagen und das letzte Drittel darüberklappen, so dass 3 Teigschichten übereinander liegen. Den Teig wieder ausrollen, von beiden Seiten bis zur Mitte einschlagen und in der Mitte zusammen klappen – diesmal liegen 4 Teigschichten übereinander. Die beiden Prozeduren in dieser Reihenfolge noch einmal wiederholen. Dann den Teig zu Käsestangen und Käseschleifen weiterverarbeiten.

Käseschleifen

40 g Extrahartkäse (Parmesan, Sbrinz, alter Gouda)

600 g Blätterteig, 2 Eigelbe, verquirlt,

Salz, frisch gemahlener Pfeffer

Den Käse fein reiben. Den Blätterteig halbieren. Eine der Hälften zu einer 30 x 20 cm großen Platte ausrollen, diese dann quer in 3 Teigplatten von je 10 x 20 cm schneiden. Die 1. Platte dick mit Eigelb bestreichen, mit Käse bestreuen, salzen und pfeffern. Die 2. Teigplatte passgenau auflegen. Vorgang für die 3. Teigplatte genauso wiederholen. Weiterverfahren, wie in der Bildfolge a bis d gezeigt. Die zweite Teighälfte genauso verarbeiten. Die Schleifen bei 200 °C im vorgeheizten Ofen 10 bis 12 Minuten backen.

Käsestangen

200 g Hartkäse, gerieben, 600 g Blätterteig

4 Eigelbe, mit etwas Wasser verquirlt

frisch gemahlener Pfeffer, Kümmel

Den Käse reiben. Den Teig halbieren und aus jeder Hälfte Käsestangen herstellen, wie in der Bildfolge e bis h gezeigt. Bei 220 °C im vorgeheizten Ofen 10 Minuten goldbraun backen.

a **Käseschleifen herstellen:** Die Teigplatten dick mit Eigelb bestreichen, auflegen. Fest andrücken, damit sich die Schichten miteinander verbinden.

b **Die Platten** auf 11 x 22 cm ausrollen. Mit einem sehr scharfen Messer in Streifen von 1 cm Breite schneiden. Der Teig darf nicht gedrückt werden.

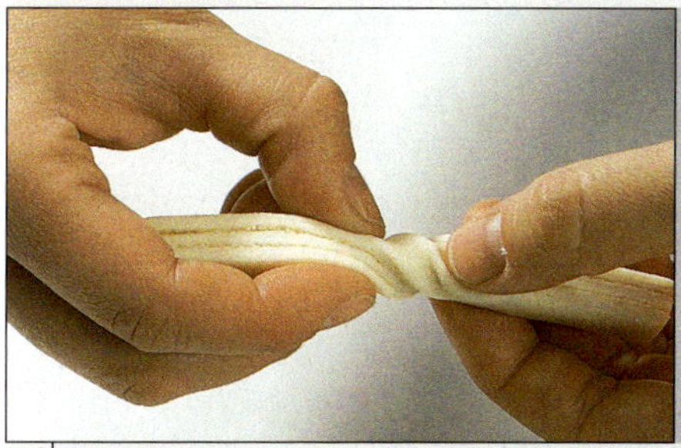

c **Jeden Teigstreifen** mit beiden Händen in der Mitte fassen (vorsichtig, so dass der Teig nicht gedrückt wird) und einmal um sich selbst drehen.

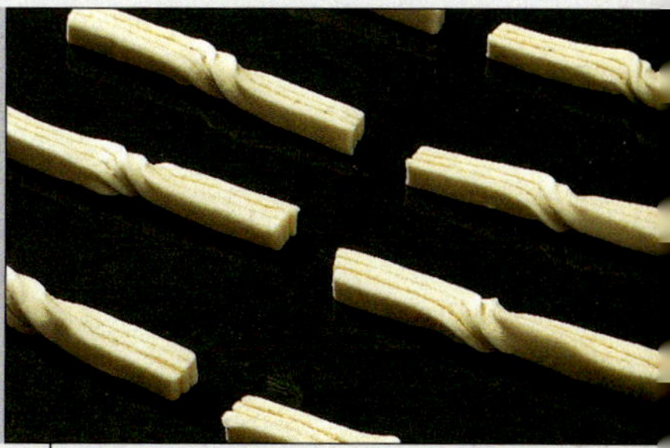

d **Die Schleifen** mit einer Schnittkante nach unten auf ungefettete Backbleche legen. Genügend Zwischenraum lassen, damit sie aufgehen können.

e **Käsestangen herstellen:** Den Teig auf 30 x 30 cm ausrollen. Eigelb, Käse und Gewürze aufbringen. Die andere Hälfte darüber schlagen.

f **Mit dem Nudelholz** darüber rollen, um alles gut miteinander zu verbinden. Mit einem Teigrädchen in 1 cm breite Streifen schneiden.

g **Die Teigstreifen** vorsichtig (den Teig dabei nicht drücken) mehrmals in sich drehen. Auf ein mit Wasser benetztes Backblech legen.

h **Die Käsestangen** gleichmäßig mit dem restlichen Eigelb bestreichen und nach Belieben mit Kümmel bestreuen.

Zu den gefüllten Blätterteigtaschen kann man seinen Gästen beispielsweise einen Gemüsesalat aus verschiedenfarbigen Paprikawürfeln und weißer Zwiebel reichen.

Blätterteigtaschen mit Lamm gefüllt

Mit dem nachstehenden Rezept bereitet man genug Blätterteigtaschen zu, um sie auf einer größeren Party anbieten zu können. Benötigt man nicht so viele Teigtaschen, kann man natürlich die Menge der Zutaten entsprechend reduzieren. Bei der Verwendung von tiefgekühltem Blätterteig, der qualitativ selbst gemachtem oft in nichts nachsteht, kann man sich die Zubereitung noch dadurch vereinfachen, dass man fertig ausgerollte und in der passenden Größe zugeschnittene Platten kauft (hier werden Quadrate von 12 x 12 cm benötigt), die dann nur noch aufgetaut werden müssen.

Blätterteigtaschen mit Lamm

Für 30 Stück:

3 Packungen tiefgekühlter Blätterteig zu je 450 g

Für die Füllung:

60 g Zwiebel

1 Knoblauchzehe

je 75 g rote und grüne Paprikaschote

600 g Lammfilet

50 g grüner Speck

100 g Knoblauchwurst

4 EL Olivenöl

1/8 l Rotwein

Salz, frisch gemahlener Pfeffer

1 EL edelsüßes Paprikapulver

1/2 TL Thymianblättchen

einige Rosmarinnadeln

Außerdem:

2 Eigelbe, mit 4 EL Milch verquirlt

1. Den Blätterteig auftauen lassen. Für die Füllung die Zwiebel und den Knoblauch schälen, beides fein hacken. Die Paprikaschoten von Stielansatz, Samen und Scheidewänden befreien und das Fruchtfleisch in etwa 1/2 cm große Würfel schneiden. Das Lammfilet, den Speck sowie die Knoblauchwurst in Stücke schneiden und durch die grobe Scheibe des Fleischwolfs drehen.

2. In einer Pfanne das Öl erhitzen und Zwiebel sowie Knoblauch darin hell anschwitzen. Die Fleischmasse zufügen und unter Rühren anbraten. Mit dem Rotwein ablöschen und bei mittlerer Hitze 20 Minuten schmoren lassen; die Flüssigkeit sollte dann fast vollständig eingekocht sein. 5 Minuten vor Ende der Garzeit die Paprikawürfel zufügen. Die Masse salzen, pfeffern, mit Paprikapulver bestreuen und die Thymianblättchen sowie Rosmarinnadeln unterrühren. Die Füllung etwas abkühlen lassen.

3. Falls nötig, die Blätterteigplatten dünn ausrollen und daraus Quadrate von 12 x 12 cm schneiden. In die Mitte der Blätterteigquadrate je 1 EL der Füllung setzen. Die Ränder mit etwas verquirltem Ei bestreichen und den Teig zu Dreiecken zusammenfalten. Die Ränder mit einer Gabel fest aufeinander drücken.

4. Die gefüllten Blätterteigtaschen auf ein mit Wasser benetztes Backblech setzen und mit dem restlichen Ei bestreichen. Bei 200 °C im vorgeheizten Ofen etwa 20 Minuten backen.

→ Tipp

Lammfleisch kommt frisch oder tiefgekühlt in den Handel. Feinschmecker bevorzugen wegen des besseren Aromas frisches Fleisch. Nach dem Schlachten muss Lammfleisch 3 bis 5 Tage abhängen, um die entsprechende Zartheit zu erlangen. Wer auf gute Qualität wert legt, achtet auf die Farbe: Je jünger die Tiere, desto heller sind Fleisch und Fett.

Teigtaschen mit Lachs oder Quark

Für die Quarktaschen aus dem Teig Kreise von 9 und 12 cm Durchmesser ausstechen. Auf die größeren Kreise etwas Quarkfüllung geben und je eine kleinere Teigplatte aufsetzen.

Den überstehenden Teigrand mit Eigelb bestreichen, nach oben schlagen und in kleinen Falten zusammenkneifen. Dadurch erhalten die Watruschki ihr apartes Aussehen.

Diese Rezepte stammen aus Russland und haben dort so klingende Namen wie »Watruschki« für das Quarkgebäck und »Piroschki« für die Teigtaschen mit Lachs. Die russische Küche ist berühmt für die Vielfalt ihres pikanten Backwerks: Leckere Pasteten mit vielerlei Füllungen kommen dort duftend und goldbraun auf den Tisch.

Watruschki – Teigtasche mit Quark

300 g Weizenmehl Type 405

1/2 TL Backpulver, 1/2 TL Salz

80 g weiche Butter, 1 Ei, 1/8 l saure Sahne

Für die Quarkfüllung:

500 g Magerquark, 1 EL saure Sahne

2 Eier, 1 TL Zucker

1/2 TL Salz, frisch gemahlener Pfeffer

Außerdem:

1 verquirltes Eigelb zum Bestreichen

1. Mehl und Backpulver in eine Schüssel sieben und in die Mitte eine Mulde drücken. Salz und Butter hineingeben und mit etwas Mehl vermengen. Ei und Sahne zufügen, alles zu einem glatten Teig verarbeiten. Zur Kugel formen, in Folie wickeln, 45 Minuten in den Kühlschrank stellen.

2. Den Quark gut ablaufen lassen, durch ein Sieb streichen. Mit Sahne, Eiern, Salz, Pfeffer und Zucker verrühren. 45 Minuten kalt stellen.

3. Den Teig 3 mm dick ausrollen. Weiterverfahren, wie links oben gezeigt. Mit Eigelb bestreichen, mehrmals einstechen und bei 200 °C im vorgeheizten Ofen etwa 20 Minuten backen.

Piroschki – Teigtasche mit Lachs

Für den Teig:

375 g Weizenmehl Type 550, 1 TL Salz

30 g frische Hefe

1/8 l lauwarme Flüssigkeit (halb Milch, halb Wasser)

60 g weiche Butter, 1 Ei

Für die Lachsfüllung:

50 g Zwiebel, 250 g Räucherlachs

Salz, frisch gemahlener Pfeffer

1 EL frisch gehackter Dill

Außerdem:

1 verquirltes Eigelb zum Bestreichen

1. Das Mehl in eine Schüssel sieben und mit Salz vermischen. Die Hefe in der mit Wasser verdünnten Milch unter Rühren auflösen. Die Hefelösung, die Butter und das Ei zum Mehl geben und alles zu einem geschmeidigen Teig verkneten. Den Teig mit einem sauberen Tuch abdecken und etwa 30 Minuten gehen lassen.

2. Für die Füllung die Zwiebel schälen und fein würfeln. Den Räucherlachs in Streifen schneiden. Beides vermischen, nach Bedarf salzen, pfeffern und den Dill unterrühren.

3. Den Teig etwa 5 mm dick ausrollen und Kreise von 10 bis 12 cm Durchmesser ausstechen. Die Füllung darauf verteilen. Die Ränder mit Eigelb bestreichen und zur Hälfte zusammenklappen. Die Ränder erst mit den Fingern und dann mit einer Gabel gut andrücken, damit keine Füllung austreten kann.

4. Die Piroschki auf ein gefettetes Blech setzen und 30 bis 40 Minuten gehen lassen, bis sich ihr Volumen deutlich vergrößert hat. Mit dem verquirlten Eigelb bestreichen und bei 180 °C im vorgeheizten Ofen etwa 20 Minuten backen.

Für die leckeren Lachs-Piroschki verteilt man einen Löffel der Lachsfüllung auf ausgestochene Teigkreise und klappt sie dann zu Halbkreisen zusammen.

Käsetörtchen, noch warm aus dem Ofen, sind ein hervorragender Partysnack. Im Gegensatz zur Käsewähe werden sie nicht mit Hefe-, sondern mit Mürbteig zubereitet.

Käsetörtchen und Käsewähe

Vor allem in Regionen mit ausgeprägter Milchwirtschaft kennt man viele unterschiedliche Rezepte für salzige Kuchen oder Küchlein mit Käse. Das Rezept für die Käsewähen stammt aus der Schweiz, wo es für dieses Gericht sogar Teige fertig zu kaufen gibt. Doch der Aufwand für einen Wähenteig – hier einer mit Hefe – ist nicht allzu groß, sodass man ihn ohne weiteres selbst zubereiten kann.

Käsetörtchen

250 g Weizenmehl Type 405

125 g Butter, 1 Ei

1 bis 2 EL lauwarmes Wasser, 1/4 TL Salz

Für die Füllung:

10 ml Sahne, 10 ml Milch, 3 Eier

200 g frisch geriebener Greyerzer

100 g frisch geriebener Emmentaler

Salz, Pfeffer, frisch geriebene Muskatnuss

Außerdem:

15 Tartelettförmchen von 8 cm Durchmesser

1. Das Mehl auf eine Arbeitsfläche sieben, in die Mitte eine Mulde drücken. Die Butter, das Ei, das Wasser sowie das Salz hineingeben und alles schnell zu einem glatten Teig verarbeiten. Zu einer Kugel formen, den Teig in Folie wickeln und 1 bis 2 Stunden im Kühlschrank ruhen lassen.

2. Für die Käsefüllung Sahne, Milch und Eier mit einem Schneebesen glatt rühren. Den Käse untermischen. Mit Salz, Pfeffer und Muskatnuss würzen.

3. Den Teig auf einer leicht bemehlten Arbeitsfläche dünn ausrollen und die Förmchen damit auslegen. Am Rand leicht andrücken, die überstehenden Ränder abschneiden. Die Käsemasse einfüllen, wie in dem Bild rechts gezeigt, und die Törtchen bei 220 °C im vorgeheizten Ofen etwa 25 Minuten backen.

Zum Füllen stellt man die Törtchen am besten gleich auf ein Blech, dann braucht man sie nicht einzeln in den Ofen zu schieben. Die Käsemasse wird nur bis knapp unter den Rand der Förmchen eingefüllt, da sie beim Backen aufgeht.

Käsewähe

400 g Weizenmehl Type 405

20 g frische Hefe

1/4 l lauwarmes Wasser

1/2 TL Salz, 75 g Butter

Für den Belag:

80 g Zwiebeln, geschält und fein gehackt

1 EL Butter

300 g frisch geriebener Käse (Emmentaler, Greyerzer)

3 Eier, verquirlt, 150 ml Sahne

1 TL Salz, frisch gemahlener Pfeffer

Außerdem:

1 runde Form von 25 cm Durchmesser

1. Aus den Zutaten einen Hefeteig zubereiten, wie auf Seite 36 gezeigt. Diesen auf das Doppelte seines Volumens gehen lassen. 1 cm dick ausrollen, in die gebutterte Form legen und nochmals 30 Minuten gehen lassen.

2. In der Zwischenzeit die Zwiebeln in zerlassener Butter glasig schwitzen. Mit dem Käse, den Eiern, Sahne, Salz und Pfeffer vermischen. Die Masse auf dem Teig verstreichen und die Käsewähe bei 220 °C im vorgeheizten Ofen etwa 30 Minuten backen.

Lauwarm schmeckt der Zwiebelkuchen am besten, denn dann entwickelt sich das volle Aroma. Dazu gehört ein Glas trockener Wein.

Zwiebelkuchen mit Käse und Speck

Solch pikante Kuchen sind mit unterschiedlichen Zutaten in ganz Frankreich verbreitet. Richtig zu Hause sind sie aber überall dort, wo Wein angebaut wird. Sehr uneinheitlich ist allerdings die Teigunterlage: In Frankreich ist es meist ein »geriebener Teig«, also ein gesalzener Mürbteig. In der Schweiz, in Deutschland und in Österreich wird auch oft Hefeteig als Unterlage verwendet und der Kuchen dann nicht in der runden Form, sondern mit entsprechend dünnerem Belag auf einem Blech gebacken. Alle diese Zwiebelkuchen, vor allem die noch lauwarmen, sind jedenfalls ideale Begleiter zum jungen Wein.

Zwiebelkuchen

Für den Teig:

200 g Mehl

100 g Butter

1 Eigelb

1/2 TL Salz

1 EL Wasser

Für die Füllung:

120 g geschälte Zwiebeln

30 g Butter

80 g durchwachsener Räucherspeck

250 g Greyerzer

4 Eier

1/2 TL Salz

frisch gemahlener weißer Pfeffer

3 EL gemischte gehackte Kräuter (wie Petersilie, Schnittlauch, Thymian, Liebstöckel, Salbei)

1/4 l Sahne

Außerdem:

1 Quicheform von 26 cm Durchmesser

Backpapier und Hülsenfrüchte zum Blindbacken

1. Für den Mürbteig das Mehl auf eine Arbeitsfläche sieben, in die Mitte eine Mulde drücken und die Butter in Stücken, das Eigelb, das Salz und das Wasser hineingeben. Die Zutaten zunächst mit einem Messer zusammenhacken und anschließend mit kalten Händen (unter fließendes kaltes Wasser halten) rasch zu einem geschmeidigen Teig kneten. In Folie gewickelt 1 Stunde im Kühlschrank ruhen lassen. Auf einer bemehlten Arbeitsfläche rund und gleichmäßig dick ausrollen und in die Form legen, wie in der Bildfolge rechts oben erklärt.

2. Den Teigboden mit Pergamentpapier auslegen, mit Linsen füllen und etwa 10 Minuten bei 200 °C im vorgeheizten Ofen blindbacken. Die Hülsenfrüchte ausschütten und das Papier entfernen. Auf diese Weise erhalten die Teigränder »Stand«, und der Boden bleibt flach.

3. Für die Füllung die Zwiebeln in feine Ringe schneiden und in der erwärmten Butter glasig dünsten. Den Speck in feine Würfel schneiden, zugeben, 5 Minuten anlaufen und abkühlen lassen. Den Käse frisch reiben. Die Kräuter vorbereiten und klein hacken. Weiter verfahren wie in der Bildfolge rechts gezeigt.

4. Die Quiche bei 200 °C im vorgeheizten Ofen in 35 bis 40 Minuten goldbraun backen.

Den ausgerollten Teig mit einem Rollholz aufnehmen und über der Form wieder abrollen.

Den Rand andrücken, überstehenden Teig mit einem Messer abschneiden.

Die Zwiebeln, den Speck, den Käse und die Eier in eine Schüssel geben.

Salz, Pfeffer, die gehackten Kräuter und zum Schluss die Sahne zugeben.

Die Zutaten verrühren, auf den vorgebackenen Teig gießen, glatt streichen.

Als warme Vorspeise kommt Quiche Lorraine in Frankreich meist auf den Tisch. Stilecht serviert man dazu einen trockenen Riesling aus dem Elsass.

Brokkoli-Quiche

Das Originalrezept der Quiche Lorraine kommt ohne Käse aus. Beim Würzen der Füllung sollte man den Salzgehalt des gebratenen Specks berücksichtigen. Unter Umständen braucht's nur noch ein wenig Pfeffer und Muskat, damit der Belag die Aromen der Quiche aufs Beste vereint.

Quiche Lorraine

Für den Teig:

200 g Weizenmehl Type 405

100 g Butter, in Stücken

1 Eigelb, 1/2 TL Salz

Für den Belag:

250 g geräucherter, gekochter durchwachsener Speck

40 g Butter

300 ml Sahne

4 Eier, Salz nach Belieben

frisch gemahlener Pfeffer

frisch geriebene Muskatnuss

Außerdem:

1 Quicheform von 26 cm Durchmesser

Backpapier und Hülsenfrüchte zum Blindbacken

1. Aus den angegebenen Zutaten einen Mürbteig zubereiten und blindbacken, wie auf S. 30/31 gezeigt.

2. Für den Belag den Speck in etwa 4 mm große Würfel schneiden. 10 g Butter in einer Pfanne zerlassen und die Speckwürfel darin leicht bräunen. Herausnehmen und abkühlen lassen.

3. Die restliche Butter in einer Pfanne zerlassen und in eine Schüssel umfüllen. Die Sahne, die Eier und die Gewürze zufügen und alles gut miteinander verrühren.

4. Den Speck gleichmäßig auf dem blindgebackenen Boden verteilen und die Sahne-Eier-Masse darüber gießen. Die Quiche bei 175 °C im vorgeheizten Ofen 35 bis 40 Minuten backen. Sollte die Oberfläche zu schnell braun werden, mit einem Stück Alufolie abdecken.

Brokkoli-Quiche

Für den Teig:

250 g Weizenmehl Type 405

100 g Butterschmalz

1/2 TL Salz

Für den Belag:

300 g Brokkoli, Salz

80 g Zwiebeln, 1 Knoblauchzehe

160 g Schinken, 2 EL Öl

200 ml Milch, 200 ml Sahne

1 Ei, 4 Eigelbe

frisch geriebene Muskatnuss

Salz, frisch gemahlener Pfeffer

90 g frisch geriebener Emmentaler

Außerdem:

1 Quicheform von 32 cm Durchmesser

Backpapier und Hülsenfrüchte zum Blindbacken

1. Aus den angegebenen Zutaten einen Mürbteig zubereiten und blindbacken, wie auf S. 30/31 gezeigt.

2. Inzwischen für den Belag den Brokkoli waschen, putzen und in kleine Röschen teilen. In sprudelnd kochendem Salzwasser blanchieren, herausheben, kalt abspülen und auskühlen lassen.

3. Zwiebeln und Knoblauch schälen und fein hacken. Den Schinken in Streifen schneiden. Das Öl in einer Pfanne erhitzen und die Zwiebel- und Knoblauchwürfel sowie die Schinkenstreifen darin hell anschwitzen. Die Pfanne von der Kochstelle nehmen und den Inhalt auskühlen lassen.

4. Die Milch, die Sahne, das Ei und die Eigelbe in einer Schüssel miteinander verquirlen. Mit Muskatnuss, Salz und Pfeffer würzen. Den Käse einrühren. Die Schinken-Zwiebel-Mischung und die Brokkoliröschen unterheben.

5. Die Füllung auf dem vorgebackenen Teigboden verteilen und glatt streichen. Die Quiche bei 200 °C im vorgeheizten Ofen in 40 bis 45 Minuten fertig backen.

Mit viererlei Käse

Würzige Käsetorte

Ein Muss für Käsefans ist diese gehaltvolle Torte, deren Zubereitung freilich ein wenig Zeit und Geduld verlangt, damit sie so attraktiv serviert werden kann, wie auf dem Bild rechts gezeigt.

Käsetorte mit viererlei Käse

Für den Teig:
300 g Weizenmehl Type 405
150 g Weizenvollkornmehl
30 g frische Hefe
200 ml lauwarmes Wasser
1 Ei, 1 TL Salz, 3 EL Olivenöl
Für die Füllung:
175 g Feta (Schafskäse)
175 g mittelalter Gouda
175 g Bergkäse
175 g Sahnequark
30 g Butter, 150 ml Sahne, 3 Eier
1/2 Bund glatte Petersilie
1 EL gehackter Dill
frisch gemahlener Pfeffer
Salz nach Bedarf
Außerdem:
1 runde Form von 30 cm Durchmesser
1 Eigelb zum Bestreichen

1. Beide Mehlsorten in einer Schüssel miteinander vermischen und in die Mitte eine Mulde drücken. Die Hefe hineinbröckeln und mit dem Wasser auflösen, dabei etwas Mehl vom Rand mit untermischen. Den Ansatz mit Mehl bestauben. Die Schüssel mit einem sauberen Tuch abdecken und den Teig an einem warmen, zugfreien Ort gehen lassen, bis die Oberfläche Risse zeigt.

2. Ei, Salz und Öl zum Vorteig geben und alles zu einem festen, geschmeidigen Teig verarbeiten. Zu einer Kugel formen und zugedeckt stehen lassen, bis die Füllung fertig ist.

3. Für die Füllung den Feta zerbröckeln, Gouda und Bergkäse grob zerkleinern. Alle Käsesorten mit dem Quark mischen. Die Butter, die Sahne und die Eier zufügen und alles im Mixer zu einer cremigen Masse verarbeiten. Die Petersilie hacken und zusammen mit dem Dill unterheben. Die Masse mit Pfeffer und Salz würzen.

4. Den Teig durchkneten. 2/3 davon ausrollen und die Form so damit auslegen, dass der Rand 1 cm übersteht. Den Boden mit einer Gabel mehrmals einstechen. Die Käsemasse einfüllen und gleichmäßig verteilen, die Oberfläche mit einer angefeuchteten Palette glatt streichen. Den Teigrand mit verquirltem Eigelb bestreichen.

5. Den restlichen Teig ausrollen und als Decke auf die Füllung legen. Den Rand mit Daumen und Zeigefinger fest zusammendrücken, überstehende Teigreste abschneiden. Aus den Resten nach Belieben Ornamente ausstechen oder formen. Die Oberfläche der Torte mit Eigelb bestreichen und die Ornamente auflegen. In der Mitte ein Loch für den Dampfabzug ausstechen und ansprechend garnieren. Die Verzierungen ebenfalls mit Eigelb bestreichen. Die gefüllte Käsetorte bei 220 °C im vorgeheizten Ofen 35 bis 40 Minuten backen.

Eine frische Note erhält die würzige Käsefüllung der Torte durch reichlich gehackte Kräuter, die gleichzeitig für eine appetitliche Farbe sorgen.

Portionsstücke ganz nach Appetit kann man von der großen Schinkentorte schneiden. Ein Glas gut temperierter, trockener Weißwein empfiehlt sich als Getränk dazu.

Torte mit Schinken, Tomaten und Möhren

Teig und Belag reichen für eine Tarteform von 36 cm Durchmesser oder für 4 Tartelettförmchen von 12 cm. Ob man nun einen großen oder mehrere kleine Kuchen zubereiten möchte, bleibt ganz dem eigenen Geschmack überlassen. Für beides sollte der Boden auf jeden Fall zuerst blindgebacken werden. Das bewirkt, dass der Teigrand beim Backen nicht in sich zusammenrutscht, der Boden flach bleibt und der Teig später nicht durchweicht.

Torte mit Schinken

Für den Teig:
200 g Weizenmehl Type 405
100 g Butter, 1 Eigelb
1/2 TL Salz
Für die Füllung:
200 g gekochter Schinken
150 g Tomaten
50 g Möhren, 50 g Frühlingszwiebeln
50 g Butter
2 EL gehackte Kräuter (Petersilie, Schnittlauch)
Salz, frisch gemahlener Pfeffer
Für den Guss:
2 Eier, 1/4 l Sahne
Salz, frisch gemahlener Pfeffer
100 g Emmentaler oder anderer Hartkäse
Außerdem:
Backpapier und Hülsenfrüchte zum Blindbacken

1. Für den Mürbteig das Mehl auf eine Arbeitsfläche sieben und in die Mitte eine Mulde drücken. Die Butter in Stücken, das Eigelb, 2 EL kaltes Wasser und das Salz hineingeben und alles schnell zu einem glatten Teig verkneten. Den Teig zur Kugel formen, in Folie wickeln und mindestens 1 Stunde im Kühlschrank ruhen lassen.

2. Den Teig auf einer bemehlten Arbeitsfläche etwa 4 mm dick ausrollen, in die Form oder in die Förmchen legen und zum Blindbacken vorbereiten, wie in der Bildfolge rechts gezeigt.

3. Die große Torte bei 200 °C im vorgeheizten Ofen 15 bis 20 Minuten, die Törtchen 10 Minuten blindbacken. Aus dem Ofen nehmen, auskühlen lassen und weiter verfahren, wie auf dem letzten Bild zu sehen.

4. Für die Füllung den Schinken in feine Streifen schneiden. Die Tomaten blanchieren, häuten, vierteln, Stielansätze und Samen entfernen und das Fruchtfleisch in kleine Würfel schneiden. Die Frühlingszwiebeln putzen und fein hacken. Die Möhren schälen und fein würfeln.

5. Die Butter in einer Pfanne zerlassen und die Schinkenstreifen darin anbraten. Die Frühlingszwiebeln und die Möhrenwürfel kurz mitbraten. Die Tomatenwürfel, die Petersilie und den Schnittlauch untermischen, mit Salz und Pfeffer würzen und alles 1 bis 2 Minuten braten. Die Pfanne vom Herd nehmen und den Inhalt abkühlen lassen.

6. Die Füllung in der vorbereiteten Form oder in den Förmchen verteilen. Für den Guss die Eier mit der Sahne, Salz und Pfeffer verquirlen. Den Käse reiben und untermischen. Den Guss gleichmäßig über die Füllung gießen.

7. Die Schinkentorte bei 200 °C im vorgeheizten Ofen 35 bis 40 Minuten, die Törtchen nur 20 bis 25 Minuten backen. Herausnehmen und am besten noch warm servieren.

Den Teig in die Form legen und den Teigrand andrücken. Den überstehenden Teig abschneiden.

Den Teig sorgfältig mit Backpapier bedecken und die Form mit Hülsenfrüchten auffüllen.

Nach dem Backen die Hülsenfrüchte und das Papier vorsichtig wieder entfernen.

Als Tarteletts haben die Schinkentörtchen die richtige Größe, um sie als feine Vorspeise zu reichen.

Elsässer Flammkuchen

Jeweils die Hälfte der Crème double auf einem Teigfladen verstreichen, dabei die Ränder frei lassen.

Beide Teigfladen gleichmäßig zuerst mit Zwiebelringen, dann mit Speckstreifen belegen.

Den Belag mit Muskatnuss und Pfeffer würzen, vorsichtig salzen und mit dem Rapsöl beträufeln.

Ursprünglich war Flammkuchen ein typisches Essen am Backtag. Einerseits konnte man dabei gut die Reste des Brotteigs verwerten, andererseits wurden die hauchdünnen Fladen dazu benutzt, um die Hitze des Ofens zu prüfen: War der Teig innerhalb weniger Minuten knusprig gebacken, so hatte der Ofen die richtige Temperatur zum Einschieben der Brotlaibe erreicht. Beim Ofen handelte es sich selbstverständlich um einen Steinofen, der mit Holz befeuert wurde. So erklärt sich auch der Name des Kuchens: Während des Backens züngelten die Flammen der brennenden Holzscheite um den Teig, so dass er von dunkelbraunen bis schwarzen Flecken »geflammt« war, wenn man ihn aus dem Ofen holte – so, wie man es auch von einer Pizza kennt, die im Steinofen gebacken wurde. Doch auch im Elektroherd ist das Ergebnis köstlich.

Elsässer Flammkuchen

Für 2 Kuchen:

300 g Weizenmehl Type 550

5 g frische Hefe

200 ml lauwarmes Wasser

1 TL Salz (6 g)

Für den Belag:

200 g Zwiebeln

150 g roh geräucherter, durchwachsener Speck

3/8 l Crème double

frisch geriebene Muskatnuss

frisch gemahlener Pfeffer

Salz

2 EL Rapsöl

Außerdem:

Öl zum Bestreichen der Backbleche

Mehl zum Bestauben

1. Für den Teig das Mehl in eine Schüssel sieben und in die Mitte eine Mulde drücken. Die Hefe hineinbröckeln und mit etwas Wasser auflösen, dabei ein wenig Mehl vom Rand mit untermischen. Das Salz über das Mehl streuen. Das restliche Wasser zugießen und alles zusammen zu einem glatten Teig verkneten. Zu einer Kugel formen und zugedeckt in einer Schüssel an einem warmen, zugfreien Ort gehen lassen, bis der Teig sein Volumen verdoppelt hat.

2. Für den Belag die Zwiebeln schälen und in etwa 2 mm dünne Ringe schneiden. Den Speck zunächst in 3 mm dicke Scheiben, dann quer in dünne Streifen schneiden. Den Teig erneut durchkneten und halbieren. Auf einer leicht bemehlten Arbeitsfläche zu 2 hauchdünnen Fladen von 45 cm Durchmesser ausrollen. Die Ränder rundum etwa 1 cm breit einschlagen, so dass sie leicht erhöht sind.

3. Zwei Backbleche mit Öl einpinseln. Die Fladen umgedreht – mit dem eingeschlagenen Rand nach unten – auf die Backbleche legen und mit einer Gabel mehrmals einstechen. Die Fladen mit Zwiebeln und Speck belegen, wie in der Bildfolge links gezeigt.

4. Die Ränder der Fladen leicht mit Mehl bestauben. Die Flammkuchen bei 250 °C im vorgeheizten Ofen 10 bis 15 Minuten backen. Aus dem Ofen nehmen und ganz heiß servieren, sie schmecken so am besten.

Je dünner der Teig für den traditionellen Flammkuchen ausgerollt wird, desto knuspriger wird er – und desto besser schmeckt er natürlich.

Unter der knusprig-würzigen Käsekruste verstecken sich die Vitamine von Sellerie, Möhren, Zwiebeln, Brokkoli und frischen Erbsen.

Gemüsetörtchen mit Käsekruste

Der mit würzigem Käse verrührte Sahneguss verleiht dem Gemüse eine angenehm cremige Bindung. Ein overjahriger Gouda, also ein Gouda, der länger als ein Jahr gereift ist, eignet sich am besten für dieses Rezept, da er durch sein Alter einen intensiven Geschmack abgibt. Die Teigmenge ist für 6 Törtchen berechnet.

Gemüsetörtchen

Für den Teig:

250 g Weizenmehl Type 405

125 g kalte Butter

1 Ei, 1/2 TL Salz

Für den Gemüsebelag:

60 g Möhren

40 g Stangensellerie

60 g Frühlingszwiebeln

100 g Brokkoliröschen

120 g Erbsen (ausgepalt etwa 40 g)

Salz

Für den Käse-Sahne-Guss:

100 ml Sahne, 3 Eigelbe

100 g frisch geriebener Hartkäse, wie reifer Gouda

2 EL gehackte Petersilie

Salz, frisch gemahlener weißer Pfeffer

3 Eiweiße

Außerdem:

6 Förmchen von je 12 cm Durchmesser

Backpapier und Hülsenfrüchte zum Blindbacken

1. Das Mehl auf eine Arbeitsfläche sieben und in die Mitte eine Mulde drücken. Die Butter in Stücken, das Ei, das Salz und 1 bis 2 EL Wasser hineingeben. Die Zutaten in der Mulde zunächst mit einer Gabel zerdrücken, mit einem Messer oder einer Palette zusammenhacken und dann mit den Händen rasch zu einem geschmeidigen Teig kneten; der Teig darf nicht zu warm werden. Bei Bedarf noch ein wenig Wasser zugeben. Den Teig zu einer Kugel formen, in Folie wickeln und im Kühlschrank 1 Stunde ruhen lassen.

2. Den Teig auf einer leicht bemehlten Arbeitsfläche ausrollen. Mit einem Förmchen sechsmal den Durchmesser markieren, die Teigstücke etwas größer ausschneiden und die Förmchen damit auslegen. Den Teig mit den Fingern oder mit einer Teigkugel an den Rand der Förmchen drücken. Eventuell überstehende Ränder abschneiden. Den Teig mit Backpapier bedecken und mit Hülsenfrüchten beschweren. Bei 200 °C im vorgeheizten Ofen etwa 10 Minuten blindbacken. Herausnehmen, Papier und Hülsenfrüchte wieder entfernen.

3. Für den Belag das Gemüse putzen. Erbsen auspalen, Möhren in kleine Würfel, Brokkoli in kleine Röschen, Stangensellerie in feine Scheiben und Frühlingszwiebeln in Ringe schneiden. Salzwasser aufkochen und das gesamte Gemüse darin blanchieren, abgießen und abtropfen lassen. Sahne, Eigelbe, geriebenen Käse und Petersilie verrühren, salzen und pfeffern. Das Gemüse untermischen. Eiweiß mit 1 Prise Salz zu steifem Schnee schlagen und unter die Gemüsemasse heben.

4. Den Gemüsebelag auf den Teigböden verteilen, etwas geriebenen Käse darüber streuen und die Törtchen bei 200 °C im vorgeheizten Ofen 20 bis 25 Minuten backen.

→ Info

Der wohl bekannteste holländische Käse ist der Gouda. Er verändert mit zunehmender Reife Geschmack, Konsistenz, Struktur und Farbe. Als junger, sehr milder Käse hat er einen geschmeidigen, hellgelben Teig. Der im Geschmack schon viel kräftigere mittelalte Gouda ist bereits raspelfähig. Nach 1 Jahr Reifezeit hat Gouda schließlich die bröckelige, krümelige Beschaffenheit eines Reibkäses; die Farbe ist dann dunkelgelb.

Spanisches Brot mit zweierlei Belägen

Paprikabrot

Für den Teig:

500 g Weizenmehl Type 405, 20 g Hefe

1 Prise Zucker, 100 ml lauwarmes Wasser

150 ml frisch gepresster Orangensaft

1 Ei, 50 g weiches Schweineschmalz

1/4 TL abgeriebene Schale von 1 unbehandelten Orange, 1 TL Salz

Für den Belag:

1 kg rote Paprikaschoten, 3 Knoblauchzehen

Salz, frisch gemahlener Pfeffer

100 g schwarze Oliven, 80 ml Olivenöl

Außerdem:

1 Backblech von 35 x 43 cm

1. Aus Mehl, Hefe, Zucker und Wasser einen Vorteig rühren, gehen lassen. Orangensaft durch ein Sieb gießen und erwärmen. Ei und Schmalz verkneten, mit Orangensaft, Orangenschale und Salz zum Vorteig geben. Alles zu einem glatten Teig verkneten, gehen lassen, bis sich sein Volumen verdoppelt hat.

2. Die Paprikaschoten bei 220 °C im vorgeheizten Ofen backen, bis die Haut Blasen wirft. Herausnehmen, in eine Plastiktüte legen und »schwitzen« lassen. Die Haut abziehen. Stielansätze und Samen entfernen, das Fruchtfleisch in 1/2 cm dicke Scheiben schneiden. Knoblauch schälen, in Scheiben schneiden.

3. Das Backblech mit Schmalz einfetten. Den Teig auf einer bemehlten Arbeitsfläche ausrollen und auf das Blech legen. Paprikastücke auf dem Teig anordnen, den Knoblauch dazwischen verteilen, salzen und pfeffern. Das Paprikabrot bei 200 °C im vorgeheizten Ofen 15 Minuten backen. Dann die Oliven auflegen und alles weitere 5 Minuten backen. Das Brot herausnehmen und mit dem Olivenöl beträufeln.

Brot mit Huhn und Gemüse

Für den Teig:

die Hälfte der Zutaten aus dem Rezept links

Für den Belag:

250 g Hähnchenfleisch ohne Knochen (Brust, Keule)

Salz, frisch gemahlener Pfeffer

80 g Aubergine, 150 g Zucchini

70 g Zwiebeln, 2 Knoblauchzehen

1 rote Chilischote (ohne Samen)

40 g schwarze Oliven, 5 EL Olivenöl

1 EL gehackte Petersilie

Außerdem:

Pieform von 28 cm Durchmesser

1. Für den Teig die Zutatenmengen für das Paprikabrot-Rezept halbieren. Aber statt der Orangenschale Zitronenschale nehmen und statt eines ganzen Eis nur 1 Eigelb. Den Teig zubereiten und gehen lassen, wie im Rezept links beschrieben.

2. Das Hähnchenfleisch würzen. In 2 EL Öl von jeder Seite 1 bis 2 Minuten anbraten, in Scheiben schneiden. Das Gemüse putzen. Die Aubergine längs halbieren und quer in 2 mm dicke Scheiben schneiden. Die Zucchini längs in 2 mm dicke Scheiben schneiden. Zwiebeln und Chilischote in dünne Ringe schneiden.

3. Den Teig ausrollen, in die mit Öl gefettete Form geben, mit Fleisch und Gemüse belegen. Knoblauch fein hacken, mit dem restlichen Öl vermischt auf dem Brot verteilen. 20 Minuten bei 200 °C backen, dann die Oliven auflegen und weitere 5 Minuten backen. Aus dem Ofen nehmen, mit Petersilie bestreuen.

Diese spanische Spezialität ist einer Pizza nicht unähnlich. Man bäckt das Brot entweder auf dem Blech oder in einer Piefom von 28 cm Durchmesser. Beim Auslegen des Teigs einen kleinen Rand formen und diesen mit etwas Mehl bestauben.

Die Tomaten in einem Sieb abtropfen lassen, grob zerkleinern. Die Teigböden damit belegen, dabei einen Rand frei lassen.

Den Mozzarella in Scheiben schneiden und diese gleichmäßig auf die Tomaten verteilen. Mit Salz und Pfeffer würzen.

Die Basilikumblätter darüber legen. Klein gehackt verteilen sie sich geschmacklich besser, doch die ganzen Blätter sind dekorativer.

Pizza Margherita

Das Pizza-Grundrezept

Der Überlieferung nach wurde sie zu Ehren von Königin Margaret – Italiens erster Königin – kreiert. Als sie einmal den Wunsch äußerte, eine Pizza, die Spezialität Neapels, kosten zu wollen, wurde einer der berühmtesten Pizzabäcker herbeigerufen, der daraufhin, ganz patriotisch, eine Pizza in den Nationalfarben zubereitete.

Pizza Margherita

Für 2 Stück:

300 g Weizenmehl Type 405

20 g frische Hefe, 1/8 l lauwarmes Wasser

1/2 TL Salz, 2 EL Olivenöl

Für den Belag:

1 große Dose geschälte Tomaten (850 g)

2 Kugeln Mozzarella

Salz, frisch gemahlener Pfeffer

20 Basilikumblätter, 1/8 l Olivenöl

Öl für die Backbleche

1. Für den Teig das Mehl in eine Schüssel sieben und in die Mitte eine Mulde drücken. Die Hefe hineinbröckeln, mit dem Wasser auflösen und dabei etwas Mehl vom Rand mit untermischen. Den Ansatz mit Mehl bestauben. Die Schüssel mit einem sauberen Tuch abdecken und den Teig an einem warmen, zugfreien Ort gehen lassen, bis die Oberfläche Risse zeigt.

2. Das Salz und das Öl zum Vorteig geben und alles zu einem glatten Teig verkneten. Zu einer Kugel formen und den Teig erneut gehen lassen, bis er das Doppelte seines Volumens erreicht hat.

3. Zwei Backbleche mit Öl fetten. Den Teig erneut durchkneten, halbieren und auf einer bemehlten Arbeitsfläche zu Kugeln formen. Diese zu runden, dünnen Teigplatten ausrollen und auf die Backbleche legen. Die Teigböden mehrmals mit einer Gabel einstechen.

4. Jede Pizza mit Tomaten, Mozzarella und Basilikum belegen, wie in der Bildfolge unten gezeigt. Mit dem Belag erneut 10 bis 15 Minuten gehen lassen, dann erst das Öl darüber träufeln. Jede Pizza bei 220 °C im vorgeheizten Ofen 18 bis 22 Minuten backen.

10 bis 15 Minuten gehen lassen. Dann das Olivenöl mit einem Löffel oder mit dem typisch italienischen Ölkännchen darüberträufeln.

Nacheinander beide Teige backen. Knuspriger Teig und saftig-weicher Belag, so muss die Pizza Margherita aus dem Ofen kommen.

Für eine Pizza Capricciosa belegt man den Teig zusätzlich mit Schinken, Champignons, Sardellenfilets und Artischockenherzen. Zuletzt kommen Mozzarella und Oliven darauf.

Pizza mit Muscheln

Pizza mit Muscheln

Für 2 Pizzafladen:
300 g Weizenmehl Type 405
20 g frische Hefe, 1/8 l lauwarmes Wasser
2 EL Olivenöl, 1/2 TL Salz
Für die Tomatensauce:
100 g Zwiebeln, 1 Knoblauchzehe
350 g Tomaten
3 EL Olivenöl, 1 EL Tomatenmark
Salz, frisch gemahlener weißer Pfeffer
Für die Muscheln:
2 kg Miesmuscheln
100 g Zwiebeln, 50 g Möhren, 80 g Lauch
80 g Stangensellerie, 1 Knoblauchzehe
2 EL Olivenöl, 1 Lorbeerblatt
2 Thymianzweige, 3 Petersilienstengel
1/4 l Weißwein
Für den Belag:
250 g Tomaten, 100 g weiße Zwiebeln
2 Knoblauchzehen, 14 schwarze Oliven
Salz, frisch gemahlener Pfeffer
2 EL gehackte Kräuter, 6 EL Olivenöl
30 g frisch geriebener Pecorino sardo
1 Eigelb, mit etwas Wasser verquirlt

1. Für den Teig eine Mulde in das Mehl drücken, die Hefe hineinbröckeln, mit Wasser auflösen. Mit Mehl bestauben und gehen lassen, bis die Oberfläche Risse zeigt. Öl und Salz unterrühren, alles zu einem glatten Teig verkneten; bei Bedarf noch etwas Wasser einarbeiten. Gehen lassen, bis der Teig das Doppelte seines Volumens erreicht hat.

2. Für die Tomatensauce Zwiebeln und Knoblauch schälen, fein hacken. Das Tomatenfruchtfleisch klein würfeln. Zwiebeln und Knoblauch im erhitzten Öl anschwitzen, Tomatenwürfel zufügen und 10 Minuten dünsten. Tomatenmark einrühren, salzen, pfeffern und weitere 5 Minuten dünsten. Abkühlen lassen.

3. Für den Belag die Muscheln putzen, bereits geöffnete Muscheln wegwerfen. Gemüse putzen. Zwiebeln in Ringe, restliches Gemüse in 1/2 cm große Würfel schneiden. Öl erhitzen und das Gemüse darin anschwitzen. Muscheln, Lorbeer, Thymian und Petersilie dazugeben, den Wein zugießen. Im geschlossenen Topf bei starker Hitze etwa 8 Minuten kochen, bis sich die Muscheln geöffnet haben. Noch geschlossene Exemplare aussortieren. Die Muscheln abgießen und bis auf 6 Stück aus der Schale lösen.

4. Die Tomaten für den Belag von den Stielansätzen befreien, in etwa 4 mm dicke Scheiben schneiden. Zwiebeln und Knoblauch schälen, Zwiebeln in dünne Ringe, Knoblauch in dünne Scheiben schneiden.

5. Den Teig halbieren, zu 2 Fladen von 28 cm Durchmesser ausrollen. Die Ränder 2 cm nach innen einschlagen und umgedreht auf ein bemehltes Blech legen. Die Pizzen belegen, wie in der Bildfolge links gezeigt. Im vorgeheizten Ofen bei 190 °C 15 bis 16 Minuten backen. 2 Minuten vor Ende der Garzeit einige Muscheln in der Schale auflegen und fertig backen.

Den Teig gleichmäßig mit Sauce bestreichen, den Rand dabei freilassen.

Mit Gemüse und den ausgelösten Muscheln belegen, würzen und die Oliven darüber verteilen.

Mit Olivenöl beträufeln und mit Pecorino bestreuen. Ränder mit Eigelb bestreichen.

Miesmuscheln vor dem Kochen sorgfältig unter fließend kaltem Wasser abwaschen, um Sand- und Kalkreste zu entfernen. Bereits geöffnete Muscheln wegwerfen – sie könnten verdorben sein.

Für die schmackhafte Füllung dieser Calzone sind in Salz eingelegte Kapern, schwarze Oliven, Sardellen und Kräuter verantwortlich. Aufpassen sollte man allerdings, dass das Ganze nicht zu salzig wird.

Calzone würzig gefüllt

Hierzulande kennt man Calzone vor allem als zusammengeklappte Pizza, mehr oder weniger üppig gefüllt. In Italien dagegen bezeichnet man Teigtaschen der unterschiedlichsten Art als »calzoni«. Das können solche aus kräftigem Brot- oder Pizzateig sein, es gibt sie aber auch aus einem feineren Hefeteig geformt. Noch größer ist die Vielfalt bei den Füllungen, von denen die hier vorgestellte Variante eine der köstlichsten ist. Wer will, kann statt einer großen Teigtasche nach diesem Rezept auch zwei kleinere Calzone backen.

Calzone

Für den Teig:

400 g Weizenmehl Type 550 oder 405

1 TL Salz

30 g frische Hefe

1/4 l lauwarmes Wasser, 3 EL Olivenöl

Für die Füllung:

300 g Zwiebeln

100 g schwarze Oliven

6 Sardellenfilets, 1 EL Kapern

300 g kleine Tomaten, 5 EL Olivenöl

1 Bund Petersilie, Oregano gerebelt

Salz, frisch gemahlener Pfeffer

150 g junger Pecorino

Außerdem:

Öl für das Blech, 1 Eiweiß und 1 Eigelb zum Bestreichen

1. Das Mehl in eine Schüssel sieben und mit dem Salz vermischen. Die Hefe im Wasser auflösen und mit dem Öl zum Mehl geben. Alles zu einem geschmeidigen Teig verkneten. Den Teig zur Kugel formen, in einer Schüssel mit Mehl bestauben. Mit einem sauberen Tuch abdecken und den Teig an einem warmen Ort etwa 30 Minuten gehen lassen, bis er sein Volumen verdoppelt hat.

2. Für die Füllung die Zwiebeln schälen und in Ringe schneiden. Die Oliven entsteinen und fein hacken. Die Sardellenfilets und die Kapern ebenfalls klein hacken. Die Tomaten blanchieren, häuten, Stielansätze und Samen entfernen und das Fruchtfleisch würfeln. Die Petersilie fein hacken.

3. Das Öl in einer Pfanne erhitzen und die Zwiebelringe darin zugedeckt bei schwacher Hitze weich dünsten. Die Oliven, die Sardellen, die Kapern, die Tomaten und die Petersilie untermischen. Mit Oregano, Salz sowie Pfeffer würzen und die Mischung abkühlen lassen. Den Käse grob raspeln und unter die ausgekühlte Zwiebelmasse rühren.

4. Den Teig erneut durchkneten und auf einer bemehlten Arbeitsfläche zu einem ovalen Fladen von 1/2 bis 1 cm Dicke ausrollen. Die Zwiebelmasse auf einer Teighälfte verteilen, wie im Bild oben rechts gezeigt, dabei einen Finger breiten Rand frei lassen.

5. Den Rand mit Eiweiß bestreichen. Die andere Teighälfte über die Füllung klappen und den Rand gut festdrücken. Den äußeren Rand ebenfalls mit Eiweiß bestreichen und diesen nach innen klappen. Die Calzone umdrehen, auf ein gefettetes Backblech legen und den dicken Rand mit einem Messerrücken eindrücken, wie rechts oben im 2. Bild gezeigt. Die Calzone zugedeckt noch etwa 20 Minuten gehen lassen.

6. Die Oberfläche mit dem Eigelb bestreichen. Die Calzone bei 200 °C im vorgeheizten Ofen in 25 bis 30 Minuten goldgelb backen.

Die Füllung auftragen, dabei einen 2 cm breiten Rand frei lassen, diesen mit Eiweiß bestreichen. Die zweite Teighälfte darüber klappen.

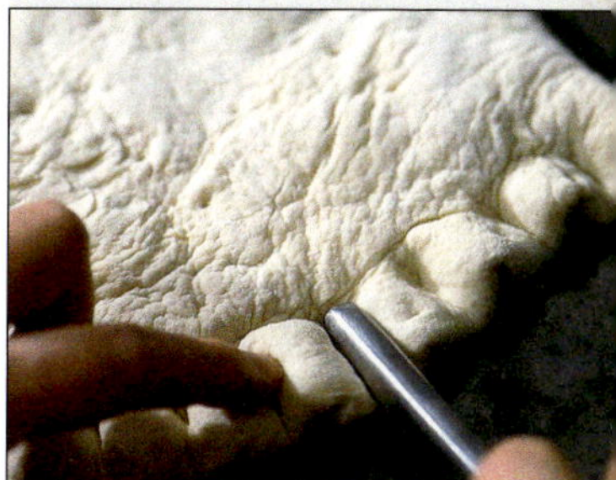

Die Calzone umgedreht auf ein Blech legen und den nunmehr dicken Rand mit einem Messer in Abständen von etwa 1 cm eindrücken.

Brot und Brötchen

Wer schon immer einmal Brot selbst backen wollte, findet hier die richtigen Rezepte. Brot und Brötchen aus der nationalen wie internationalen Küche wie Brioches, Croissants, Vollkornbrot oder Ciabatta stehen zur Auswahl. Auch schwedisches Knäckebrot oder Hot Cross Buns (im Bild links) lassen sich leicht nachbacken.

Brioches zum Frühstück

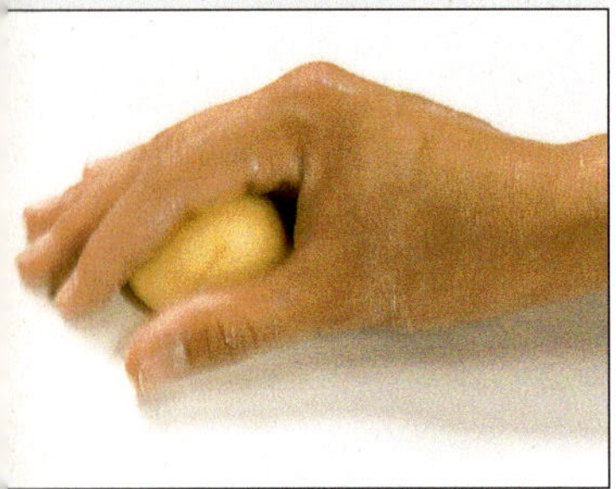

Die Teigstücke in der hohlen Hand »rundschleifen«, das heißt, zu einer glatten Kugel formen.

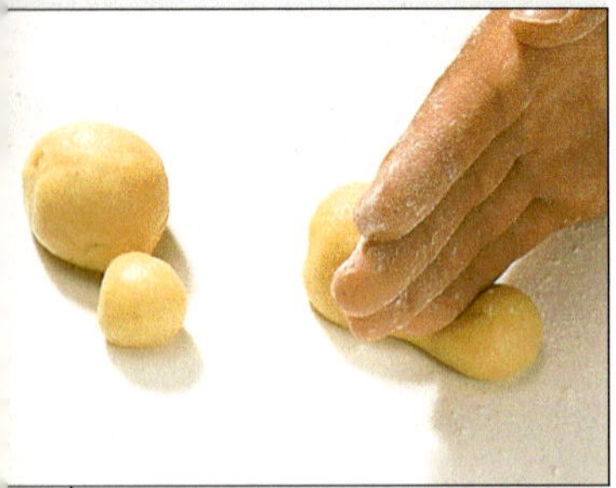

Mit der Handkante so hin und her rollen, dass dabei 1/3 des Teiges ab-, aber nicht durchgetrennt wird.

Mit der größeren Kugel nach unten in die Förmchen legen, das »Köpfchen« darauf setzen.

Klassische Brioches

Für etwa 28 Stück:

500 g Mehl, 25 g frische Hefe

50 ml lauwarmes Wasser, 4 Eier

1 TL Salz, 250 g weiche Butter

Außerdem:

Briocheförmchen von 7 cm Durchmesser

zerlassene Butter für die Förmchen

1 Eigelb zum Bestreichen

1. Aus Mehl, Hefe und Wasser einen Vorteig zubereiten, wie auf Seite 36 beschrieben. Zudecken und gehen lassen, bis die Oberfläche deutliche Risse zeigt.

2. Die Eier und das Salz zufügen und alles mit einem Rührlöffel kräftig durchschlagen, bis der Teig Blasen wirft und sich vom Schüsselrand löst. Die weiche Butter in den Teig einarbeiten und so lange kneten, bis er locker ist und seidig glänzt. Zugedeckt im Kühlschrank 2 Stunden gehen lassen. Kurz durchkneten, zu einer Kugel formen und erneut zugedeckt im Kühlschrank gehen lassen, am besten über Nacht.

3. Die Förmchen mit zerlassener Butter auspinseln. Den Teig nochmals durchkneten, Stücke von je 35 g abwiegen und Brioches daraus formen, wie in der Bildfolge links gezeigt, oder auch 2 einzelne Kugeln formen und zusammensetzen. Die Brioches 90 Minuten gehen lassen, bis sie ihr Volumen verdoppelt haben.

4. Mit verquirltem Eigelb bestreichen, in den Förmchen auf ein Blech stellen. Bei 230 °C im vorgeheizten Ofen in etwa 12 Minuten goldbraun backen. Aus dem Ofen nehmen, etwas abkühlen lassen, aus den Förmchen lösen und vollständig auskühlen lassen.

Mandelbrioches

Für etwa 15 Stück:

200 g Mehl, 15 g frische Hefe

100 g geschälte, fein gemahlene Mandeln

1/8 l lauwarme Milch, 2 Eigelbe

50 g weiche Butter

50 g Zucker, 1 Prise Salz

Außerdem:

Briocheförmchen von 7 cm Durchmesser

zerlassene Butter für die Förmchen

1 Eigelb zum Bestreichen

1. Das Mehl und die gemahlenen Mandeln in einer Schüssel mischen und eine Mulde in die Mitte drücken. Die Hefe hineinbröckeln und mit der Milch auflösen. Etwas Mehl vom Rand darüber stauben, den Vorteig mit einem Tuch bedecken und etwa 15 Minuten gehen lassen, bis die Oberfläche Risse zeigt. Die Eigelbe, die Butter, den Zucker und das Salz unter den Vorteig arbeiten und alles zu einem glatten Teig verkneten. Den Teig auf einer bemehlten Arbeitsfläche durchkneten, bis er weich und geschmeidig ist. Zur Kugel formen, zudecken und gehen lassen, bis er das Doppelte seines Volumens erreicht hat.

2. Den Teig durchkneten, in Portionen teilen, formen und in die mit Butter ausgepinselten Briocheförmchen setzen, wie im Rezept links und in der Bildfolge links beschrieben. Mit einem Tuch bedecken und gehen lassen, bis die Brioches ihr Volumen ungefähr verdoppelt haben; das dauert etwa 2 Stunden.

3. Das Eigelb verquirlen und die Brioches damit bestreichen. Bei 200 °C im vorgeheizten Ofen in etwa 15 Minuten goldgelb backen.

Verführerisch buttriger Hefeteig, mal pur, mal mit gemahlenen Mandeln angereichert. Vor allem in Frankreich und Italien – aber nicht nur dort – liebt man das lockere Gebäck zum morgendlichen Kaffee.

Croissants
zart und knusprig

Knusprig-frische, keinesfalls zu trocken geratene, köstlich buttrige Croissants: Was sonst passt besser zum morgendlichen Kaffee als sie? Mittlerweile gibt es ja die feinen Hörnchen so gut wie überall, doch kommen nur die wenigsten an das französische Original heran. Selbstverständlich können Croissants auch als pikanter Snack mit Schinken oder Käse gefüllt werden. In diesem Fall setzt man ein kleines Häufchen gewürfelten Schinken oder frisch geriebenen Käse in die Mitte der breiten Endseite des zugeschnittenen Teigs und rollt die Hörnchen dann auf, wie rechts gezeigt.

Croissants

Für 20 Stück:

500 g Weizenmehl Type 405

20 g frische Hefe, gut 300 ml Milch

1 1/2 TL Salz

40 g Zucker, 300 g Butter

Außerdem:

Mehl zum Ausrollen

Eigelb zum Bestreichen

1. Das Mehl auf eine Arbeitsfläche sieben und in die Mitte eine Mulde drücken. Die Hefe hineinbröckeln und mit der Milch auflösen, dabei etwas Mehl vom Rand mit untermischen. Salz und Zucker zufügen und alles zu einem leichten, geschmeidigen Teig kneten. Wegen des geringen Hefeanteils sollte der Teig bei Zimmertemperatur langsam gehen, bis er sein Volumen etwa verdoppelt hat, das dauert ungefähr 1 Stunde. Den Teig anschließend nochmals kurz durchkneten und mit Folie zugedeckt für 1 bis 2 Stunden in den Kühlschrank stellen.

2. In der Zwischenzeit die Butter aus dem Kühlschrank nehmen und bei Zimmertemperatur weich werden lassen. Sie sollte die gleiche Konsistenz haben wie der Teig.

3. Den Teig aus dem Kühlschrank nehmen und in alle vier Richtungen dünner werdende »Lappen« ausrollen. Die Butter entweder zwischen Folie oder auf einer bemehlten Arbeitsfläche zu einer rechteckigen, flachen Platte drücken. Weiterverfahren, wie in der Bildfolge rechts gezeigt. Die »einfache Tour« noch zweimal wiederholen, den Teig dazwischen jeweils 10 Minuten im Kühlschrank ruhen lassen.

4. Nach der letzten »Tour« zu einer Platte von 60 x 40 cm ausrollen und erneut kurz ruhen lassen. Die Hörnchen zuschneiden und formen, wie auf den letzten drei Bildern der Folge rechts zu sehen.

5. Die Croissants nach dem Gehenlassen mit verquirltem Eigelb bestreichen. Bei 220 bis 240 °C im vorgeheizten Ofen in etwa 15 Minuten goldgelb backen. Frisch servieren.

a **Den Butterziegel** in die Mitte der ausgerollten Teigplatte legen.

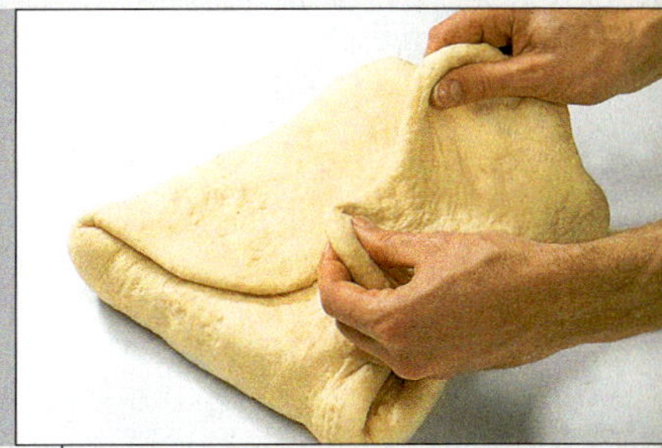

b **Die Teigränder** rundum mit Wasser bestreichen und die Butter völlig in den Teig einhüllen.

c **Den Teigblock** auf einer bemehlten Arbeitsfläche nach allen Seiten gleichmäßig zu einer Platte von etwa 30 x 20 cm ausrollen.

d **Eine»einfache Tour« legen:** ein Drittel der schmalen Teigseite über das mittlere Drittel klappen, das restliche Drittel darüber schlagen.

e **So liegen 3 Schichten übereinander.** Den Teig nach dieser ersten »Tour« 10 Minuten kühl ruhen lassen. Danach wieder ausrollen zur nächsten »Tour«.

f **Den Teig längs** in 2 Streifen von 60 x 20 cm teilen und daraus 20 Dreiecke von 12 x 20 cm schneiden. An der Basis je 3 cm tief einschneiden.

g **Die Dreiecke** von der Basis zur Spitze aufrollen. Dabei die Spitze festdrücken, damit der Teig nicht verrutscht. Hörnchen formen.

h **Die Hörnchen** mit Abstand und mit dem Schluss nach unten auf ein gefettetes Backblech setzen. Nochmals gehen lassen.

Milchwecken kunstvoll geformt

Brötchen in Form einer »Acht«: Beide Teigenden kugelig verdicken und, wie gezeigt, umeinander schlingen.

Schnecken und Windräder: Teigenden in entgegengesetzter Richtung einrollen. Für Windräder rechtwinklig übereinander legen.

Zopf mit einer Kugel: Ein Teigende kugelig verdicken und den Strang, wie gezeigt, hineinflechten.

In vielen Ländern Europas wie Deutschland, den Niederlanden und der Schweiz bereichern solche Milchbrötchen – vielfältig geformt – sonntägliche Tafeln. Vor allem als Zopf sind sie sehr beliebt, doch werden aus dem einfachen Hefeteig oft kunstvolle Formen gedreht, wie in den Abbildungen zu sehen. Sollen die Sonntagswecken einmal besonders fein sein, kann man in dem angegebenen Rezept nach dem zubereiteten Vorteig neben den übrigen Zutaten noch 100 g Butter hinzugeben. Idealerweise kommen die duftenden Milchbrötchen frisch auf den Tisch, sobald sie etwas abgekühlt sind.

Milchwecken

Für den Teig:

500 g Weizenmehl Type 405

30 g frische Hefe

1 Prise Zucker

1/4 l lauwarme Milch

1 TL Salz

Außerdem:

Butter für das Backblech

1 Eigelb, verquirlt

Sesamsamen und Mohnsamen zum Bestreuen

grobes Salz zum Bestreuen

1. Das Weizenmehl in eine Schüssel sieben und in die Mitte eine Mulde drücken. Die Hefe hineinbröckeln, den Zucker einstreuen und beides mit der Milch auflösen, dabei etwas Mehl vom Rand mit untermischen. Den Ansatz mit ein wenig Mehl bestauben. Die Schüssel mit einem sauberen Tuch abdecken und den Teig an einem warmen, zugfreien Ort gehen lassen, bis die Oberfläche Risse zeigt.

2. Das Salz auf den Mehlrand streuen. Zunächst mit einem Rührlöffel den Vorteig mit dem Mehl verrühren und dann mit den Händen weiterarbeiten. Den Teig so lange kneten, bis er glatt und glänzend ist, Blasen wirft und sich gut von der Schüsselwand löst.

3. Die Schüssel erneut mit einem Tuch abdecken und den Teig gehen lassen, bis er das Doppelte seines Volumens erreicht hat; das dauert etwa 20 Minuten. Den Teig nochmals durchkneten und in 10 Stücke teilen.

4. Jedes Stück auf einer bemehlten Arbeitsfläche zu einer Kugel formen und dann zu einem Strang von etwa 40 cm Länge und rund 2 cm Durchmesser rollen, dabei je nach gewünschter Form eines oder beide Teigenden zu einer Kugel ausformen. Die Teigstränge nach Belieben in Form legen oder flechten, wie auf den Bildern links gezeigt.

5. Ein Backblech mit Butter fetten und die geflochtenen Teigstücke mit genügend Abstand zueinander auflegen. Die Wecken mit einem Tuch abdecken und 20 Minuten gehen lassen, bis sich ihr Volumen deutlich vergrößert hat. Die Oberflächen gleichmäßig mit Eigelb bestreichen und nach Belieben mit Sesam, Mohn oder Salz bestreuen. Die Brötchen bei 230 °C im vorgeheizten Ofen 20 bis 25 Minuten backen. Herausnehmen und vor dem Servieren leicht abkühlen lassen.

Der Milchbrötchenteig lässt sich neben den üblichen Zöpfchen auch zu Schnecken, Windrädern und dekorativen Knoten verschlingen.

Mohnsemmeln

Kernige Brötchen

Mohnsamen sind zur Verfeinerung von Gebäck beliebt, doch während der Mohn für Füllungen meist gemahlen wird, greift man zum Bestreuen von Semmeln generell zu den ungemahlenen Samen. Wer etwas Besonderes auf den Tisch bringen will, der kann aus dem Teig auch kleine Mohnzöpfe formen, wie auf Seite 286 gezeigt.

Mohnsemmeln

Für 14 Stück:

1/8 l Milch

35 g frische Hefe

500 g Weizenmehl Type 550

1 TL Salz, 1 Ei

Außerdem:

1 hohe Tarteform von 26 cm Durchmesser

50 g Butter, 1 Eigelb

ungemahlene Mohnsamen zum Bestreuen

1. Die Milch und gut 1/8 l Wasser in einem Topf ganz leicht erwärmen und die Hefe darin auflösen. Das Mehl in eine Schüssel sieben und mit dem Salz vermischen. Die Hefelösung und das Ei nach und nach unter das Mehl rühren, bis ein geschmeidiger Teig entstanden ist. Den Teig zur Kugel formen und in die Schüssel legen. Diese mit einem Tuch abdecken und den Teig an einem warmen Ort etwa 30 Minuten gehen lassen.

2. Den Teig durchkneten und in 14 Stücke zu je 60 g teilen. Die Stücke zu Kugeln rollen. Die Butter in einer kleinen Stielkasserolle zerlassen. Jede einzelne Kugel mit den Händen fassen und in die Butter eintauchen, wie oben rechts gezeigt. Durch dieses Einfetten lassen sich die Semmeln später gut voneinander lösen. Mit etwas Abstand zueinander in die gebutterte Form setzen, weitere 30 Minuten gehen lassen.

3. Die gegangenen Teigkugeln mit Eigelb bestreichen und mit den Mohnsamen bestreuen. Bei 200 °C im vorgeheizten Ofen 40 bis 45 Minuten backen.

Die Teigkugeln einzeln in Butter tauchen und mit etwas Abstand zueinander in die gebutterte Form setzen.

30 Minuten gehen lassen und dann mit Eigelb bestreichen und mit Mohnsamen bestreuen.

Kernige Brötchen

Für 18 Stück:

300 g Weizenvollkornmehl

150 g Hafermehl

200 g Weizenmehl Type 405

20 g Mohnsamen

30 g Leinsamen

30 g Sesamsamen

30 g Kürbiskerne

30 g Sonnenblumenkerne

3 TL Meersalz

35 g frische Hefe

550 ml lauwarmes Wasser

1 EL Olivenöl

Außerdem:

Butter für das Blech

Samen und Kerne nach Belieben zum Bestreuen

Selbst gebacken schmecken Vollkornbrötchen beim Sonntagsfrühstück gleich noch einmal so gut.

1. Alle Mehlsorten, die Samen und Kerne vermischen. Das Salz darauf streuen. Die Hefe im Wasser auflösen und mit dem Öl zu der Mehlmischung gießen. Alles zu einem glatten Teig verarbeiten; er darf noch etwas feucht sein, denn Vollkornmehl nimmt beim Gehen noch recht viel Wasser auf. Zugedeckt gehen lassen, bis der Teig sein Volumen verdoppelt hat. Durchkneten, in 18 Stücke von je 75 g teilen und Brötchen daraus formen.

2. Die Brötchen auf ein gefettetes Blech setzen, etwas flach drücken und in der Mitte einmal einschneiden. Die Oberfläche mit etwas Wasser bepinseln und mit Samen oder Kernen nach Belieben bestreuen. Zugedeckt nochmals 30 bis 40 Minuten gehen lassen. Bei 200 °C im vorgeheizten Ofen 20 Minuten backen.

Hot Cross Buns einmal als neutrale Frühstücksbrötchen und einmal leicht süß mit Rosinen und Gewürzen gebacken – so schmecken sie gut zum Nachmittagstee.

Englische Brötchen

Frühstück oder Teatime

Hot Cross Buns wurden in England traditionell am Karfreitag gereicht, schmecken selbstverständlich aber nicht nur dann. Der Name erklärt sich durch das Kreuz, das auf der Oberfläche eingeritzt oder mit Teigstreifen aufgelegt wird. Crumpets dagegen haben schon immer das ganze Jahr über Saison. Die Brötchen mit der weichen Struktur werden vor dem Servieren häufig getoastet. Hervorragend schmecken sie mit Butter und Marmelade oder Honig bestrichen zum Nachmittagstee.

Hot Cross Buns

Für 16 Stück:

600 g Weizenmehl Type 550

1/2 TL Salz

1 1/2 gestrichener EL Zucker

42 g frische Hefe

1/4 l lauwarme Milch

2 Eier, 50 g weiche Butter

Außerdem:

Fett für das Blech

1 Eigelb, 1 EL Sahne

1. Das Mehl in eine Schüssel sieben, mit Salz und Zucker vermischen. Die Hefe in der Milch auflösen. Mit Eiern, Butter und der Mehlmischung zu einem geschmeidigen Teig verkneten. Den Teig zur Kugel formen und in die Schüssel legen. Mit einem Tuch bedecken, an einen warmen, zugfreien Ort stellen und den Teig 40 bis 60 Minuten gehen lassen, bis er das Doppelte seines Volumens erreicht hat.

2. Den Teig erneut durchkneten. In 10 Portionen von je 60 g teilen und zu Kugeln formen. Diese mit etwas Abstand voneinander auf ein gefettetes Backblech legen. Zudecken und nochmals 30 Minuten gehen lassen, bis sich ihr Volumen deutlich vergrößert hat.

3. Jede Teigkugel mit einem sehr scharfen Messer kreuzweise einschneiden. Das Eigelb mit der Sahne verquirlen und die Oberflächen damit bestreichen. Die Brötchen im vorgeheizten Ofen bei 200 °C 20 bis 25 Minuten backen.

Variante: Wer die Hot Cross Buns nicht neutral sondern leicht süß und mit Gewürzen backen möchte, kann zusätzlich noch 100 g helle Rosinen sowie je 1 TL Piment und Zimt unter den Teig kneteen.

Crumpets

500 g Weizenmehl Type 550

1 TL Salz, 30 g frische Hefe

600 ml lauwarme Milch

Außerdem:

mehrere Ausstechringe von etwa 10 cm Durchmesser

zerlassene Butter für die Ringe und für die Pfanne

1. Das Mehl in eine Schüssel sieben und mit dem Salz vermischen. Die Hefe erst in der Milch auflösen und dann zu dem Mehl in die Schüssel gießen. Alle Zutaten zu einem glatten, ziemlich flüssigen Teig verrühren. Die Schüssel mit einem Tuch abdecken und den Teig an einem warmen, zugfreien Ort etwa 1 Stunde gehen lassen.

2. Den Teig zusammenschlagen und erneut zugedeckt etwa 1 Stunde gehen lassen, bis sich große Blasen gebildet haben.

3. Die Ringe oder Ausstecher auf der Innenseite gründlich mit der Butter bepinseln. Eine schwere, gusseiserne Pfanne mit etwas Butter erhitzen. Die Ringe in die Pfanne legen und mit einem Löffel jeweils so viel Teig hineingeben, dass sie zur Hälfte gefüllt sind.

4. Die Crumpets so lange bei geringer Hitze backen, bis die Oberfläche fest zu werden beginnt und die Blasen im Teig geplatzt sind. Vorsichtig aus den Ringen nehmen, wenden und auf der zweiten Seite fertigbacken, bis sie goldgelb sind. Den restlichen Teig auf die gleiche Weise zu Crumpets verbacken.

Über und über mit Sesam bestreut müssen die knusprigen Ringe sein. Das nussige Aroma der Samen bildet einen aparten Kontrast zu dem mit Kreuzkümmel und Koriander gewürzten Teig.

Sesamringe gewürzter Hefeteig

Statt anderer Brotsorten werden diese Sesamringe rund um das östliche Mittelmeer zu allen Mahlzeiten des Tages gereicht. Aber sie schmecken auch einfach als Knabberei zwischendurch. Für das Formen der Kringel gibt es einen kleinen Trick: Die Teigportionen werden zu Strängen gerollt, die an beiden Enden spitz zulaufen. Diese Enden windet man umeinander und drückt sie fest an, so dass sie beim Backen gut zusammenhalten und der Teigring geschlossen bleibt.

Sesamringe aus gewürztem Hefeteig

Für 16 Stück:

500 g Weizenmehl Type 405

25 g frische Hefe

1/4 l lauwarmes Wasser

1 TL Salz

1/2 TL gemahlener Kreuzkümmel

1/2 TL gemahlener Koriander

100 g zerlassene Butter

Außerdem:

Öl für das Blech

1 Ei, mit 1 EL Wasser verquirlt

4 EL geschälte Sesamsamen zum Bestreuen

1. Das Mehl in eine Schüssel sieben und in die Mitte eine Mulde drücken. Die Hefe hineinbröckeln. Etwa 100 ml Wasser zugießen und die Hefe darin unter Rühren auflösen, dabei etwas Mehl vom Rand mit untermischen. Den Ansatz mit Mehl bestauben. Die Schüssel mit einem sauberen Tuch abdecken und den Teig an einem warmen, zugfreien Ort gehen lassen, bis die Oberfläche Risse zeigt.

2. Das Salz, den Kreuzkümmel, den Koriander, die Butter und das restliche Wasser zum Vorteig geben und alle Zutaten erst mit einem Holzlöffel verrühren. Dann mit den Händen den Teig so lange kneten, bis er glatt und geschmeidig ist. Zu einer Kugel formen und zugedeckt gehen lassen, bis er das Doppelte seines Volumens erreicht hat.

3. Den Teig durchkneten und in 16 Stücke von je etwa 50 g teilen. Die Stücke zunächst zu Kugeln formen und dann zu Strängen von etwa 30 cm Länge rollen, die an den Enden spitz zulaufen. Die Enden umeinander schlingen und fest gegeneinander drücken.

4. Ein Backblech mit wenig Öl einfetten und die Teigringe mit etwas Abstand zueinander darauf legen. Nochmals mit dem Tuch abdecken und 15 Minuten gehen lassen.

5. Die Ringe mit der Eigelb-Wasser-Mischung bestreichen und dicht mit geschältem Sesam bestreuen. Bei 200 °C im vorgeheizten Ofen etwa 15 Minuten backen.

→ Info

Sesamringe werden überall entlang der östlichen Mittelmeerküste gegessen – von Griechenland über Israel bis Nordafrika. Sesam gibt es in zwei Sorten: Der schwarze Sesam hat einen erdigen Geschmack und wird viel in Asien verwendet. Der braune Sesam hat das typische, nussige Aroma. Beide Arten sind in geschälter Form hell, fast weiß.

Die Hefe unter Rühren mit etwas Wasser in der Mehlmulde auflösen.

Den Sauerteig und das restliche Wasser unter Rühren einarbeiten.

Unter kräftigem Rühren immer mehr Mehl vom Rand mit unterarbeiten.

Einen runden Laib formen und in ein bemehltes Brotformkörbchen legen.

Den Teig nach 1 Stunde aus dem Körbchen auf ein bemehltes Blech stürzen.

Roggenbrot mit Sauerteig

Wer häufiger Roggenbrot bäckt, sollte jeweils vom Sauerteigansatz 3 EL (80 g) abnehmen und als »Starter« für den nächsten Laib zurückbehalten. Im Kühlschrank aufbewahrt, hält er 1 bis 2 Wochen, tiefgekühlt 3 Monate. Wer ihn nicht selbst ansetzen möchte, kann gebrauchsfertigen Sauerteig beim Bäcker, im Reformhaus oder in gut sortierten Supermärkten kaufen. Wer mag, verwendet den gleichen Teig als rustikalen »Mantel« für einen Schinken.

Roggenbrot

Für den Sauerteigansatz:

400 g Roggenmehl Type 997 oder 1150

80 g Sauerteig, 400 ml warmes Wasser

Für den Brotteig:

400 g Roggenmehl Type 997 oder 1150

300 g Weizenmehl Type 550, 3 TL Salz

800 g Sauerteig, 20 g frische Hefe

gut 300 ml lauwarmes Wasser

Außerdem:

1 Brotformkörbchen von 24 cm Durchmesser

1. Für den Sauerteigansatz alle Zutaten miteinander verrühren. Ein Stück Folie auflegen, mit einem Tuch abdecken und 15 bis 17 Stunden – am besten über Nacht – an einem warmen Ort stehen lassen.

2. Für den Brotteig beide Mehlsorten in einer Schüssel vermischen und in die Mitte eine Mulde drücken. Das Salz auf den Rand streuen. Weiterverfahren, wie in den ersten 3 Bildern links gezeigt. Den schweren, etwas klebrigen Teig mit einem Teigschaber vom Rand der Schüssel lösen und in deren Mitte aufwölben. Mit Mehl bestauben, mit Folie abdecken, ein Tuch auflegen und etwa 30 Minuten gehen lassen. Durchkneten, dabei so viel Mehl einarbeiten, dass er sich von der Arbeitsfläche löst. Weiterverfahren, wie auf den Bildern links gezeigt.

3. Das geformte Brot mit einem Holzstäbchen mehrmals bis zum Boden einstechen. Zunächst bei 220 °C im vorgeheizten Ofen 10 Minuten backen. Zur Erhöhung der Luftfeuchtigkeit zu Beginn der Backzeit etwas kochendes Wasser auf den Boden des Ofens gießen oder die Seitenwände mit Wasser besprühen. Danach die Temperatur auf 200 °C reduzieren und das Brot weitere 60 Minuten fertig backen.

Schinken in Brotteig

Teig für Roggenbrot wie links im Rezept angegeben

Für die Füllung:

1,5 kg gekochter Schinken

je 1 EL Majoran, Thymian, Zitronenmelisse

je 1 TL Estragonblättchen und Schnittlauchröllchen

1. Den Teig wie im Rezept links zubereiten und ausrollen. Die Kräuter hacken und darüber streuen. Den Schinken auf den Teig legen und damit einhüllen. Die Ränder mit kaltem Wasser bestreichen und zusammendrücken. Aus Teigresten Ornamente formen und die Oberfläche damit verzieren.

2. Den Teig mehrmals einstechen, auf ein gefettetes Backblech setzen und zugedeckt 15 bis 20 Minuten gehen lassen. Bei 200 °C im vorgeheizten Ofen 60 bis 75 Minuten backen. Das heiße Brot mit Wasser bestreichen und im Ofen trocknen lassen, sodass es matt glänzt.

Ein Brotformkörbchen, das mit etwas Mehl ausgestaubt wird, ist für das schöne Muster auf dem Laib verantwortlich. Man kann das Brot aber natürlich auch von Hand formen.

Nussig und mit »Biss« – dieses wirklich schmackhafte Brot überzeugt sicher nicht nur Anhänger der Vollwertküche.

Vollkornbrot
herzhaft und nussig

Für die schöne Farbe der Krume dieses Sauerteigbrotes sorgt nicht allein das dunkle Mehl, sondern auch ein Esslöffel Zuckerrübensirup, der in Norddeutschland auch »Rübenkraut« genannt wird. Damit das Brot beim Backen schön aufgeht, sollte man für »Beschwadung« sorgen, indem man kochendes Wasser direkt auf den Boden des Ofens gießt, eine Tasse Wasser während der ganzen Backzeit in den Ofen stellt oder nur zu Beginn des Backvorgangs die Seitenwände mit Wasser besprüht. Es mag etwas befremdlich klingen, aber am einfachsten geht das mit einem Blumen- oder Wäschebefeuchter.

Vollkornbrot

Für den Sauerteigansatz:

250 g Roggenschrot

100 g Weizenvollkornmehl

80 g Sauerteig (2 bis 3 EL)

300 ml warmes Wasser

Für das Vollkornbrot:

50 g Weizenkörner

500 g Roggenmehl Type 997

175 g Weizenmehl Type 550

25 g Sesamsamen

25 g Leinsamen

25 g geschälte Sonnenblumenkerne

1 bis 2 EL Salz

1 EL Zuckerrübensirup

650 g Sauerteig

500 ml lauwarmes Wasser

Außerdem:

1 Kastenform von 35 cm Länge

Klarsichtfolie

Fett und Mehl für die Form

1. Für den Sauerteigansatz alle Zutaten miteinander verrühren. Ein Stück Klarsichtfolie direkt auf den Ansatz legen, mit einem Tuch bedecken und 15 bis 17 Stunden an einem warmen, zugfreien Ort gehen lassen. Vom Ansatz 2 bis 3 EL (80 g) Sauerteig für die Zubereitung des nächsten Brotes abnehmen. Er hält sich 1 bis 2 Wochen im Kühlschrank oder tiefgekühlt bis zu 3 Monaten.

2. Für das Brot die Weizenkörner waschen und in einem Topf mit Wasser bedecken. Zum Kochen bringen und etwa 1/2 Stunde bei reduzierter Hitze quellen lassen, bis die Körner weich sind. Gut abtropfen und abkühlen lassen. Die beiden Mehlsorten, die Weizenkörner, die Sesamsamen, den Leinsamen, die Sonnenblumenkerne und das Salz in einer entsprechend großen Schüssel miteinander vermischen. Den Zuckerrübensirup, den Sauerteig sowie nach und nach das Wasser mit einem Rührlöffel einarbeiten, bis ein klebriger Teig entsteht. Ein Stück Klarsichtfolie auflegen und die Schüssel mit einem Tuch abdecken. Den Teig an einem warmen Ort etwa 30 Minuten gehen lassen.

3. Den Teig auf einer bemehlten Arbeitsfläche erneut durchkneten, dabei so viel Roggenmehl einarbeiten, dass er sich formen lässt. Einen Laib in der Länge der Kastenform herstellen. Die Kastenform ausfetten und mit Mehl ausstauben. Den Laib einlegen, mit einem Tuch abdecken und 2 bis 2 1/2 Stunden ruhen lassen.

4. Das Vollkornbrot bei 200 °C im vorgeheizten Ofen 60 bis 70 Minuten backen, dabei auf eine der oben beschriebenen Arten für eine Erhöhung der Luftfeuchtigkeit sorgen.

Wer mag, bestreut das Brot vor dem Backen zusätzlich mit denselben Samen, die auch im Teig verbacken sind.

Den Teig mit den Händen gut durchkneten, bis er glatt und geschmeidig ist. Zu einer Kugel formen.

Das Brotformkörbchen mit Mehl ausstauben. Den Teig zugedeckt bis zum doppelten Volumen gehen lassen.

Ein Backblech mit Öl fetten und mit Mehl bestauben. Das Brot darauf stürzen und erneut kurz gehen lassen.

Den Laib im Ofen bei 220 °C 15 Minuten backen. Auf 200 °C zurückschalten und in 35 Minuten fertig backen.

Kürbisbrot saftig und leicht

Für dieses Brot muss zunächst ein Kürbispüree zubereitet werden: 400 g braucht man pro Laib. Das Püree hat ein besonders feines Aroma, wenn man es aus Moschuskürbissen – zu diesen zählt etwa der im Herbst fast überall erhältliche, orangefarbene Hokkaidokürbis – herstellt. Es lässt sich portionsweise einfrieren, so dass man das Brot auch außerhalb der Kürbissaison backen kann.

Kürbisbrot

1 Kürbis von etwa 1 kg

100 ml lauwarme Milch

20 g frische Hefe

1 1/2 gestrichene EL brauner Zucker

350 g Dinkelmehl

350 g Weizenmehl Type 1050

1 gestrichener TL gemahlener Ingwer

2 TL Meersalz

25 g weiche Butter

Außerdem:

Alufolie

1 Brotformkörbchen von 24 cm Durchmesser

Mehl und Öl für das Blech

1. Zunächst das Püree zubereiten. Dazu den Kürbis vierteln, mit einem Löffel das faserige Innere mitsamt den Samen entfernen.

2. Die Kürbisstücke entweder in einen Bräter setzen, 2 cm hoch Wasser angießen, mit Alufolie abdecken und bei 180 °C im vorgeheizten Ofen 40 bis 50 Minuten garen. Oder die Kürbisviertel einzeln in Alufolie wickeln und 60 Minuten im Ofen garen. Die Kürbisstücke herausnehmen und etwas abkühlen lassen. Das Fruchtfleisch mit einem Messer aus der Schale lösen und durch ein feines Sieb streichen.

3. Für den Teig die Milch in eine Rührschüssel gießen. Die Hefe hineinbröckeln, den Zucker zufügen und beides mit der Milch unter Rühren auflösen. Die beiden Mehlsorten mischen. 6 EL der Mehlmischung unter die Hefemilch rühren. Die Schüssel mit einem sauberen Tuch abdecken und den Vorteig zugedeckt an einem warmen, zugfreien Ort etwa 15 Minuten gehen lassen.

4. Das Kürbispüree nach und nach mit dem Knethaken der Küchenmaschine unter den Vorteig rühren. Mit Ingwer und Salz würzen, etwa 1/3 des Mehls einarbeiten. Das restliche Mehl nach und nach unterkneten. Alles mit der Butter zu einem glatten Teig verarbeiten. In Abhängigkeit von der Konsistenz des Kürbispürees kann die benötigte Menge des Mehls variieren. Der Teig ist dann richtig, wenn er sich gut vom Rand der Rührschüssel lösen lässt.

5. Den Teig aus der Schüssel nehmen und weiterverfahren, wie in den ersten drei Bildern der Folge gezeigt. Eine Tasse Wasser in den Ofen stellen und diesen auf 220 °C vorheizen. Das Brot in den Ofen schieben und bei 220 °C 15 Minuten backen. Auf 200 °C zurückschalten und in 35 Minuten fertig backen.

Kürbisbrot hat eine Krume von appetitlich goldgelber Farbe. Es ist saftig und hat einen leicht süßlichen Geschmack.

In der Toskana wird dieses Weißbrot meist – ganz im Gegensatz zu unserem Brot – völlig ohne Salz gebacken. Wem das nicht zusagt, der kann die Salzmenge im Teig auf 1 EL erhöhen.

Weißbrote aus der Toskana

Dieses Brot will Weile haben: Die Gehzeiten betragen bei beiden Rezepten fast einen ganzen Tag. Mit dem toskanischen Weißbrot lassen sich sehr gut »Crostini« zubereiten, die italienische Vorspeise aus geröstetem Weißbrot mit würzigem Belag. Eine einfache Variante: Das Fruchtfleisch von 500 g Tomaten würfeln, mit 2 gehackten Knoblauchzehen und 2 EL in Salz eingelegten, gehackten Kapern mischen. Die Blätter von 1 Bund Basilikum in Streifen schneiden, mit 2 bis 3 EL Olivenöl unter die Tomatenmischung rühren. Salzen, pfeffern und auf den zuvor gerösteten Weißbrotscheiben anrichten.

Weißbrot

Für den Ansatz:

250 g Weizenmehl Type 550

120 g frische Hefe

150 ml lauwarmes Wasser

Für den Brotteig:

300 ml lauwarmes Wasser

600 g Weizenmehl Type 550

1 Prise Salz

Außerdem:

Mehl für das Blech

1. Das Mehl für den Ansatz in eine entsprechend große Schüssel sieben und in die Mitte eine Mulde drücken. Die Hefe in dem lauwarmen Wasser auflösen und in der Mulde mit so viel Mehl vom Rand vermischen, dass ein dicker Teig entsteht. Mit Mehl bestauben, die Schüssel mit einem sauberen Küchentuch bedecken und den Teigansatz 12 Stunden gehen lassen.

2. Das Wasser für den Brotteig unter den Ansatz rühren. 500 g Mehl darüber sieben, salzen und mit einem Rührlöffel kräftig durchschlagen, bis sich der Teig vom Schüsselrand löst. Zudecken und 30 Minuten auf das doppelte Volumen gehen lassen. Das restliche Mehl auf eine Arbeitsfläche sieben und so viel davon unter den Teig kneten, dass dieser sich gut von der Arbeitsfläche löst.

3. Den Teig halbieren und zwei runde Brotlaibe daraus formen. Ein Backblech gleichmäßig mit Mehl bestauben, die Laibe darauf setzen, zudecken und erneut 20 bis 25 Minuten gehen lassen, bis sich ihr Volumen sichtbar vergrößert hat.

4. Die Brote bei 200 °C im vorgeheizten Ofen etwa 40 Minuten backen. Zur Erhöhung der Luftfeuchtigkeit zu Beginn etwas kochendes Wasser auf den Boden des Ofens gießen oder die Seitenwände mit Wasser besprühen. Die fertig gebackenen Brote aus dem Ofen nehmen und auskühlen lassen.

Ciabatta

Für 3 Brote:

750 g Weizenmehl Type 550

40 g frische Hefe

1/2 l lauwarmes Wasser

2 TL Zucker

160 ml Olivenöl, 3 TL Salz

Außerdem:

Mehl für das Blech

1. 500 g Mehl sieben, in die Mitte eine Mulde drücken. Die Hefe im Wasser mit 1 TL Zucker auflösen, in die Mulde gießen und mit etwas Mehl vom Rand verrühren. Den Vorteig mit Mehl bestaubt 1 Stunde gehen lassen.

2. Mit den restlichen Zutaten inklusive des restlichen Zuckers zu einem glatten Teig verkneten, zur Kugel formen und etwa 3 Stunden gehen lassen. Zusammenschlagen, weitere 3 Stunden gehen lassen.

3. Den Teig auf einer stark bemehlten Arbeitsfläche flach klopfen und in 3 gleich große Stücke teilen. Jeweils durchkneten und 2 Minuten ruhen lassen. Zu drei flachen Rechtecken von etwa 20 x 30 cm formen. Die schmalen Seiten einschlagen, die Teigplatten von der Längsseite her aufrollen. Auf einem bemehlten Blech 20 bis 30 Minuten gehen lassen. Bei 250 °C im vorgeheizten Ofen 20 bis 25 Minuten backen.

Variante: Aus dem Teig kann man auch Brötchen, Ciabattini, backen. Die Teigstränge dazu in je 4 Portionen teilen und die Brötchen vor dem Backen 1/2 Stunde gehen lassen.

Zweierlei Knäckebrote

Das schwedische Knäckebrot besteht nur aus Weizen und Gerste und passt, da es selbst einfach ist, zu kräftigen Speisen. Die finnische Variante ist ein Vollkornknäckebrot, das mit Anis gewürzt ist und daher etwas mehr Eigengeschmack besitzt.

Schwedisches Knäckebrot

Für 5 Stück:

300 g Weizenmehl Type 405
200 g Gerstenmehl
25 g frische Hefe
1 EL Zucker
1/4 l lauwarmes Wasser
30 g Butter, in Stückchen
1 1/2 gestrichene TL Salz

Außerdem:

Backpapier für das Backblech

1. Beide Mehlsorten in eine Schüssel sieben und in die Mitte eine Mulde drücken. Hefe und Zucker im Wasser auflösen, in die Mulde gießen und mit etwas Mehl vom Rand vermischen. Butter sowie Salz zufügen und alles zu einem geschmeidigen Teig verkneten. Mit einem sauberen Tuch bedecken und den Teig an einem warmen Ort etwa 45 Minuten gehen lassen.

2. Den Teig durchkneten und in 5 Portionen teilen. Jede Teigportion auf einer bemehlten Arbeitsfläche zu einem Fladen von 25 cm Durchmesser ausrollen. Aus jedem Teigfladen in der Mitte einen Kreis von 5 cm Durchmesser ausstechen und die Fladen mit einer Gabel etwa 20-mal einstechen. Weitere 15 Minuten gehen lassen.

3. Ein Blech mit Backpapier auslegen und die Brote darauf nacheinander bei 200 °C im vorgeheizten Ofen auf der untersten Schiene etwa 20 Minuten backen. Aus dem Ofen nehmen und auf einem Kuchengitter auskühlen lassen.

Finnisches Knäckebrot

Für 20 Stück:

150 g Roggenmehl Type 1150
150 g Weizenmehl Type 550
150 g Roggenvollkornmehl
50 g Haferschrot
1 TL Backpulver
1 1/2 gestrichene TL Salz
1 EL Zucker
1 TL zerstoßener Anis
70 g zerlassene Butter
150 ml lauwarme Milch
etwa 1/4 l lauwarmes Wasser

Außerdem:

Kleie für das Backblech

1. Alle Mehlsorten, Schrot und Backpulver in einer Schüssel mischen. Salz, Zucker und Anis darüber streuen. Butter, Milch und Wasser unterrühren und alles zu einem glatten Teig verkneten. Mit einem sauberen Tuch abdecken und etwa 1 Stunde ruhen lassen.

2. Den Teig durchkneten, in etwa 20 gleich große Stücke teilen und diese zu Kugeln formen. Die Teigkugeln auf einer bemehlten Arbeitsfläche zu dünnen Fladen von 10 cm Durchmesser ausrollen. Ein Backblech mit Kleie ausstreuen und die Fladen auflegen. Jeden Fladen mit einer Gabel gleichmäßig dicht nebeneinander einstechen.

3. Die Brote bei 160 °C im vorgeheizten Ofen auf der mittleren Schiene nacheinander 10 bis 15 Minuten backen; sie sollen dabei nicht braun werden. Wenn's schneller gehen soll, kann man die Knäckebrote auch auf 2 Backblechen gleichzeitig backen. Dafür die Bleche jeweils auf der zweiten Leiste von oben und unten einschieben, aber während der Backzeit mehrfach umschichten. Die fertigen Knäckebrote zum Schluss noch bei 50 °C etwa 10 Minuten trocknen.

Nicht nur in Skandinavien liebt man diese knusprigen, dünnen Fladen, die dort unbedingt zu jedem üppigen Büffet dazugehören.

Geröstete und gehackte Walnüsse im Teig sorgen nicht nur für Biss, sondern auch für ein besonders feines Aroma.

Walnussbrot mit feinem Aroma

Ganz hervorragend schmeckt dieses Mischbrot mit Walnüssen zum Frühstück, frisch gebacken, mit Butter und beispielsweise einer zartbitteren Orangenmarmelade bestrichen. Die Nüsse knackt man am besten unmittelbar vor dem Backen und prüft sie sorgfältig, denn schon ein einziger ranziger Kern kann den Geschmack des ganzen Brotes verderben.

Walnussbrot

Für den Teig:
200 g grob gehackte Walnüsse
100 g grober Weizenschrot
2 TL Puderzucker
300 g Weizenmehl Type 550
200 g Roggenmehl Type 1370
42 g frische Hefe
1 EL brauner Zucker
3/8 l lauwarme Milch
3 TL Salz
Außerdem:
Mehl für das Backblech

1. Die Walnüsse in einer beschichteten Pfanne ohne Fettzugabe unter ständigem Wenden rösten, bis sie angenehm duften. Die Nüsse aus der Pfanne nehmen.

2. Den Weizenschrot in der Pfanne ebenfalls unter Rühren leicht anrösten. Die Walnüsse untermischen. Den Puderzucker darüber streuen und unter Rühren karamelisieren lassen. Die Mischung in eine Schüssel füllen und etwas abkühlen lassen.

3. Weizen- und Roggenmehl miteinander vermischen und über die Nussmischung sieben. In die Mitte eine Mulde drücken. Die Hefe hineinbröckeln und den braunen Zucker zufügen. Etwas Milch in die Mulde gießen und die Hefe darin unter Rühren auflösen, dabei etwas Mehl vom Rand mit untermischen. Den Ansatz mit Mehl bestauben, die Schüssel mit einem sauberen Tuch bedecken und an einen warmen, zugfreien Ort stellen. Den Ansatz etwa 15 Minuten gehen lassen, bis die Oberfläche Risse zeigt.

4. Das Salz auf den Mehlrand streuen. Die restliche Milch in die Schüssel gießen und, von der Mitte aus beginnend, alle Zutaten miteinander verrühren. Dann mit den Händen zu einem geschmeidigen Teig verkneten. Erneut abdecken und etwa 30 Minuten ruhen lassen, bis sich das Volumen deutlich vergrößert hat.

5. Den Teig durchkneten und zu einem länglichen Laib formen. Auf ein bemehltes Backblech legen, die Oberfläche des Laibes mit Mehl bestauben und abgedeckt erneut etwa 45 Minuten ruhen lassen.

6. Das Brot bei 200 °C im vorgeheizten Ofen etwa 45 Minuten backen. Herausnehmen und auf einem Kuchengitter auskühlen lassen.

→ Tipp

Um Walnüsse richtig zu lagern, bewahrt man sie am besten kühl in einem luftdichten und lichtundurchlässigen Behälter auf. Zu warm gelagert schmecken sie nach einiger Zeit ranzig. Außerdem verlieren sie wertvolle Vitamine, wenn sie längere Zeit dem Licht ausgesetzt sind.

Würziges Tomatenbrot

Für dieses Brot muss man die Tomaten natürlich nicht unbedingt selbst einlegen, man kann sie in jedem italienischen Feinkostgeschäft und in gut sortierten Supermärkten kaufen. Doch wer sich die Mühe macht, kann sicher sein, durch die Zutaten die entsprechend würzige Note zu erzielen, die zu diesem Rezept passt.

Würziges Tomatenbrot

Für die eingelegten Tomaten:
120 g sonnengetrocknete Tomaten
100 ml Essig
2 Chilischoten
2 Knoblauchzehen
2 Thymianzweige
6 bis 8 Basilikumblätter
etwa 200 ml Olivenöl
Für den Brotteig:
675 g Weizenmehl Type 405
35 g frische Hefe, 1/4 l lauwarme Milch
125 g getrocknete Tomaten in Öl (oben)
75 ml natives Olivenöl extra
1 Ei, 8 g Salz, 25 g Zucker
100 g Zwiebeln, 1 EL Olivenöl
1 TL gehackte Thymianblättchen
Außerdem:
Mehl zum Bestauben
grober weißer Pfeffer, grobes Salz

1. Zunächst die Tomaten einlegen. Dazu die getrockneten Tomaten in kochendem Essigwasser etwa 5 Minuten kochen, abtropfen lassen, in ein entsprechend großes Glas schichten. Die Chilischoten halbieren, Stielansätze, Samen und Scheidewände entfernen. Die Knoblauchzehen schälen und halbieren. Chilischoten, Knoblauch, Thymian und Basilikum auf die Tomaten legen. Mit Olivenöl vollständig begießen. Zudecken und 3 Tage im Kühlschrank durchziehen lassen.

2. Für das Brot das Mehl in eine Schüssel sieben und eine Mulde in die Mitte drücken. Die Hefe hineinbröckeln, mit der lauwarmen Milch auflösen, etwas Mehl vom Rand untermischen. Den Ansatz mit Mehl bestauben, die Schüssel mit einem Tuch abdecken. An einen warmen, vor Zug geschützten Ort stellen und den Vorteig gehen lassen, bis die Oberfläche Risse zeigt; das dauert etwa 20 Minuten.

3. Die Tomaten abtropfen lassen. 75 ml des Öls abmessen, mit dem Olivenöl und dem Ei verrühren. Mit dem Salz und dem Zucker unter den Vorteig mischen. Alles gut miteinander verkneten, bis der Teig glatt und glänzend ist. Zu einer Kugel formen, in eine Schüssel legen, mit einem Tuch abdecken und etwa 40 Minuten gehen lassen, bis der Teig das Doppelte an Volumen erreicht hat.

4. Die Tomaten sehr klein würfeln. Die Zwiebeln schälen und fein hacken, in 1 EL Olivenöl glasig schwitzen, abkühlen lassen. Tomaten, Zwiebeln und Thymian unter den Teig kneten, diesen zugedeckt noch einmal 30 Minuten gehen lassen.

5. Aus dem Teig zwei Laibe von etwa 750 g formen, diese auf ein mit Mehl bestaubtes Blech legen und zugedeckt nochmals etwa 40 Minuten gehen lassen. Die Tomatenbrote mit etwas Wasser bestreichen, mit Pfeffer und Salz bestreuen. Die Brote bei 200 °C im vorgeheizten Ofen 35 bis 40 Minuten backen. Nach 20 bis 25 Minuten mit Backpapier abdecken, damit das Brot nicht zu dunkel wird. Die fertigen Brote auf einem Kuchengitter auskühlen lassen.

Ein saftiges Brot, dem außer den eingelegten Tomaten auch Zwiebeln und Thymian Geschmack geben. Das Aroma des Thymians entwickelt sich auch bei hohen Temperaturen, daher ist er ideal zum Mitbacken.

Pita – Fladenbrot vom Mittelmeer

Dies weiche Fladenbrot, das so hervorragend zu würzigen Speisen passt, kennen wir vor allem aus unseren griechischen und türkischen Restaurants. Aber es ist im ganzen östlichen Mittelmeer bis hinunter nach Israel bekannt. Dazu wird als Vorspeise häufig die typische Joghurtsauce mit Gurke und Knoblauch gereicht.

Pita

Für 16 Fladen:

1,2 kg Weizenmehl Type 405
14 g Trockenhefe
3 TL Zucker
3 TL Salz
3 EL Olivenöl
550 ml lauwarmes Wasser

1. Das Mehl sieben. Mit Hefe, Zucker, Salz, Öl und Wasser zu einem glatten Teig verkneten. Zugedeckt gehen lassen, bis sich das Volumen auf das Doppelte erhöht hat. Erneut durchkneten und den Teig in 16 Portionen von je etwa 130 g teilen. Die Fladen formen, wie in der Bildfolge unten gezeigt.

2. Den Ofen auf 220 °C vorheizen, dabei das Backblech im Ofen lassen. Die Fladen auf das heiße Backblech legen und nacheinander 10 bis 15 Minuten backen.

Joghurtsauce

200 g Salatgurke, Salz
250 g Joghurt
3 Knoblauchzehen
2 EL Olivenöl
frisch gemahlener Pfeffer
1 EL gehackter Dill
1/2 EL gehackte Pfefferminze

1. Für die Joghurtsauce die Gurke schälen, längs halbieren und die Samen entfernen. Die Gurke grob raspeln, salzen, 10 Minuten stehen lassen und das Wasser gut ausdrücken.

2. Den Joghurt in einer Schüssel glattrühren. Knoblauch schälen und durch eine Presse dazudrücken. Gurke, Öl, Salz und Pfeffer einrühren. Mit den Kräutern bestreuen.

Jedes Teigstück auf der bemehlten Arbeitsfläche zu einer Kugel rollen.

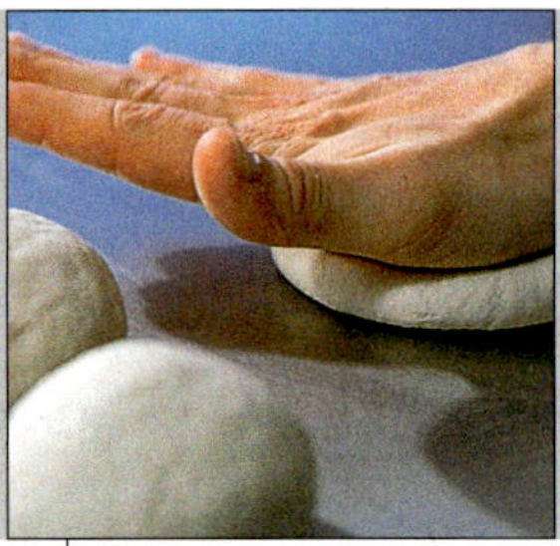

Jede Kugel mit der Handfläche – bei Bedarf bemehlen – ein wenig flachdrücken.

Jedes Teigstück zu einem kreisrunden Fladen von 15 cm Durchmesser ausrollen.

Pita-Brot begleitet in den östlichen Mittelmeerländern alle Speisen und Salate. Es ist ein weicher Fladen mit lockerem Hefeteig, den man zum Teilen einfach auseinander reißt.

Ein dünnes Fladenbrot aus der Emilia-Romagna, das auf einer heißen Tonplatte gebacken wird. Zu Schinken, Oliven oder Frischkäse schmeckt eine frisch gebackene Piadina vorzüglich.

Piadina dünnes Fladenbrot

»Piadina romagnola« oder kurz »Piada« wird als die Leibspeise der Bewohner der Adriaküste zwischen Ravenna und Cattolica angesehen – dort fehlt das dünne Fladenbrot bei keinem Essen. In fast jedem Ort scheint man ein eigenes Geheimrezept dafür zu haben, was durchaus wörtlich zu nehmen ist, da die Piadinabäcker ihre eigene Rezeptur streng für sich behalten.

Das Grundrezept ist klar: Der Teig besteht aus nichts mehr als Mehl, Schweineschmalz, Wasser und Salz und wird je nach der Gegend, aus der es kommt, abgewandelt oder angereichert. In diesem wird der Teig mit Hefe aufgelockert. Piadina isst man entweder einfach so, frisch von der Tonplatte, oder sie wird gefüllt. Man halbiert die Fladen, belegt sie nach Wunsch und klappt die zweite Fladenhälfte darüber. Gängige Füllungen bestehen aus Schinken, Salami, Tomaten und Mozzarella, blanchiertem Spinat, Käse, Rucola, Sardellen, Salsiccia und Peperoni: Der Phantasie sind keine Grenzen gesetzt.

Piadina

Für 5 Stück:

500 g Weizenmehl Type 405

25 g frische Hefe

230 ml lauwarme Milch

50 g weiches Schweineschmalz

1 Ei

1/2 TL Salz

1 Prise Zucker

Außerdem:

1 Tonplatte für Piadina oder 1 gusseiserne Pfanne

1. Das Mehl in eine Schüssel sieben und in die Mitte eine Mulde drücken. Die Hefe hineinbröckeln und mit der Milch auflösen, dabei etwas Mehl vom Rand mit untermischen. Den Ansatz mit Mehl bestauben. Die Schüssel mit einem sauberen Tuch abdecken und an einen warmen, zugfreien Ort stellen. Den Teig gehen lassen, bis die Oberfläche Risse zeigt.

2. Das Schweineschmalz, das Ei, Salz und Zucker zum Vorteig geben und alle Zutaten zunächst mit einem Holzlöffel verrühren. Mit den Händen zu einem glatten Teig verkneten. Den Teig zu einer Kugel formen, in die Schüssel legen und zugedeckt nochmals gehen lassen.

3. Den Teig erneut durchkneten und zu einer Rolle von 6 cm Stärke formen. Diese in 5 Stücke von je 160 g teilen. Die Teigstücke auf einer leicht bemehlten Arbeitsfläche zu Fladen von 25 cm Durchmesser ausrollen.

4. Eine Tonplatte (spezielle Platten für Piadina, die allerdings hierzulande nur schwer zu bekommen sein dürften, kann man sowohl auf Gasherden als auch auf Elektroplatten verwenden) ohne Fett erhitzen. Behelfen kann man sich aber auch mit einer schweren, gusseisernen, unbeschichteten Pfanne, die ebenfalls ohne Fett erhitzt wird. Die Fladen nacheinander backen, wie in der Bildfolge rechts beschrieben. Die fertig gebackenen, heißen Fladen auskühlen lassen und nach Belieben belegen oder füllen.

Den Fladen vorsichtig auf die heiße Tonplatte legen. Dabei darauf achten, dass keine Luftblasen entstehen.

Mit einer Gabel mehrmals dicht nebeneinander einstechen, damit Luft entweichen kann.

Die Fladen unter mehrmaligem Wenden in 8 bis 10 Minuten backen, bis sie schön gebräunt sind.

Oliven in allen Farben und Formen erhält man in südlichen Ländern auf Märkten oder in Spezialgeschäften wie hier in Athen. Aber auch unsere Feinkostabteilungen bieten inzwischen eine große Auswahl.

Aromatisches Olivenbrot

So schmackhaft ist das Olivenbrot, dass man es einfach pur essen kann. Durch die fleischigen, schwarzen Oliven und die gehackten Zwiebeln, die im Teig mitgebacken werden, erhält es sein besonderes Aroma. Grüne Oliven sind für dieses Rezept nicht geeignet, da ihr Fruchtfleisch zu fest ist, sich daher nicht gut verarbeiten lässt und außerdem leicht bitter schmeckt. Die schwarzen Oliven dagegen sind wesentlich weicher im Fruchtfleisch und milder im Geschmack. Der einzige Nachteil dieses wunderbaren Brotes: Da der Teig ansonsten kein Fett enthält, wird das Brot recht schnell trocken. Also macht man es am besten wie die Griechen und verzehrt das Olivenbrot noch am gleichen Tag, an dem es gebacken wurde.

Olivenbrot

Für den Teig:
500 g Weizenmehl Type 405
20 g frische Hefe
260 ml lauwarmes Wasser
70 g Zwiebel
100 g schwarze Oliven ohne Stein
3 TL Salz
Außerdem:
Weizenkleie zum Bestreuen des Backblechs

1. Das Mehl in eine Schüssel sieben und in die Mitte eine Mulde drücken. Die Hefe hineinbröckeln, mit dem Wasser auflösen und dabei etwas Mehl vom Rand mit untermischen. Den Ansatz mit Mehl bestauben. Die Schüssel mit einem sauberen Tuch abdecken und den Teig an einem warmen, zugfreien Ort gehen lassen, bis die Oberfläche Risse zeigt.

2. Die Zwiebel schälen und fein hacken. Die Oliven mit etwas Mehl bestauben. Zwiebelwürfel, Oliven und Salz zum Vorteig geben und alles zu einem glatten Teig verkneten. Zu einer Kugel formen, in eine Schüssel legen und den Teig zugedeckt erneut gehen lassen, bis er das Doppelte seines Volumens erreicht hat.

3. Den Teig erneut durchkneten und zu einem länglichen Laib formen. Ein Backblech mit Weizenkleie bestreuen und den Laib darauf setzen. Erneut zugedeckt an einem warmen Ort 30 Minuten gehen lasssen. Das Brot bei 200 °C im vorgeheizten Ofen etwa 35 bis 40 Minuten backen. Herausnehmen und das Olivenbrot auf einem Kuchengitter abkühlen lassen.

Variante: Ein zypriotisches Rezept für den gleichen Brotteig ist etwas gehaltvoller. Statt der Oliven knetet man einfach 100 g in Würfel geschnittenen Hartkäse aus Schafmilch unter den Teig. Dann fehlt nur noch ein Glas Wein dazu – zu beiden Broten empfiehlt sich ein leichter, trockener Rotwein – und schon ist eine einfache, aber köstliche, sommerliche Zwischenmahlzeit komplett.

→ Info

Bei Oliven ist die Farbe keine Frage der Sorte sondern des Reifestadiums. Sie verfärben sich mit zunehmendem Reifegrad von grün über violett nach schwarz. Oliven eignen sich nicht zum Rohverzehr, da sie einen Bitterstoff enthalten. Erst durch das Einlegen in Salzlake oder Öl werden sie essbar.

Glossar

ABBRENNEN: Zur Herstellung von Brandteig wird Mehl in kochende Flüssigkeit gerührt, bis sich der Teig als Kloß vom Topfboden löst und diesen eine weiße Haut überzieht.

ANWIRKEN: Marzipanrohmasse mit Puderzucker verkneten.

ANZIEHEN LASSEN: Überzüge erkalten lassen, bis sie beginnen, fest zu werden. Voraussetzung zum Auftragen weiterer Schichten, die klar voneinander getrennt bleiben sollen.

APRIKOTIEREN: Gebäck dünn mit heißer, passierter Aprikosenkonfitüre oder mit spezieller Aprikotur überziehen. So ergibt sich einerseits eine glatte Oberfläche für Glasuren, andererseits haften aufgestreute Mandelblättchen besser.

AUFBACKEN: Fertig- oder Vorgebackenes vor dem Servieren im Ofen noch einmal erhitzen. Dazu eignet sich nur unglasiertes Gebäck aus Hefe-, Mürb-, Blätter- oder Plunderteig. Empfehlenswert bei tiefgekühltem Gebäck.

AUFSCHLAGEN: Eischnee, Sahne, Biskuitmasse, Saucen oder Cremes mit Schneebesen, Handrührgerät oder Mixstab bearbeiten, bis sie locker und luftig sind und ihr Volumen deutlich vergrößert haben.

BACKPAPIER: Antihaftbeschichtetes Spezialpapier, das ohne Einfetten ein Anhängen des Teigs an der Form oder am Backblech verhindert.

BAISER: Schaummasse aus Eischnee und Zucker, im Ofen mehr getrocknet als gebacken.

BAYERISCHE CREME/CREME BAVAROISE: Auf der Basis von Englischer Creme mit Gelatine und geschlagener Sahne hergestellt.

BLANCHIEREN: Früchte oder Mandeln mit kochendem Wasser überbrühen, um sie leichter von der Haut befreien zu können.

BLINDBACKEN: Mürbteig ohne Belag (vor)backen. Damit dabei der Rand nicht zusammenrutscht, wird der Teig mit Pergament- oder Backpapier ausgelegt und mit getrockneten Hülsenfrüchten bedeckt.

BRANDIG/BRÜCHIG WERDEN: Verlust der Bindung bei Mürbteig, der zu lange bearbeitet und dabei zu warm geworden ist.

CANACHE: Aufgekochte Sahne, in der man Kuvertüre schmelzen lässt. Sie erstarrt je nach Kuvertüreanteil beim Erkalten oder bleibt flüssig und kann aufgeschlagen werden.

DEKORIEREN: Gebäck oder Konfekt verzieren. Dazu eignen sich etwa gespritzte Ornamente, geraspelte Schokolade, Marzipanblumen oder kandierte Früchte.

DRESSIEREN: Teige, Massen oder Cremes zum Beispiel mit dem Spritzbeutel und entsprechenden Tüllen in eine gewünschte Form bringen.

ENGLISCHE CREME: Vanillesauce; dickflüssige, vielseitig einsetzbare Grundcreme.

ERSTARREN: Festwerden von Cremes oder Gelees.

FLÄMMEN: Baiser- oder Makronenmasse »Farbe geben« durch kurzes Überbacken bei starker Oberhitze oder unter dem Grill.

FONDANT: Zartschmelzende weiße Glasurmasse aus feinsten Zuckerkristallen und Zuckersirup

GARNIERKAMM: Mit Kerbungen versehener Plastikkamm zum Herstellen von Linien und Wellen zur Dekoration.

GEHEN LASSEN: Hefeteig mit einem Küchentuch oder Folie zugedeckt an einen warmen, zugfreien Ort stellen, damit der Teig durch die von der Hefe ausgelöste Gärung sein Volumen vergrößert und locker wird.

GELATINE: Geschmackloses, durchsichtiges Geliermittel tierischen Ursprungs. Wird zunächst kalt eingeweicht, dann warm aufgelöst.

GLASIEREN: Gebäck mit einem Überzug aus Zuckerglasur oder Fondant versehen.

GLUCOSESIRUP: Zuckersirup aus Traubenzucker, Dextrinen (Stärkeprodukten) und Wasser, verhindert unerwünschtes Auskristallisieren.

HAGELZUCKER: Grob kristalliner, weißer Zucker, der zum Bestreuen von Gebäck verwendet wird.

HOMOGENISIEREN: Zutaten einer Creme oder Glasur mit dem Mixstab gleichmäßig verrühren.

KARAMELISIEREN: Mit geschmolzenem Zucker überziehen oder vermischen.

KONDITORCREME/CREME PÂTISSIÈRE: Gekochte Creme aus Milch, Zucker und Eigelb, mit Speisestärke gebunden.

KROKANT: Bezeichnung für eine Verbindung von geschmolzenem Zucker und Mandeln oder Nüssen. Wird vor der Verwendung zerstoßen.

KUVERTÜRE: Schokolade, die sich aufgelöst speziell zum Überziehen von Gebäck oder Konfekt eignet.

LÄUTERZUCKER: Klarer, gekochter Sirup aus Wasser und Zucker zum Tränken von Gebäck und für Cremes.

MELIEREN: Vorsichtiges Mischen/Unterziehen von Zutaten unterschiedlicher Konsistenz mit Hilfe eines Spatels, wobei die Schaummasse nicht an Volumen verlieren darf.

MERINGHE: Italienische Bezeichnung für Baiser.

MILLE-FEUILLE: »Tausend Blätter«, französische Bezeichnung für Blätterteig.

PASSIEREN: Durch ein Sieb streichen.

PUDERZUCKER: Sehr fein zermahlener Zucker. Wird vor allem dort eingesetzt, wo sich Zuckerkristalle nicht so leicht lösen können.

RAUMTEMPERATUR: Gebäck, das frisch aus dem Ofen kommt oder im Kühlschrank gestanden hat, muss vor dem Servieren oder Weiterverarbeiten auf diese Temperatur gebracht werden. Wenn nicht anders angegeben, sollten auch Teigzutaten Raumtemperatur haben.

REDUZIEREN: Einkochen von Flüssigkeiten durch Verdampfen, um die Konsistenz dickflüssiger zu machen und den Geschmack zu konzentrieren.

SABAYON: Mit Weißwein, Rotwein oder Dessertwein (wie Marsala oder Vin santo) aufgeschlagene Eierschaumcreme.

SCHNITTFEST SCHLAGEN: Eiweiß so lange aufschlagen, bis ein Schnitt mit dem Messer im Eischnee sichtbar bleibt.

STÄBCHENPROBE: Garprobe, bei der ein Holzstäbchen in die dickste Stelle eines Gebäcks gesteckt und wieder herausgezogen wird. Haften keine feuchten Teigreste mehr daran, kann das Gebäck aus dem Ofen genommen werden.

TABLIEREN: Abkühlen von erwärmter Kuvertüre oder gekochtem Zucker (für Fondant) durch Aufstreichen auf eine Platte oder ständiges Durchmischen mit einer Palette.

TEMPERIEREN: Schmelzen, Abkühlen und langsames Wiedererwärmen (bis 32 °C) von Schokolade.

TOURIEREN/TOUREN GEBEN: Teige, in die Butterschichten eingearbeitet werden sollen (Plunder-, Blätterteig), mehrfach zusammenlegen und wieder ausrollen.

TRÄNKEN: Beträufeln von luftigem Gebäck mit Zuckersirup und/oder anderen aromatischen Flüssigkeiten.

WARM- UND KALTSCHLAGEN: Eine Masse unter Hitzezufuhr zu größerem Volumen aufschlagen, dann ohne Hitzezufuhr weiterschlagen, bis sie wieder abgekühlt ist. Eine derart zubereitete Masse (Biskuit, Baiser) wird besonders stabil.

WASSERBAD: Ein mit heißem oder kaltem Wasser gefüllter Behälter, in den eine Schüssel oder ein Kessel eingesetzt wird. Etwa zum Warm- oder Kaltschlagen von Cremes oder Massen, zum Schmelzen von Kuvertüre.

ZESTEN: Feine Streifen von Zitrusschalen, entweder mit dem Messer dünn abgeschält oder mit dem Zestenreißer (Zesteur) hergestellt.

ZUR ROSE ABZIEHEN: Eine Creme unter Rühren erhitzen, bis sie leicht angedickt auf dem Kochlöffel liegen bleibt und sich beim Daraufblasen Kringel bilden, die an eine Rose erinnern.

Register

Warenkundliche und küchentechnische Begriffe sind kursiv geschrieben.

Impressum

VERLAG	Genehmigte Lizenzausgabe für Verlagsgruppe Weltbild GmbH, Steinerne Furt, D-86167 Augsburg
	Copyright © 2002 TEUBNER, Grillparzerstr. 12, D-81675 München TEUBNER ist ein Unternehmen des Verlagshauses GRÄFE UND UNZER, GANSKE VERLAGSGRUPPE
PROJEKTLEITUNG	Claudia Bruckmann
REDAKTION	Adriane Andreas
BILDREDAKTION (ASSISTENZ)	Monika Greiner
FOTOGRAFIE	Teubner Foodfoto, Füssen
REZEPTE	Teubner Foodstudio, Füssen
TITELBILD	Stockfood, München
UMSCHLAGGESTALTUNG	Waldmann & Weinold Kommunikationsdesign, Augsburg
BASISLAYOUT	Independent Medien Design
GESAMTHERSTELLUNG	Firmengruppe Appl, Wemding

Printed in the EU

ISBN 978-3-8289-1295-3

2010 2009 2008
Die letzte Jahreszahl gibt die aktuelle Jahreszahl an.

Einkaufen im Internet: *www.weltbild.de*